Abbé P. GRÉGOIRE

HISTOIRE

DE

SUCÉ

Paroisse et Commune
de la Loire-Inférieure

NOUVELLE ÉDITION

entièrement refondue et continuée jusqu'à nos jours

NANTES

Imprimerie DUPAS & Cie, 57, rue Saint-Clément

—

1922

RELIURE - ENCADREMENTS
Ancne Mon GRELAUD
M. DURET Succr
PLACE DU CHATEAU
NANTES (L.-INF.)

HISTOIRE DE SUCÉ

Abbé P. GRÉGOIRE

HISTOIRE

DE

SUCÉ

Paroisse et Commune

de la Loire-Inférieure

NOUVELLE ÉDITION

entièrement refondue et continuée jusqu'à nos jours

NANTES

Imprimerie DUPAS & Cie, 57, rue Saint-Clément

1922

L'AUTEUR,

pour exprimer sa reconnaissance à tous ceux qui ont bien voulu l'aider dans la publication de ce livre, se fait un devoir d'insérer ici-même leurs noms respectés. Tout en nous permettant de témoigner, encore une fois, à notre pays natal, la grande affection que nous avons toujours eue pour lui, ces personnes ont heureusement compris — et c'est à leur honneur — que nous faisions là une œuvre excellemment patriotique et moralisatrice. Puisse Dieu les récompenser et les bénir !

Quoique notre gratitude s'étende à tous nos bienfaiteurs, nous voulons la garder plus vive et plus durable pour deux d'entre eux à qui la paroisse et la commune doivent certainement l'impression de notre ouvrage. Et c'est de tout l'élan de notre cœur sacerdotal que nous appelons sur eux et leurs enfants les faveurs les plus signalées du Ciel, la prospérité dans leurs affaires, le bonheur à leurs foyers et leur salut éternel.

LE CONSEIL PAROISSIAL ;	M. DUCHESNE ;
M. LE CURÉ ;	M. DUCOS ;
M. LE VICAIRE ;	M. GANUCHAUD ;
M. HAUTCŒUR, précédemment curé de Sucé;	Mme DE LAMBILLY et ses fils ;
Mme DE BOUSSINEAU ;	M. PARIS ;
M. et Mme DE BREVEDENT ;	Mme ROLLAND ;
MM. BUREAU, frères ;	UNE FAMILLE QUI VEUT
M. le docteur CHEVREUIL;	RESTER ANONYME.

Aux Habitants de Sucé

Sous le charme des sites et des paysages qui s'offraient à notre vue dans nos excursions de vacances à travers champs, des façades de certaines maisons grises et lézardées, des pans de murs couverts de lierre, reliques d'un temps bien éloigné, nous nous sommes épris dès nos jeunes années, d'un véritable culte pour ce petit coin de terre où nous étions né et avions grandi. Sachant à peine crayonner, nous aimions à tracer sur le papier la silhouette des objets qui frappaient nos yeux : une chapelle en ruine, un antique manoir vide de ses anciens maîtres, une tour découronnée, quelques pierres éparses ; nous promenions nos rêves en suivant un chemin creux, un sentier sinueux et plein d'ombres, un ruisselet serpentant dans les herbes ; si nous pouvions déchiffrer une date à peine lisible au-dessus d'une porte, un blason effrité, cela était pour nous une vraie joie. Au cours de nos études classiques, nous nous sommes mis à dépouiller nos vieux registres paroissiaux, heureusement conservés, en nous servant de quelques notions de paléographie et du peu d'histoire que nous sachions : ainsi, en même temps, sans un but bien déterminé et plutôt par curiosité naturelle, nous sommes arrivé à remplir nos cartons de notes topographiques et archéologiques sur notre pays natal. Tout étonné de voir en nos mains ces dossiers, nous commençâmes à les ranger en bon ordre et voilà qu'au bout de nos classes d'humaniste et de clerc nous avions composé un Album, fait de dessins à la plume, d'aquarelles et de tracés linéaires, le tout accompagné d'un texte explicatif : ce manuscrit est conservé au presbytère.

En 1874, ordonné prêtre et nommé professeur à Nantes, nous avons mis à profit nos rares moments de loisirs, pour fouiller dans le dépôt de nos archives départementales, où nous trouvions des sources abondantes de renseignements historiques et, deux ans après, nous eûmes la témérité — ce que nous confessons maintenant que la vieillesse et l'expérience sont venues — de publier des **Essais historiques sur la Paroisse de Sucé.** Cette œuvre de jeunesse, à tirage fort restreint et après une souscription faite parmi les principaux propriétaires, se trouve aujourd'hui bien rare dans nos familles sucéennes ; d'ailleurs, elle n'est qu'une ébauche, élaborée prématurément et fort incomplète.

C'est pourquoi, un demi-siècle écoulé depuis cette époque, cédant aux instances qui nous sont faites et, par une suite non interrompue d'études et de recherches, ayant acquis une science que nous n'avions pas autrefois, nous vous présentons, habitants de Sucé, une nouvelle Edition de notre Histoire, remaniée, augmentée et conduite jusqu'aux temps présents.

Vous faire aimer ces lieux où vous êtes nés, pour la plupart, ou que vous avez choisis pour résidence, ces champs que vous cultivez, ces chemins que vous fréquentez, ces vieilles maisons encore debout, ce passé oublié ou méconnu, ces traditions chrétiennes qui sont le meilleur héritage venant de vos ancêtres : tel a été le but que nous nous proposons.

Donc que ce livre ait sa place à tous les foyers, qu'on le feuillette dans chaque famille aux heures du repos, que les parents le lèguent à leurs enfants, que tous le conservent précieusement et y puisent, en se remémorant les temps passés, l'amour et le culte pour ce charmant pays où la Providence a placé notre berceau, où s'écoule notre vie et où l'on creusera notre tombe.

Nous prions Dieu de bénir ces pages écrites pour vous, habitants de Sucé, et de vous garder ses fidèles serviteurs à l'exemple de vos pères et de ceux qui ont vécu avant vous aux lieux mêmes que vous habitez.

Aimons notre bourgade et nos champs. C'est un des malheurs de notre temps que les émigrations des ruraux vers la ville, de plus en plus nombreuses de nos jours. Quel vent de folie pousse ceux qui, loin des agglomérations urbaines goûtent la paix et la tranquillité au sein d'une splendide nature, sous le grand ciel du bon Dieu, à venir s'entasser dans des logements insalubres, attirés par le luxe, les plaisirs mondains et les curiosités de l'inconnu ! Ils y perdent bientôt la santé, les vraies joies et surtout la pratique de leur religion, autant de biens précieux qu'ils auraient plus facilement gardés au fond de leurs villages. Restons aux champs : là est le bonheur pour les individus et les familles et même pour la nation toute entière, qui a besoin des travailleurs de la terre, les premiers nourriciers et les vrais défenseurs de la Patrie.

P. G.

PREMIÈRE PARTIE

Les Commencements

CHAPITRE PREMIER

La contrée sucéenne. — Absence complète de vestiges celtiques et gallo-romains. — Les noms des lieux habités. — Les marais de Mazerolles. — La légende des deux îles. — Etymologie du mot SUCÉ. — Exhaussement du niveau de l'Erdre.

On n'attend point de nous qu'au début de cette monographie nous remontions, dans notre récit, aux temps primitifs, pas même aux époques celtiques et gallo-romaines, les documents faisant complètement défaut et notre modeste localité n'étant qu'un minuscule point sur la surface du globe terrestre. Sucé est une fondation chrétienne et, en conséquence, ses origines ne peuvent se perdre dans la nuit des temps.

Toutefois, avant d'arriver à une date historique, qu'il nous soit permis de faire quelques constatations ; mais toutes seront négatives.

La rivière d'Erdre, qui fait le principal charme de notre pays, n'ayant été mise en état de navigabilité qu'au VIᵉ siècle de notre ère, la contrée qu'elle arrose, couverte de bois et de forêts, presque déserte ou du moins peu habitée, a dû rester pendant un long temps ignorée et inaccessible, malgré qu'elle ne fût distante que de quelques milles de la ville des Nannètes.

Les Celtes, nos lointains ancêtres, n'ont laissé chez nous aucune trace de leur époque et de leur industrie, ni même de leur religion : absence complète de pierres druidiques, de tumulus, d'instruments de travail, d'armes de silex ou de bronze. En vain également chercherait-on un mot de leur langue dans la désignation actuelle de nos hameaux et de nos maisons.

Tous les noms de lieux habités, épars sur l'étendue de notre territoire, sont d'origine française, comme dans toutes les paroisses environnantes. Nous sommes loin de la partie bretonne de notre département où les Celtes ont laissé des vestiges de leur existence. Les noms terminés en *ière* et *rie* viennent du nom des habitants qui se sont établis en ces lieux : la *Bodinière*, la *Gannerie*, villages des *Bodin* et des *Ganier*. D'autres viennent de la configuration du sol : l'*Ongle*, l'*Onglette* ; — d'une clôture, la *Haie*, la *Barre*, la *Porte* ; d'arbres, de plantations, de cultures, le *Chêne-Creux*, les *Fresnes*, le *Pin*, le *Houssay*, le *Millau*, *Launay* ; — d'un site, d'un mouvement de terrain, le *Tertre*, les *Vaux*, *Bel-Air*, la *Hautière*, les *Rochettes* ; — de certaines constructions, la *Mazure*, la *Maison-Blanche*, le *Château*. Quelques autres désignations sont moins parlantes peut-être mais peuvent s'expliquer sans difficultés : la *Touche*, nom commun veut dire bois ; *Chavagne* (1) *cabana*, la maison construite en planches ;

---

(1) *Chavagne* doit s'écrire sans *s*.

Jaille, fond humide ou boueux ; *Noue*, lieu mouillé ;
Drouillay, arbres blancs et bons à brûler ; *Grandonneau*, la grande eau ; *Malabry*, maladrerie ou
hospice pour les passants en détresse ; *Mazerolles*,
maceriolæ, vestiges de ruines ; *Montretraict*, *mons
retractus*, mont solitaire ; *Lavoir*, endroit de la
rivière où l'on venait de loin laver son linge ;
Pélican, enseigne d'une guinguette où les mariniers
se restauraient ; *Perdrier*, où il y avait beaucoup de
perdrix ; le *Pas*, où se trouve un ruisseau qu'on
franchit d'un pas.

Nous ne saurions expliquer Truzeau, où se recon-
nait pourtant le mot *eau* ; Logné, autrefois *Loigné*,
Procé, *Nay* ou *Nays* et même *Naie* (1). Ces trois
derniers noms doivent avoir une étymologie qui
nous échappe, car on les rencontre ailleurs. Nous
n'avons point à expliquer *Angleterre*, dont l'origine
semble historique ; non plus les lieux sacrés de
Saint-Denis, *Saint-Jacques*, *Saint-Michel*, qui rappellent des chapelles disparues.

Donc pas un mot breton chez nous.

L'époque gallo-romaine, c'est-à-dire les temps qui
ont précédé immédiatement ou suivi la venue de
Jésus-Christ, ou bien, si vous le voulez, ceux pendant
lesquels les Romains ont conquis et occupé notre
pays, cette époque a-t-elle laissé quelques souvenirs ?
Nous ne le pensons pas, à moins de rattacher à

---

(1) Dans la géographie de Strabon, le ruisseau qui arrose
cette terre est appelée *Nagia*. Autrefois on écrivait *Nay*
tout simplement. .

notre paroisse ce que nous appelons aujourd'hui
les marais de Mazerolles qui s'étendent jusqu'à Petit-
Mars. On n'a trouvé sur notre territoire aucun
pavage de voies romaines : les plus proches de ces
grands chemins étaient : 1° celui qui se détachait
de la route de Rennes et conduisait à Casson par le
Saz et Massigné ; 2° cet autre qui, partant de Nantes,
touchait Portrict, Carquefou, Saint-Jacques, le vieux
bourg de Petit-Mars et l'établissement de Coussol, et
se prolongeait sans doute jusqu'à Nort.

A Coussol que nous venons de nommer, les
conquérants de la Gaule, occupant la cité des Nannètes, avaient construit un temple, des thermes et
un théâtre, comme ils avaient choisi les hauteurs de
Mauves pour y placer leurs maisons de campagne.
Des fouilles pratiquées il y a quelques années par
M. Maître, archiviste de la Loire-Inférieure, ont mis
à découvert des substructions qui nous montrent
bien que là était une station romaine. Des forêts
couvraient autrefois les rives de l'Erdre, selon que
la tradition le rapporte, et d'après ces troncs
d'arbres, couchés de leur long dans la tourbe et
rencontrés en plusieurs endroits. Toute cette contrée
ne serait devenue marécageuse que par l'exhaussement du niveau de la rivière. Vers 1889, les pêcheurs
de Sucé ont amené à terre une barque creusée dans
un seul arbre, une espèce de pirogue. A la Poupi-
nière en Nort, on a déterré, sous une couche de
0.80 c., un autre tronc d'arbre creusé et même une
charrue primitive, objets qui tombèrent en poussière au contact de l'air. M. Maître prétend que les
cercueils d'ardoise trouvés dans l'île Saint-Denis
remonteraient à l'époque mérovingienne. Au musée
de Nantes on voit une urne en verre, remplie en

partie de cendres, qui viendrait également de ce même lieu (1).

L'histoire rapporte que nous devons l'exhaussement du niveau de l'Erdre à saint Félix, évêque de Nantes, qui vécut dans la seconde moitié du VI⁰ siècle et que Clotaire avait fait gouverneur de la cité. C'est lui qui fit construire à Barbin une chaussée au-dessous de laquelle on établit des moulins à farine. On a dû même, dans la suite, en construire d'autres en aval et même en amont, ce qui transforma la rivière en une suite d'étangs étagés.

Au-dessus des eaux surélevées émergèrent des terres rocheuses qui devinrent des îles, comme Mazerolles, Saint-Denis, l'Onglette et Saint-Jacques ; l'une de ces îles est appelée *insula petrosa*, île pierreuse, dans une charte de Charles VI (1232). Celle de Saint-Jacques portait le surnom de Bref-Chaland, c'est-à-dire abordable au moyen d'un petit bateau.

Tous ces lieux ont été sûrement habités dès les premiers siècles ; mais leur histoire nous est tout à fait inconnue.

Ici nous devons faire mention de la légende de Mazerolles. Cependant, si l'on veut y ajouter foi, il faut reporter le fait après les travaux de saint Félix, car on ne peut supposer l'existence d'un monastère à Saint-Denis avant le VI⁰ siècle, notre sainte religion n'étant pas encore à cette époque répandue dans les campagnes.

On raconte donc que dans un temps imprécis se trouvait en l'île Saint-Denis un monastère de filles.

---

(1) *Les villes disparues de la Loire-Inférieure*, I. 375-376.

Or il serait arrivé qu'un jour l'une de ces vierges
consacrées, perdue dans la forêt, aurait été pour-
suivie par un homme mal intentionné, et sauvée
miraculeusement du danger qu'elle courait. Tombant
de fatigue et de peur au pied d'un chêne contre
lequel elle se blottit, elle se recommande à Marie,
la reine des Vierges, dans une ardente prière, et
aussitôt elle se voit séparée de celui qui va l'atteindre
par un courant d'eau profonde. Le petit îlot qu'on
remarque au milieu de la plaine et que l'on appelle
Notre-Dame de Mazerolles serait le lieu même du
prodige.

L'imagination populaire, brodant sur ce récit, en
a fait plusieurs autres un peu différents, mais sans
plus de vraisemblance (1). Dans nos Annales
Nantaises, on rapporte qu'en 1224 il y eut une
inondation soudaine en Loire ; le fleuve s'éleva
jusqu'à 21 pieds et submergea complètement la ville
basse. Pourrait-on, par ce fait, supposer la destruc-
tion du monastère de Saint-Denis ? Rien d'outré
de se représenter que la Loire, passant à flots par-
dessus les barrages, ait exhaussé le niveau de la
rivière de manière à inonder toute la forêt de
Mazerolles et rendre inhabitable la solitude de Saint-
Denis. Mais cela ne donne point de satisfaction
complète.

Ce qu'il y a d'historique, c'est que cette île était
au XIIIe siècle un bien monacal, appartenant aux
religieux de Saint-Gildas, comme nous le rapporte-
rons plus loin.

Avant d'aller plus avant dans notre récit, nous

____

(1) *La Légende des Iles*, par l'auteur, Revue de Bretagne
et Vendée, 1875. — *Sur l'Erdre*, par le même, pp. 27-29.

serions désireux d'expliquer le nom qui désigne notre
localité : son étymologie serait intéressante à établir.

L'orthographe de ce mot a varié dans le cours des
siècles et ces variations, au lieu de nous mettre sur
la voie, ne font que nous égarer. SULCÉ est la première forme que nous rencontrons et c'est peut-être
la meilleure et la vraie. Mais, quelques cents ans
après, on rencontre d'autres formes latinisées : *Suce-
rum, Succeium, parochia de Sulcero, burgus de Succeio*, puis des expressions redevenues françaises,
Succé et *Sucé*. Nous n'avons point à faire figurer ici
certaines manières vicieuses d'orthographier, comme
Suçay, Sussé et Sussay.

Il nous serait agréable de faire venir le nom de
notre charmant pays qui doit tout à son site pittoresque d'un mot latin qui se traduit en notre langue
par *sillon.* SULCUS, selon d'ailleurs que ce nom nous
apparait pour la première fois dans un document qui
fait foi. La position naturelle du lieu viendrait confirmer ce que nous avançons : Sucé s'étend sur les deux
versants de la vallée de l'Erdre et se trouve ainsi
dans le creux d'un sillon. Pour garder cette étymologie et pour montrer la fécondité de nos terres
arrosées par la rivière qui les traverse et en si bonne
déclivité, on a choisi ingénieusement cette devise qu'il
nous appartient de conserver : *Sulcus non suctus.*
sillon non épuisé, ou toujours fécond.

Il faudrait absolument reconnaître à ce nom une
signification, car on le rencontre, sous une forme ou
sous une autre, plusieurs fois dans le dictionnaire des
Lieux habités de France : *Sucy*, près Corbeil, village
où fut élevée la célèbre marquise de Sévigné ; *Suscy*,
en Seine-et-Marne ; *Sussac*, dans la Haute-Vienne ;
Sussat, dans l'Allier ; *Sussey*, dans la Côte-d'Or ; *Su-*

say, près Compiègne ; *Suzy*, dans l'Aisne. Les terminaisons diverses de ces dénominations locales laissent intact le radical du mot, mais cependant, il faut l'avouer, nous détournent de *Sulcus*.

Quoiqu'il en soit, l'orthographe, réduite à sa forme la plus simple, ne varie plus depuis deux cents ans et nous en restons là.

Si nos ancêtres n'ont rien gardé des Celtes ou des Romains, nous ne saurions croire, non plus, qu'ils eussent à souffrir des invasions saxonnes et normandes. Il aurait été difficile à ces pirates, qui ont fait à Nantes tant de ruines, de remonter notre rivière sur ces barques légères qu'ils savaient si bien conduire : les chaussées des moulins établis sur l'Erdre leur barraient le passage.

Sous l'occupation romaine, Nantes et la région avoisinante dépendaient de la Grande-Lyonnaise, et, comme cette trop vaste province fut, dans la suite, divisée, notre pays nantais fit partie de la Seconde-Lyonnaise, puis plus tard, en l'an 400, de la Troisième. Ces changements administratifs ne durent point déranger nos humbles colons de leur travail de défrichement.

Mais cet événement de la navigabilité de l'Erdre modifia complètement l'état des territoires riverains. Tous les points devenaient accessibles, surtout quand les barrages supérieurs furent détruits ; les habitations durent se multiplier et les produits agricoles trouver un écoulement plus facile. L'Erdre (*Heredis* chez le géographe Strabon) n'était primitivement qu'un ruisseau, tel qu'on le constate aujourd'hui dans la partie supérieure, entre Nort et Candé. Ce cours d'eau qui prend sa source un peu au-dessus de cette dernière ville, en Anjou, par une altitude de 61 mètres,

entre dans notre département par celle de 25 mètres
et a un parcours de 75 kilomètres. Sa pente moyenne
n'est que de 0,54 centimètres par 1.000 mètres. L'écluse
de Nantes, qui a remplacé la chaussée de Barbin en
1828, est à 4,98 au-dessus du niveau de la mer.

A partir du jour où la vallée de l'Erdre se couvrit
d'eau, les relations s'établirent promptement avec le
chef-lieu : des barques, petites ou grandes, transpor-
taient les personnes, les matériaux et les denrées. Ce
qui nous permet de conclure que nos campagnes ne
restèrent point étrangères à la civilisation, comme
il en advint de celles retirées et isolées. De la ville
voisine aussi vint la lumière évangélique qui, petit à
petit, se répandit dans le Climat de la Chrétienté
(rive gauche de la rivière) et plus tard dans le reste
de cette région qui devait devenir le beau diocèse de
Nantes.

CHAPITRE II

*Origines chrétiennes de Saint-Donatien, Carquefou
et Sucé. — La vicairie de Saint-Etienne. — Donation prétendue à l'abbaye de Landévénec. — Le
domaine épiscopal à Sucé, le manoir.*

Sans nous donner pour tâche d'établir historiquement parlant l'époque précise où la Religion chrétienne pénétra à Nantes, nous pouvons affirmer que
dans cet angle de terres compris entre la Loire et
l'Erdre, de Mauves à Sucé et peut-être au-delà, le
sang de nos Martyrs, Donatien et Rogatien, avait
fait germer la bonne parole, semée par les premiers
apôtres de la contrée. Le lieu où avaient été déposés
les corps de ces deux premiers témoins du Christ à
Nantes, devint une terre bénie, sur laquelle les
adeptes de la religion nouvelle se multiplièrent et les
sanctuaires dédiés au vrai Dieu s'élevèrent ici et là.

Cette chrétienté sous le vocable de nos saints Martyrs, en même temps que l'autre sous celui de saint
Similien, encercla la ville de Nantes au nord et
s'étendit à plusieurs lieues. La foi se diffusant ainsi
sur la rive droite du grand fleuve, on se fit besoin
de construire des églises et des chapelles où se
réunissaient les fidèles néophytes à l'appel des vicaires
forains qui, eux-mêmes, venaient habiter parmi eux.
Carquefou, fille de l'Eglise-mère de Saint-Donatien,
dut être un de ces premiers centres du culte. Comme
cette paroisse, nouvellement fondée, était très vaste
d'étendue et qu'elle comprenait les deux rives de

l'Erdre à partir du Cens, on créa peu à près les
centres religieux de l'Angle-Chaillou et de la Chapelle-sur-Erdre, tous deux sous le nom de Sainte-
Catherine. Etant détachée aussi de Saint-Donatien,
la fondation de Carquefou, territoire très étendu lui-
même, une annexe parut nécessaire du côté du nord
qui était coupé par une large rivière. Cette portion
de Carquefou, surtout la partie de la rive droite, se
trouvait sans secours religieux. De là il s'en suivit
qu'on eut l'idée de bâtir une nouvelle chapelle, mais
sur le bord même de l'Erdre, à proximité de la
partie touchant Carquefou et à un endroit où le
passage semblait plus facile. Là s'avançait dans le
lit de la rivière un rocher en forme d'éperon d'où
il était peu difficultueux d'établir un bac, et ainsi les
habitants des deux rives pouvaient avoir accès à cette
chapelle de secours. Donc, à quelques mètres de la
rivière, en face le rocher et à mi-côte de la colline,
on éleva un petit sanctuaire sous le nom de Saint-
Etienne premier martyr, fort vénéré dans les siècles
d'évangélisation et qui avait déjà son lieu saint à
l'ombre de la basilique où l'on gardait la tombe de
nos Patrons, Donatien et Rogatien : ce sanctuaire
se voit encore de nos jours.

Telle doit être l'origine de notre paroisse Sucéenne.
On a dit — et nous-mêmes nous l'avons accepté en
un certain temps — que la première église de Sucé
avait été dédiée à Notre-Dame ; mais, après mûr
examen, nous sommes arrivé à douter de cette opinion. Voici ce qui l'aurait accréditée. Au XVIe siècle,
époque d'ignorance, on a écrit en tête d'un registre :
Livre des baptêmes de N.-D. de Sucé. Le prêtre qui
a intitulé son registre ainsi ne s'était pas enquis du
titulaire de l'église. Il ne faut point s'étonner de cela

pour le temps. D'ailleurs, au XVIe siècle, on avait
adjoint à l'église une chapelle sous le titre de Notre-
Dame-de-Lorette, ouvrant sur le côté sud de la nef.
Cette chapelle qui fut fondée et dotée par une puis-
sante famille de la paroisse, devint un centre de
dévotion et on l'appelait *Notre-Dame de Sucé*. Mais
cela n'empêcha pas que Saint-Etienne restât le titulaire de notre église paroissiale. Et encore nous pourrions dire qu'on ne change pas le vocable d'une
église à moins de la reconstruire entièrement : ce
qui ne s'est pas fait à Sucé.

Gardons ce nom glorieux d'Etienne : il nous rat-
tache à la tombe illustre de nos Enfants Nantais et
nous rappelle que nous sommes une antique filiation,
par l'intermédiaire de Carquefou, d'une des plus
anciennes églises du diocèse, laquelle se place aux
côtés de celle bâtie par Saint Clair, notre premier
évêque, et de l'autre qui garde la mémoire de Saint
Similien.

Or, bien après (peut-être plusieurs siècles) la
fondation de la chapelle de Sucé, celle-ci n'était
encore qu'une vicairie, c'est-à-dire desservie par un
prêtre résidant et dépendant du clergé de Carquefou.

Au Xe siècle, l'an 952, voilà qu'elle apparaît dans
l'histoire comme telle. La charte qui en fait mention
est insérée dans *les Preuves de Dom Morice*, charte
que donne Dom Lobineau, lui-même, notre grand
historien breton.

Alain Barbe-Torte, le restaurateur de la ville de
Nantes après l'invasion des Normands, disposant,
en l'absence de l'évêque, de certains biens ecclésiastiques, fit une donation à des religieux établis à
Landévénec, au diocèse de Quimper. Sont mentionnés, en cette donation, le monastère de Saint-

Médard, ses domaines et fiefs de 4 milles de long sur 2 de large, l'église Sainte-Croix de Nantes, celle de Saint-Cyrique hors les murs, *la moitié de la vicairie de Sucé,* à 5 milles de la ville — *dimidium unius vicairiæ quæ nominatur Sulcé sita in pago Nannetensi quinque millia ab urbe,* et l'île de Bat-Wecran et de toutes ses dépendances (1).

D'après Travers qui cite ce texe (*Histoire des évêques de Nantes,* I. 160), Batz, près Guérande, aurait été le seul bien qui serait passé aux moines de Landévénec. L'évêque qui contresigne cet acte n'avait point qualité pour participer à cette libéralité, n'étant qu'administrateur temporaire du diocèse et non titulaire. Sucé serait donc resté tout entier à l'ombre de la crosse épiscopale.

On doit pourtant se demander quelle aurait été *cette moitié de la vicairie de Sucé,* dont Alain voulut disposer. Il n'est point téméraire de croire que ce fut la portion qu'on appelle chez nous le pays d'*Outre-Erdre,* qui depuis Saint-Félix a toujours été comprise dans les domaines de l'évêque de Nantes et sur laquelle se trouvaient le manoir épiscopal et le chef-lieu de la châtellenie. Cependant l'extrémité de ce pays d'Outre-Erdre lui fut-elle laissé ou mieux lui aurait-elle appartenue à l'époque de la donation dont nous venons de parler ? Nous pensons qu'il y avait une réserve appartenant aux Bénédictins, nous voulons dire les abords et les îles de Mazerolles, où, selon la légende, il y aurait eu un monastère. Ce qui le prouverait, c'est que, comme nous l'avons insinué déjà, en 1252, Jean, abbé de Saint-Gildas, propose d'échanger, avec l'évêque Galé-

____

(1) Dom Lobineau, II. p. 80. — Dom Morice, I. p. 345.

rand, tout ce qui pouvait lui revenir de la chapelle de Saint-Jacques de Bref-Chaland, de sa métairie et de l'île de Saint-Denis pour des maisons que tenaient les Cordeliers de l'évêque de Nantes, dans la rue Perdue, où les religieux de Saint-Gildas avaient l'intention de posséder un pied-à-terre ou maison de passage. Travers prétend que ce projet ne fut pas effectué ; cependant les dits religieux eurent bien en cet endroit une maison avec une chapelle. A ce propos un fait qu'il faut retenir : que le territoire dont il s'agit ici — *quamdam capellam Santi-Jacobi de Bref-Chaland cum mediatariâ (l'Onglette) quâdam juxta eam sitâ et insulam quæ dicitur Santi-Dyonisii, cum suis pertinentiis in parochiâ de Succeio* — s'est trouvé hors des limites du fief épiscopal proprement dit, et qu'il a dépendu, après aliénation présumée, jusqu'à la Révolution, de la châtellenie du Pont-Hus et enfin que c'est là que se sont retranchés les protestants sous la protection du seigneur et de la dame du Pont-Hus.

En 1260, un procès qu'eut l'évêque de Nantes avec le seigneur Mans du Moulin est une preuve que la châtellenie de Sucé faisait partie des domaines de l'Evêché. La chose est confirmée par un autre différend qui éclata entre Guillaume de Verne, évêque de Nantes, et le duc Jean Le Roux. Quand ce prélat fut élu et mis en possession de son siège, l'an 1266, tous les domaines de l'évêché étaient entre les mains du duc : cette situation durait depuis le décès de Jacques de Guérande. « Le nouvel évêque expédia un ordre à l'Official de Nantes d'aller trouver le duc et de lui faire les monitions requises de vider les maisons et manoirs de l'évêché, entre autres le manoir de Sucé et de réparer les dommages qu'il y avait causés et de restituer tous les fruits qu'il y avait perçus, et, si le duc était absent, de faire publier les monitions sur les places publiques et à la Cathédrale ». (1)

Le duc répondit aux monitions qu'il usait de son droit et qu'il n'était point obligé de donner main levée avant, que l'Elu lui eût présenté en personne les lettres du métropolitain, c'est-à-dire de l'archevêque de Tours, lesquelles confirmaient son élection. Le duc, perdant sa cause, auprès du cardinal Othon, crut suspendre l'effet de la sentence par une requête au Pape Clément IV. Le Souverain Pontife reçut le duc à plaider sa défense ; mais comme l'évêque refusa de remettre à la Cour romaine les pièces originales du procès, vu le danger de les perdre, l'affaire fut dévolue à l'Official et à un chanoine de Tours, selon un mandat signé à Viterbe du 25 novembre 1267. La décision définitive portait que le Chapitre aurait la régie des fruits pour l'évêque élu, que le duc protégerait ses biens et que l'évêque, pour cet office, lui devrait des honoraires. Ainsi finit ce différend qui assura encore une fois la propriété du manoir de Sucé aux évêques de Nantes.

Ce manoir était une petite place forte, bâtie sur un rocher dominant la rivière, en face le bourg. L'enceinte en était étroite ; un double fossé circulaire, taillé dans le roc vif, garantissait les abords ; l'entrée, ou le pont-levis, regardait l'Est ; les eaux de l'Erdre élevées par une machine alimentaient les

---

(1) « Quum Gauvel, serviens nobilis comitis Britaniæ cum complicibus suis de mandato ejusdem comitis... maneria de Succeo... invaserit cum magnâ violentiâ... » Dom Morice, *Preuves*, I. 1016. — *Hstoire des Evêques de Nantes*, par Travers, I. 377.

douves quand cela était besoin. Aujourd'hui les ruines de ce château sont à peu près disparues, si ce n'est les fossés à demi comblés et les bases de quelques tours. Jusqu'en 1835 environ, époque où l'on construisit la gracieuse villa de Montretraict, se dressait, comme un dernier témoin du passé, une haute arcade, percée d'une large baie ogivale et couverte de plantes parasitaires.

Ce fut là, concurremment avec Chassay, en Sainte-Luce, la maison de campagne de nos évêques : on se rendait à Sucé en barque et, à Sainte-Luce, en chaise à porteurs. L'abbé Travers rapporte, d'après les anciennes chroniques, que Simon de Langres, évêque depuis 1366, permuta avec Jean de Montrelais, évêque de Vannes ; la permutation fut reçue et approuvée par Clément VII, dont on reconnaissait l'obédience en Bretagne. « Or, continue notre historien, Simon était dans une vieillesse avancée, accablé d'infirmités et actuellement (1382) au château de Sucé ». Le prélat était venu, dans cette solitude, aérée et spacieuse, chercher le repos et la santé. Nous ne savons combien de temps il y demeura ; mais aussitôt que ses bulles lui furent expédiées, il se rendit à son nouveau siège ; ses infirmités s'aggravant, il résigna, après peu de temps, sa charge épiscopale en faveur de l'abbé de Prières, mourut vers l'an 1384 et fut inhumé aux Jacobins de Nantes, comme ancien Général des Dominicains.

Nous avons ici à rapporter un fait que Ogé prétend contradictoire au précédent. Citons-le : « Par un acte du 3 décembre 1395, Geoffroy de Malschat et Alain de Brûlon s'obligent à garder cette place (le manoir de Sucé) pour le duc. Ce dernier fait paraît détruire le premier parce que en 1395, l'évêché n'étant pas vacant, le duc ne pouvait mettre une garnison dans ce château ». Il peut cependant se faire que les troubles de la province l'y aient obligé et qu'il l'ait fait avec la permission de l'évêque. (1)

On doit se rappeler que, dans le procès de Guillaume de Verne avec Jean Le Roux, une des clauses de la sentence qui le finissait, porte que le duc devait prendre sous sa protection le manoir de Sucé et tous les autres domaines de l'évêché. C'est donc de ce droit de protection qu'usa le duc de Bretagne en cette circonstance. La raison de cette mesure de sûreté fut motivée par l'absence du prélat, Bonabes de Rochefort : il assistait, en effet, cette année-là, à l'assemblée générale des évêques et députés de l'Université, réunis à Paris par ordre du roi, pour travailler à l'extinction du schisme. Comme, à cette époque, les seigneurs n'étaient jamais tranquilles possesseurs de leurs terres, il était prudent de garder celles de l'évêché dont le titulaire se trouvait hors du diocèse. (2)

---

(1) *Dictionnaire de Bretagne*, art. Sucé, tome II.
(2) *Histoire de la Commune et Milice de Nantes*, par Mellinet.

CHAPITRE III

Etat des fiefs à Sucé : Les Regaires, Launay, Cha-
vagne, Procé et Nay. — Certains aveux rendus à
l'évêque, seigneur suzerain du lieu. — Statistique
de 1428.

Sous le régime féodal, Sucé fut érigé en châtellenie
dans l'année 1456, suivant un acte de Fr. Guillet en
faveur de Mgr l'évêque de Nantes, Guillaume de
Malestroit. L'érection se fait avec haute, moyenne et
basse justice ; la juridiction judiciaire s'étend sur
les paroisses de Casson, Carquefou, Saint-Mars,
Mauves et Sucé. Composent la Cour le seigneur châtelain pour justicier, le procureur fiscal, un notaire
royal et apostolique, un greffier et quelques
sergents. (1)

Le suzerain de toute la paroisse de Sucé, l'évêque
de Nantes, avait plusieurs vassaux qui tenaient de lui
de petits fiefs. Nous allons en dresser la statistique.

On comptait sur l'étendue territoriale de la
paroisse cinq fiefs qui avaient, pour chacun, leur
chef-lieu, leur tribunal et leurs officiers de justice.

I° LES RÉGAIRES. — Ce fief, le plus considérable
de tous, appartenait au seigneur châtelain et relevait
du roi. Il comprenait :

1° Sur la rive droite de l'Erdre : la plus grande
partie du bourg, l'église, le cimetière Saint-Michel,

____

(1) C'est donc que depuis cette époque jusqu'à la Révolution il y eut à Sucé une résidence de notaire.

le presbytère, le domaine curial et celui des différentes chapellenies, c'est-à-dire tous les biens ecclésiastiques ; la Hautière, la Grande-Bodinière, l'Ongle, le Lavoir, Jaille et toute la bordure de la rivière de ce côté et une partie de l'autre.

2° Sur la rive gauche : la Miletière, la Doucinière, la Havardière, les maisons nobles du Bois, de Logné, de la Papinière, de l'Ertaudière et de la Barbinière.

3° La rivière d'Erdre et tous ses produits.

Le chef-lieu du fief était la résidence épiscopale tant qu'elle exista ; l'auditoire se trouvait au bas du mont, occupant le carrefour des chemins de Logné et de Launay, puis plus tard à l'hôtel des Régaires, dans le bourg, au haut de la rue du Port.

II° LA BARILLÈRE OUTRE-ERDRE. — Ce petit fief, le moins important, avait pour chef-lieu la maison noble de Launay. Ses dépendances : la boire de Launay où le seigneur avait droit de pêche, la métairie noble de la Porte, le Millau, le Chêne-Planté, le Chêne-Creux, la Baraudière, Grandonneau, la Filonnière, la Motte-Suzière, le Blanc-Verger, la Haie-de-la-Vallière (probablement la Bénâtière). Le châtelain prétend avoir droit de basse et moyenne justice sur certaines terres de son fief.

III° LA BARILLÈRE-EN-SUCÉ. — Ce fief relevait en partie des Régaires et en partie surtout des Rohan qui, eux-mêmes, le tenaient de l'évêque prochement. Son chef-lieu a été d'abord la Barillère en Casson et dans la suite, Chavagne. Le tribunal se tenait dans le bourg, à l'entrée, sur le chemin de Casson, au-dessous de la Hautière. Il s'étendait sur ce territoire compris entre le chemin de Casson et la rivière, la bordure exceptée, c'est-à-dire les Herces, Jaille et l'Ongle, maisons que l'évêque s'était réservées.

IV° Procé. — Ce fief, qui relevait de Blain en proche, mais en arrière du seigneur châtelain de Sucé, s'étendait sur les paroisses de Casson et de Grandchamp. Le chef-lieu fut dans le principe Procé, puis, dès avant les guerres de religion, il fut transféré au château de Casson. Procé avait droit de fourches patibulaires ; la potence se voyait encore en 1789, à l'entrée occidentale du bourg, derrière les ruines du temple protestant, au bord du Chemin-Creux. Il comprenait : 1° Dans le bourg, la cour Gaillard, c'est-à-dire le quartier des Huguenots ; 2° les maisons nobles de la Haie, la Maillère, le Drouillay. Le procureur de la juridiction résidait aux Barrières, à l'entrée du parc de Procé. Il avait droit de fuye : le colombier demeure tout près des ruines du château, et il se voit encore sous des touffes de lierre.

V° Nay. — Ce dernier fief, aussi étroit que celui de Launay, relevait, comme Chavagne, mais entièrement des Rohan de Blain. L'auditoire de la haute-justice était à la Mazure, mais la potence était plantée entre le château et le Port-Hubert, tout près de la rivière. Les terres de la Marvillère, du Port-Hubert, de la Trématière, de la Bâchellerie, de Malabry, de la Perruche, de la Turballière et du Pin formaient son territoire.

Nous devons faire observer que le seigneur de Chavagne se reconnaissait vassal de l'évêque pour une grande partie de son fief. D'ailleurs les limites de la juridiction ont changé. Ainsi par une requête des Descartes quelques métairies, comme celles de la Crubraie, la Grande-Bodinière et la Paîtrière, passèrent des mains des Rohan en celles de l'évêque.

Telle était l'ancienne division féodale de la paroisse de Sucé. L'évêché possédait donc sous son

autorité seigneuriale tout le territoire, excepté
l'Onglette et Saint-Denis ; il s'en réservait exclusivement une partie, appelée les Régaires, d'où dépendaient prochement les fiefs de Launay entièrement
et de Chavagne en partie ; puis il avait cédé aux
Rohan, une part de Chavagne et les fiefs de Procé et
de Nay. A quelle époque la paroisse de Sucé fut-elle
ainsi divisée en deux parts ? celle des Régaires et
celle des Rohan ? Ce qui est certain, c'est que dès
le XVe siècle il en était ainsi et que cette division en
deux grands fiefs demeura jusqu'à la suppression de
la féodalité, en 1789. (1)

Nous avons insinué que le territoire de l'Onglette,
Saint-Denis et Saint-Jacques dépendaient d'une autre
châtellenie que celle de Sucé. Deux actes conservés
dans nos archives départementales prouvent qu'il
relevait du Pont-Hus : l'un de 1465, selon lequel Sucé
est dit possédé par Raoulette de la Feuillée, dame du
Loroux et autres lieux, mariée à François, fils aîné
du sire de Fresnay ; l'autre de 1588 qui donne Sucé
à Louise, dame de beaucoup de lieux, fille de
Charles III, comte de Mauves, sire de Fresnay, et de
Diane d'Escars. Plus tard, par des alliances, ce
domaine passa à la marquise de la Muce Pont-Hus ;
comme nous aurons l'occasion de le confirmer en
parlant du Protestantisme à Sucé. (2)

------

(1) Quand, en 1792, on nomma deux officiers municipaux pour tenir l'état-civil à la place des prêtres qui en
étaient dépossédés, deux furent choisis, l'un pour la partie
des Rohan et l'autre pour celle des Régaires. — Arch.
dép. L. 1110.

(2) Cette statistique est faite d'après des anciens papiers
terriers : *Réformation de 1683*, VIe et XIIIe volumes.
Cependant, un peu plus tard, ce quartier de l'Onglette et
Saint-Denis, revinrent à l'évêque, puisque celui-ci y per-
cevait des redevances.

Le seigneur évêque, comme châtelain, avait droit de haute justice. de lods et ventes, épaves, gallois, déshérence, succession de bâtards, quittances, foires et étalages, mésine, moulins, garenne, fuye, création d'officiers, etc. Il possédait, dans le bourg, un pressoir privilégié, attenant à l'hôtel des Régaires.

On a conservé plusieurs aveux des vassaux, rendus à l'évêque de Nantes. Citons les plus anciens d'abord ceux du XV° et du XVI° siècles.

1435. — Aveu rendu de la maison de l'Ongle, par Jean Pervenchère ;

1482. — De L'Hebergement de Procé, par demoiselle Charlotte Moreau ;

1479. — De Logné, par Yvon Guyolle, bourgeois ;

1544. — De la maison de l'Ongle, par Charlotte Tardif ;

1561. — D'une maison près le presbytère, par Marie Raoul.

On pourrait en citer quelques autres de date plus récente :

1709. — De l'île Saint-Denis, par Jean Emery de l'Ertaudière ;

1711. — De Logné, par François Moreau ;

1722. — De la maison de l'Ongle, par Luzeau. de la Mulonnière.

Le plus ancien de tous ceux que nous avons rencontrés porte la date de 1405 : le sieur Grimaud reconnaît tenir « une escluse » au bas de Procé. Ce qui nous montre qu'il y avait là anciennement un moulin à eau.

A propos de moulins, disons qu'il en existait plusieurs, disparus depuis longtemps, comme ceux de la Gannerie et de Chavagne, dont les chaussées existent encore.

Pour les moulins à vent, il y en avait davantage :
ceux de la Touche et des Prouveries pour Chavagne ; celui de Pourbon pour Nay ; celui de la
Miletière pour les Régaires ; celui dit aujourd'hui
le Moulin-Cassé pour Launay. Quelques autres, exis-
tants aujourd'hui ou même disparus déjà, sont des
constructions modernes.

De colombiers ou fuyes nous ne voyons plus de
traces, si ce n'est de celui de Procé, assez bien
conservé et de celui de Jaille qui ne semble plus
qu'une base de tour.

Il serait curieux de rappeler ici toutes les redevances auxquelles étaient astreints les vassaux à
l'égard de leur suzerain. Nous savons que l'Onglette
était tenu de donner quelques plats de poissons d'eau
douce aux vigiles de Noël, Pâques, Pentecôte et
Toussaint, chacun d'une valeur de trois livres, et
un gâteau de froment, la veille de l'Epiphanie.

Il faut faire remarquer que tous ces droits féodaux
que la Révolution se vante d'avoir supprimés, sont
restés sous d'autres noms et bien plus onéreux pour
les contribuables. L'impôt foncier, les patentes, etc.,
ne sont pas autre chose pour le seigneur Etat. La
mouture, la cuisson, nous les payons aux meuniers
et aux boulangers. La corvée des grands chemins
s'appelle aujourd'hui prestations. Le droit de colombier avait sa raison d'être : pour se procurer ce
luxe, il fallait posséder une certaine étendue de terres
autour de sa demeure, puisque les pigeons sont des
ravageurs. De tout cela il faut déduire que les
impôts ont été de tout temps. La dîme elle-même,
dont on fait un épouvantail aux gens ignorants,
n'était qu'une faible contribution en nature, bien
surpassée aujourd'hui.

2

La première statistique, trouvée dans nos Archives, remonte à 1428. Nous la reproduisons ici intégralement.

« Thomas Moreau et Jean Blanchard, commissaires.

1° Nobles ès-fiefs de l'évêque : Guillaume de Sou, pauvre et ancien.

Lotia Le Barbier et Jehan de Montfort, demeurant ensemble ; Denion Le Texier ; Jehan du Perray, sieur de Launay, qui a un métayer.

2° Nobles ès-fiefs des Rohan : De Guerpic, Brien de Nay, Perrine-Yvette, Jehan, Olivier, Simon de Nay.

Métayers de Perrine-Yvette, à son hôtel de Nay ; de Jehan Guyolle, à la Maizière (1) ; de Pierre de Saffré, sieur de Bougon, à Chavagne ; de maître Jehan Guyolle, à la Jaille ; de Jehan du Perray, à la Barbinière.

Suivant un acte de la même époque, Sucé comptait 38 feux imposables ; plus anciennement il y en avait 43, dont 35 à l'évêque et 8 aux Rohan. On évaluait le nombre des contribuables à 114, dont 77 sujets de l'évêque et 37 des Rohan. Nous n'en sommes plus là aujourd'hui, puisque nous sommes presque tous pressurés d'impôts et mieux qu'autrefois « taiables et corvéables à merci ».

L'étendue du territoire paroissial comprenait 8.246 journaux de Bretagne, ainsi répartis : landes, la moitié du sol, à 50 sous le journal ; terres labou-

______

(1) Nous ignorons qu'elle était cette maison disparue. — Les Guyolle, dont le nom apparaît ici, étaient sans doute de ceux qui avaient une maison de ville, place du Pilory, à Nantes, où deux commissaires du Duc se présentèrent un jour pour enlever la duchesse Françoise d'Amboise, veuve de Pierre II et qu'on voulait remarier.

rables, un quart à 60 sous ; prairies et marais, un quart à 60 sous. Selon cette statistique Sucé, au XVe siècle, aurait eu une aire superficielle plus grande que de nos jours, si toutefois ce journal de Bretagne était le même que nous connaissons. Le cadastre de la commune dressé en 1840 porte une surface territoriale d'environ 7.508 journaux, nombre inférieur à celui donné ci-dessus.

CHAPITRE IV

L'humble vicairie de Sucé, dont l'église, avons-nous
déjà écrit, faisait face au manoir épiscopal, dut un
jour s'affranchir de la paroisse-mère et conquérir
son émancipation. Où trouver le document historique qui nous ferait connaître cette date ? Nous
n'avons point à le chercher, vu que le fait est, à n'en
pas douter, antérieur à nos plus anciens Pouillés
(1456) et à la première page de nos Insinuations
ecclésiastiques (5 juillet 1555). Sans crainte d'errer
nous pouvons reculer la date jusqu'au XIe ou au XIIe
siècle.

La paroisse de Sucé, faisait partie du second
Archidiaconé, dit de la Mée, et du Doyenné de Châteaubriant. Il est vrai que le cours de l'Erdre formait
la ligne séparative entre les deux grandes divisions
du Diocèse, mais il faut admettre que cette ligne
faisait un écart pour englober la portion du territoire qui touchait Carquefou et Saint-Mars, autrement le pays Outre-Erdre ; ces deux dernières
paroisses relevaient de l'Archidiaconé de Nantes et
faisaient partie du Climat d'Ancenis ou de la Chrétienté.

Nous avons lu, dans nos Archives départementales,
plusieurs procès-verbaux de visites archidiaconales,

mais pas une des visites que durent faire les doyens de Châteaubriant et encore ces documents ne remontent pas au-delà du XVIe siècle. Les plus nombreux et les plus instructifs sont du XVIIIe. C'est à ses documents officiels que nous devons emprunter certains détails sur notre ancienne paroisse.

La cure, c'est-à-dire le bénéfice curial, à charge d'âmes, est à l'Ordinaire : par ce mot on entend que le sujet pour l'occuper devait être présenté et nommé par le Pape ou l'Evêque selon les mois où elle venait à vaquer par décès ou résignation pure et simple. Les mois de nombre impair appartenaient au Pape, et ceux de nombre pair à l'Evêque ; on appelait cela *alternis mensibus*, en droit canonique et à l'*alternative* selon la coutume française. Ce qui fait que le bénéfice était mis au concours, ou donné à un prêtre apte et idoine après un examen public. Aussi, parmi les titulaires de la cure de Sucé, nous comptons plusieurs docteurs en théologie et même un recteur de l'Université. Les revenus de ce bénéfice ecclésiastique consistaient en treizième sur le seigle, avoine, orge, froment et vin. (1) Ce treizième était partagé, par tiers, entre l'Evêque, le Chapitre Saint-Pierre et le recteur ou curé. Vers la fin de l'ancien régime, on appréciait chaque part à 1.200 livres et les deux parts de l'Evêque et du Chapitre étaient affermées ensemble pour la somme de 2.200 livres. (Déclaration de 1783.)

L'église paroissiale fut rebâtie à une époque qu'il nous est impossible de préciser : dans cette première reconstruction on ne dut rien conserver de ce qui

---

(1) Ce n'était donc plus la dîme ou le dixième.

existait primitivement, et ce dut être au XII⁰ siècle, quand la paroisse fut formée. De cette seconde église on garda la nef en partie et on y ajouta, vers le XVI⁰, chevet, transepts et tour. Il y eut dans la suite des remaniements et en particulier l'adjonction d'une chapelle dédiée à la Vierge et qui ouvrait à l'intérieur de l'église, faisant corps avec elle. Rien d'architectural ne se faisait remarquer. Orientée, comme toutes les églises d'autrefois, c'est-à-dire le chevet tourné vers le Levant, la nôtre se développait sur une grande longueur à la même place qu'occupe celle d'à-présent. Ce n'était qu'une nef avec deux transepts, ayant des baies cintrées pour la partie ancienne et gothiques pour l'autre plus récente ; on y voyait deux portes latérales et une, plus grande, dans le pignon de la façade ; le chevet était plat ; en dehors de ce vaisseau, dans l'angle formé par le transept Nord et le chœur s'élevait une tour massive et carrée que surmontait une flèche d'ardoises ; au bas se trouvait la sacristie.

On a prétendu que la chapelle Saint-Michel, qui existait autrefois dans le cimetière actuel, aurait été la primitive église de Sucé, l'église vicariale. Cette opinion n'a ni preuves ni vraisemblance. Les proportions très étroites de cette chapelle, son éloignement complet de toute habitation empêchent de se ranger à cet avis. Les maisons que l'on voit à droite sont du XVII⁰ siècle et nous les devons aux protestants qui là, avaient établi leur temple.

Essayons de décrire l'intérieur de notre vieille église, en nous servant d'un rapport assez détaillé d'une visite archidiaconale, faite en 1638. On comptait à cette époque trois autels. Outre celui du chœur au-dessus duquel était fixé un grand tableau repré-

sentant le patron (1), et où de chaque côté étaient
posées deux statues, celles de saint Etienne et de
saint Jacques, il y avait, du côté Nord l'autel Saint-
Sébastien, avec les statues de sainte Marie et de saint
Fiacre, puis un autre au côté Sud, dans la chapelle
de Lorette qui formait transept ; aux deux cornes de
cet autel on avait dressé les statues de saint Jean-
Baptiste et de sainte Catherine d'Alexandrie. On doit
remarquer par là que notre vieille église renfermait
les images les plus vénérées de nos ancêtres, de ces
Saints et Saintes du Moyen-Age, complètement
oubliés de nos jours : saint Jean, le précurseur, dont
la fête annuelle, si populaire, s'annonçait par des
feux de joie ; saint Fiacre, le patron des ouvriers de
la terre ; saint Sébastien, un des plus célèbres gué-
risseurs qu'on invoquait dans la peste et les épidé-
mies ; saint Jacques le Majeur, le secours des voyageurs et des pèlerins qu'on rencontrait surtout au
passage des rivières et dans les ports d'embarquement ; sainte Catherine qu'on vénérait à peu près
partout avec sainte Apolline et sainte Marguerite. La
Très Sainte Vierge qu'on appelle simplement, dans
le rapport que nous faisons lire, sainte Marie, recevait un culte universel : à Sucé, elle avait d'abord
sa statue à droite de la chapelle Saint-Sébastien,
mais aussi son sanctuaire vénéré de l'autre côté, sous
le titre de Notre-Dame de Lorette ou la Blanche ; on
l'appelait encore *des Moreau*, parce que c'était la
famille du nom qui l'avait fondée.

Le cimetière entourait l'église ou plutôt s'étendait
le long des deux latéraux, comme cela était général
dans les villes et dans les bourgs.

---

1) On a conservé cette toile jusqu'à ce jour.

Uné murette d'un mètre de hauteur, dans laquelle étaient pratiqués deux passages fermés par une margelle qu'il fallait enjamber pour arriver à l'église, fermait le cimetière du côté du Sud ; de l'autre côté, il se trouvait en contre-bas d'une bande de terrain longeant les maisons qui lui faisaient face, comme on peut encore aujourd'hui facilement se le représenter. Les prêtres, descendant de chez eux par un escalier de pierre, existant encore, prenaient la rue du Presbytère, traversaient les tombes en diagonale et arrivaient ainsi au pied de la tour. Depuis longtemps on ne faisait plus d'inhumations dans l'intérieur de l'église, si ce n'est pour certains ecclésiastiques, les recteurs et les personnes qui y avaient droit d'enfeu.

Ce cimetière de Saint-Etienne, qui aurait été insuffisant pour la population, n'était pas le seul : on en avait créé un second et à une époque reculée, autour de la chapelle Saint-Michel. Dans tous les brevets de visites, on écrit de cette chapelle qu'elle est simplement bénite, mais non consacrée ni fondée; cependant, par erreur, dans celui rédigé par M. Lelou, le dernier curé de l'ancien régime, on lit qu'elle a été consacrée. (1) C'est là que le Général de la paroisse s'assemblait pour tenir ses séances. Au rétablissement du culte après la Révolution, elle est restée sans affectation et on l'a laissée tomber en ruine ; les derniers restes ont disparu vers 1825.

S'il fallait admettre les hypothèses de M. Maître, archiviste de la Loire-Inférieure, qui a beaucoup étudié les œuvres charitables du moyen-âge, Sucé

---

(1) Notre église ne l'était pas non plus : elle ne l'eut pas mérité, étant sans caractère et sans style.

n'aurait été à l'époque carolingienne qu'une léproserie, ou bien un refuge pour les voyageurs et pèlerins en détresse. Ce qu'il y a de certain, c'est que le bac, ou passage d'eau, doit remonter au VIe siècle. Venant de Nantes ou de Mauves par Carquefou, on devait traverser la rivière en barque et, rendu sur l'autre rive, on avait besoin d'une hôtellerie pour se refaire et l'on ne concevait pas d'ailleurs un abri de cette nature sans un sanctuaire pour prier et, si c'était une léproserie, sans un cimetière autour. Ce qui donnerait quelque vraisemblance à cette opinion, c'est la situation isolée de Saint-Michel, où l'on arrivait du bac en remontant le vieux chemin du Pin et en évitant le bourg. Nous avons dit que dans l'église de Sucé on vénérait une statue de saint Jacques, patron des voyageurs. En fin de compte, toutes ces origines sont fort obscures et nous ne pouvons rien établir d'historiquement certain.

A cette chapelle Saint-Michel il faut joindre celle de Saint-Jacques, de ce saint que nous venons de nommer et celle de Saint-Denis. Ces deux très anciens sanctuaires ruraux durent être profanés par les huguenots ; car, dans aucun procès-verbal officiel, il n'en est fait mention. Pourtant la première, quoique désaffectée depuis longtemps, reste encore debout. Cette chapelle avait dû être élevée au bord de ce chemin qui sépare Sucé de Saint-Mars et l'on a vu que son souvenir était gardé dans notre vieille église paroissiale. L'autre chapelle, Saint-Denis, était probablement le dernier vestige du monastère de la légende.

Les oratoires seigneuriaux ou domestiques étaient en général multipliés dans nos campagnes, surtout dans le voisinage de la grande ville. Chez nous, trois avaient été occupés et profanés par les Calvinistes, l'Onglette, Nay et Procé, et ces chapelles ne furent jamais rendues au culte, si ce n'est celle de Nay, encore existante. Celle de l'Onglette, dont on croit l'emplacement au bout du vieux château, côté de l'Est, teinté en jaune sur le cadastre de 1840 comme une ruine, avait été élevée par la famille Moreau, les fondateurs de la chapellenie de Lorette en l'église paroissiale. Celle de Procé où se fit le premier prêche des Calvinistes à Sucé, fut complètement abandonnée dans la suite ; quoiqu'on veuille appeler du nom de la chapelle certains contreforts des murs d'enceinte féodale, on ne saurait dire où elle était située.

Toutes les autres, depuis la Révolution qui les a fait fermer, n'ont pas été réouvertes : celles de Chavagne, de la Barbinière, de Logné, qui se voient encore ; celles de Launay, du Port-Hubert, de la Haie, dont plus rien ne reste. Dans la chapelle de la Barbinière on cessa de célébrer quelques années avant la Révolution. De celle de la Haie on dit qu'elle a été interdite en 1754 ; de celles de Logné et de Nay, qu'on y dit rarement la messe ; les deux autres enfin, Chavagne et Launay, où le service religieux se faisait chaque dimanche, même aux jours prohibés, sont demeurées telles jusqu'en 1792. De toutes ces chapelles celle de Nay est la seule qui reste, rendue au culte et autorisée.

CHAPITRE V

Les chapellenies de la Garde-Dieu, des de Nay, des Richard, de Lorette ou la Blanche, de la Fontaine. — Des légats de fondations. — Charges de la cure et population de la paroisse.

Au bénéfice curial de Sucé il faut en joindre certains autres qu'on appelait simples, c'est-à-dire sans charge d'âmes, ne consistant que dans la desservance de quelques messes le long de l'année. C'étaient des fondations particulières qu'on désignait sous le nom de chapellenies ; leurs revenus, très modiques, consistaient ordinairement en un petite maison avec jardin et terres labourables, quelquefois dans une rente due par la famille du fondateur. Ces bénéfices restaient à la présentation des descendants de ceux qui les avaient fondés ; le plus souvent, s'il n'y avait point de clercs parmi eux, ils étaient attribués en faveur des ecclésiastiques originaires de la paroisse.

La première de ces fondations, croyons-nous, portait le nom de la *Garde-Dieu :* elle avait été faite par les seigneurs de Jaille qui, pour cette œuvre pieuse, avaient droit de prééminence et d'enfeu dans l'église, c'est-à-dire un banc réservé en bonne place et un lieu de sépulture. Ce bénéfice dont nous n'avons pu connaître ni les charges ni les revenus, fondé à une date ignorée, était disparu dès le XVIIe siècle : ou ses biens étaient ruinés, ou, ce qui paraît plus probable, ils avaient été réunis à la cure. En

1640, on écrit que le chapelain, un clerc tonsuré, recevait une monition pour sa négligence à faire acquitter les messes.

C'est en 1449 que l'on voit apparaître la seconde fondation. Elle fut faite par noble homme Simon *de Nay*, sieur de la Beaumondière, et sa femme. Elle est chargée d'une messe, dite tous les vendredis à l'autel de la Vierge, d'un *Libera* avec aube et étole devant le maître-autel et de la recommandation des fondateurs, ainsi que d'une messe chantée au jour des SS. Simon et Jude.

La Chapellenie des *Richard* est due à messire Thomas, prêtre, à charge d'une messe par semaine, dite au grand autel ; elle est à la présentation du fondateur à condition qu'elle soit donnée au clerc le plus prochain de la lignée où, à son défaut, à un ecclésiastique de Sucé

De 1537 à 1557 il y eut un recteur du nom de Jean Moreau : nous le croyons l'auteur de la fondation que l'on appelait ordinairement de Notre-Dame de Lorette ou la Blanche ; il était originaire de l'Onglette où habitait encore sa famille. Un autre Moreau, recteur de Carquefou et de Lavau (1530-1539), du prénom de Geoffroy, dit aussi scolastique de Saint-Brieuc, chanoine de Dol et de Nantes, dut ajouter de nouveaux revenus et de nouvelles charges à la fondation et la fit desservir simultanément à Carquefou et à Sucé. Au procès-verbal de la visite archidiaconale de 1683, on en fait la mention suivante : « Le bénéficier doit être un prêtre ou un clerc de la famille des Moreau de ladite île d'Onglette, dont la fondation est sortie, ou, au défaut de celui-ci, un prêtre ou clerc séculier, parent dudit fondateur. S'il manque les personnes ici qualifiées, le fondateur a voulu et ordonné que le présentateur soit tenu d'offrir le bénéfice à un prêtre ou clerc séculier de la paroisse de Sucé, n'ayant entièrement aucun autre bénéfice ecclésiastique, ou de la paroisse de Carquefou ; mais que l'institution de ladite chapellenie appartienne au R. P. seigneur évêque ou à son vicaire spirituel. Le titulaire est obligé à une messe basse tous les dimanches (mais dans la suite elle a été remise au lundi) ; de plus il doit payer 5 sols à la Fabrique de Sucé chaque semaine et fournir aux paroissiens pendant la quinzaine de Pâques une barrique de vin, dont le reste est vendu au profit de la Fabrique et de plus une livre 4 sols pour du pain qu'on bénit et qu'on distribue aux communiants ». (1) La seconde fondation greffée sur la première comportait également une messe hebdomadaire et une autre dite au jour de la Conception de la Bienheureuse Vierge Marie, célébrées et à Sucé et à Carquefou, dans la chapelle Notre-Dame la Blanche.

La chapellenie des *Herbert* avait pour fondateur cette famille du nom qui possédait la Baraudière et qui donna à Sucé deux recteurs, l'oncle et le neveu, 1602 à 1648.

Nous avons lu, dans les cahiers de visites, le nom d'une autre chapellenie, appelée de la *Fontaine* : mais, après 1640, il n'en est plus question : ruinée ou réunie à la cure selon toutes probabilités.

Il y avait de plus à Sucé ce qu'on appelait des Légats. Par testament René Launay avait fondé deux messes basses et une autre, chantée pour chaque

______

(1) Arch. dép. L. 52. Nous aurons à revenir sur les charges de cette chapellenie, sources d'abus et de désordres graves.

année, 1698 ; les demoiselles de la Chambre, en Carquefou, 16 juin 1715, 20 saluts du Saint-Sacrement aux grandes fêtes et chaque premier dimanche du mois ; Isabelle Rousseau, 1716, deux services annuels ; Laurence Minier, 1758, une messe mensuelle à l'autel de la Vierge. Ces fondations étaient faites au profit de la Fabrique et acquittées par le recteur ou ses vicaires.

Les charges de la cure étaient, pour le temps, à l'ordinaire : 3 messes par semaine, la dominicale comprise, premières et deuxièmes vêpres, matines et laudes aux fêtes solennelles, catéchisme et prône chaque dimanche et l'administration des sacrements.

La paroisse est dite, dans presque tous les rapports, contenir 1.800 communiants, c'est-à-dire personnes adultes de l'un et l'autre sexe. Les recensements de la population se faisaient par le ministère des curés qui comptaient et inscrivaient sur le Livre des âmes tous ceux et celles qui s'approchaient de la Sainte Table au temps pascal.

Ce sont eux qui également tenaient les registres de l'état civil. Aux XIV° et XV° siècles les différents actes sont séparés et écrits sur des registres particuliers ; dans la suite les actes de baptêmes, mariages et sépultures sont rangés par ordre chronologique dans le même cahier ; à partir de 1668, suivant une ordonnance royale de l'année précédente, on doit avoir un registre par an et ce registre fait en double : la grosse reste au presbytère et la minute est déposée au présidial dans le courant de janvier. Il en a été ainsi jusqu'à 1792, époque où des officiers laïcs ont été désignés pour tenir la place des prêtres dans la rédaction et la tenue de ces documents officiels.

DEUXIÈME PARTIE

Le Protestantisme et la Noblesse à Sucé

CHAPITRE PREMIER

François de Châtillon pénètre dans la société nantaise et se rend à Blain en passant par Sucé, pour établir le Protestantisme. — Le ministre du Gravier. — Sucé est choisi comme lieu des réunions cultuelles. — L'Edit de Nantes. — La Tenue Bernard où une grange sert d'abord de temple à la secte.

A l'époque où nous sommes rendus dans notre récit, nous voulons dire vers le milieu du XVIe siècle, un évènement important pour Sucé entrave notre marche en avant, et déjà même, en le négligeant, nous sommes allés trop loin. Il faut donc que nous retournions sur nos pas pour traiter ce sujet. L'établissement du Protestantisme a troublé notre pays aussi bien que la France entière. Cette religion, prétendue réformée, fut pratiquée chez nous pendant presque un siècle, mais par des ministres étrangers et des adeptes qui ne sont pas des nôtres, nous avons hâte de le dire.

Dès 1558, les Calvinistes commencèrent à pénétrer dans notre bonne ville de Nantes et dans les environs. L'hérésie fut apportée en Bretagne par François de Châtillon sous le nom d'Andelot. Faisons connaître ce personnage, car c'est lui qui dut, le premier, déposer à Sucé, en certains châteaux, le levain de la révolte contre l'Eglise catholique.

François de Châtillon, dernier fils du maréchal du nom et de Louise de Montmorency, avait eu, en commun avec ses frères aînés, le cardinal de Châtillon et l'amiral de Coligny, une saine et forte éducation. Né à Châtillon le 18 mai 1521, il entreprit la carrière militaire. Après avoir été armé chevalier sur le champ de bataille de Cerizolles, il fit des prodiges de valeur à Marignan. Il épousa ensuite Claude de Rieux qui lui apporta comme dot de grands biens en Bretagne. En combattant pour le duc de Parme, il fut fait prisonnier, 1551 ; c'est pendant sa captivité que les œuvres de Calvin lui tombèrent sous les yeux. Les loisirs lui furent ainsi funestes : il abandonna bientôt la foi de ses pères et embrassa avec ardeur la prétendue Réforme.

Redevenu libre, il afficha ses idées erronées à la honte de son illustre famille. Il demanda à l'Eglise de Paris deux ministres pour répandre la nouvelle religion dans ses domaines de Bretagne : Jean-Gaspar Carmel, dit Fleury, et Pierre Loiseleur, dit Villers. Lui-même arriva à Nantes au mois de janvier 1558 et s'empressa de faire des adeptes autour de lui avec tout le fanatisme d'un néophyte. De Nantes il se rendit à Blain, où la douarière de Rohan, Isabelle de

Navarre, le reçut, ainsi que ses compagnons, « comme des anges du Seigneur », et leur laissa la salle de son château, où un grand nombre, dit-on, de nobles et de peuple vint entendre prêcher le nouvel Evangile (1).

Cette dame, fille de Jean d'Albret, avait puisé, en la maison de celui-ci le venin de l'hérésie ; son château devint l'asile de tous ceux qui fuyaient la sévérité des Edits (2).

D'Andelot se dirigea sur Rennes, après sa station à Blain ; mais à peine y fut-il arrivé qu'il députa à Nantes le pasteur du Gravier. Ce zélé missionnaire resta trois semaines dans les murs de notre ville. Les religionnaires se réunissaient alors en secret, dans la crainte des autorités civiles et ecclésiastiques. Antoine de Créquy, évêque de Nantes, avait déjà pris des mesures pour prévenir le mal. Mais la prétendue Réforme trouvait de puissants protecteurs et ainsi elle put s'introduire en Bretagne, grâce surtout à l'influence des familles de Rieux, de Rohan, de Châtillon-Laval et de la Muce-Pont-Hus.

Du Gravier, originaire du Poitou, pendant son séjour à Nantes, rassembla le troupeau déjà dispersé et confirma l'Eglise naissante, dit l'historien que nous suivons. Avant de quitter la ville, il prêcha à la Furtière, en Saint-Donatien, où 80 personnes se seraient trouvées. Le lendemain il se dirigea en barque sur Sucé. C'est lui, à n'en pas douter, qui, chez nous,

---

(1) *Histoire du Protestantisme en Bretagne*, par Crévain, 1664 1685. Cet ouvrage nous a été d'un grand secours. La publication a été faite par M. Vaurigaud, pasteur de Nantes, qui, lui-même, a donné plus tard un *Essai* sur l'histoire de sa religion, 3 vol. in-8°.

(2) *Histoire de Bretagne*, par Dom Taillandier, p. 267.

dut apporter la religion protestante, à moins que d'Andelot, qui avait pris le même chemin, l'eût devancé. Il peut se faire, et même on l'a écrit, que les chapelles de Nay et de Procé furent profanées par les prêches de ces colporteurs de religion. On a raconté aussi que du Gravier eut à Procé pour auditeurs quelques gentilshommes et autres personnes auxquels « il recommanda la lecture de la parole de Dieu et les prières en commun ». Là il choisit, avec l'agrément de la société, le greffier de Casson pour Ancien.

Comme il quittait Procé pour poursuivre son chemin, il rencontra un habitant de Nort qui l'entraîna jusqu'à Longlée, où le prédicant, affirme Crévain, fonda une nouvelle Eglise.

Ainsi la semence du Calvinisme était déposée a Nantes, Sucé, Casson et Nort, en même temps qu'à Blain.

Désormais les Protestants vont pratiquer ouvertement leur culte en vertu des édits nouveaux : le premier daté de Saint-Germain-en-Laye, 15 juillet 1560; le second, de janvier 1562 (1). Ces tolérances accordées par l'autorité royale donnèrent beaucoup d'audace aux religionnaires. Non seulement ils profanèrent certaines églises, brisèrent les statues qui s'y trouvaient, mais ils en vinrent jusqu'à tuer un vicaire de Héric et à massacrer trois religieux cordeliers du couvent de Teillay, en Ruffigné. Leurs assemblées n'étaient composées que d'aventuriers et de gens sans

---

(1) C'est à partir de cette dernière date qu'ils occupèrent plusieurs paroisses de notre diocèse : Guérande, La Roche-Bernard, Piriac, Le Croisic, Sion, Vieillevigne, etc.

aveu, si l'on excepte quelques gentilshommes que la politique inspirait plus que la religion.

La Furtière, dans la banlieue de Nantes, ne leur suffisait plus : on choisit comme lieu de réunion un pressoir à Barbin. D'après l'édit, il était requis de s'éloigner au moins à 3 lieues de Nantes et des autres villes. Sucé leur parut un lieu convenable, parce qu'il était accessible par la rivière, dans les limites exigées, et aussi parce que là on se trouvait sous la protection des seigneurs de Nay, de Procé et du Pont-Hus. Or, sur le fief des Rohan, au nord de la chapelle Saint-Michel, était une grange assez vaste qu'on put louer provisoirement d'un nommé Bernard, ce dont il fallut se contenter pour le moment.

Le premier temple construit fut celui de Blain, 1560 : plusieurs ministres le desservaient et rayonnaient sur les domaines du seigneur. C'est ainsi qu'ils vinrent, ces fanatiques appelés déjà *huguenots*, visiter les néophytes de Nay et de Procé, et les réunir avec ceux de Nantes dans la grange de la tenue Bernard.

Chaque dimanche on voyait ces Parpaillots, selon l'appellation populaire du temps, venir de Nantes à Sucé dans un chaland construit pour cet effet. Tout le long du voyage, dit-on, ils chantaient des psaumes dans la langue de Marot et débarquaient devant le chemin du Pin pour se rendre au prêche. La tradition rapporte que les seigneurs de Nay et de Procé s'y rendaient en attelage à bœufs ; à cette époque les chemins étaient si mal aisés ! Les Nantais, pour la plupart, se recrutaient parmi les marchands de Hollande et d'Angleterre.

Pour l'exercice du culte on établit bientôt à Sucé le ministre Josué de la Place qui resta en fonction jusqu'en 1632, époque où, d'après la décision du synode de Charenton, il fut appelé à occuper une chaire à l'université protestante de Saumur. Lui succéda Pierre Bouchereau, sieur de la Mauche.

CHAPITRE II

*Construction du temple de Sucé. — Transaction entre
l'évêque et le châtelain de Procé. — Les guerres de
religion. — Querelles et dissensions des religionnaires. — Mort de la marquise de la Muce.*

Le lieu précis, destiné et choisi par les commissaires du roi pour établir le temple de Sucé était
ainsi mentionné dans le procès-verbal : « La tenue
de Julien Bernard qu'on nomme la tenue du Ruisseau, advis du ruisseau qui conduit les eaux du
chemin à la rivière d'Erdre, et la situation ancienne
du poteau-au-collier de la juridiction de Procé ». (1).
Cette concession dut se faire en 1601 ou 1603, et il
fallut attendre une trentaine d'années avant de remplacer la grange provisoire par une construction définitive.

Pour que nos contemporains se représentent bien
ce terrain acheté par les Protestants, ils n'ont qu'à
considérer aujourd'hui cet espace, circonscrit par la
rue du Bas-du-Bourg, le chemin des vignes à droite
du cimetière, celui qui descend au ruisseau, et ce
ruisseau lui-même, jusqu'à la rue de laquelle ils sont
partis. Toutes ces vieilles maisons qui forment
aujourd'hui ce que nous appelons la cour Gaillard
et qu'on appelait autrefois la Huguenotrie, ont été
construites par les Protestants. C'était leur quartier,
complètement isolé et séparé du bourg. La place

____

(1) Arch. nationales. TT. 1, 284.

précise occupée par le temple est ce jardin qui s'étend
entre lesdites maisons et le petit chemin qui longe le
cimetière, « à cinquante pas de la chapelle Saint-
Michel », qui occupait le milieu du cimetière actuel (1).

Nous ne savons rien de la construction de ce
temple, ni de ses proportions, ni de son style. On
dut le bâtir vers 1630, par conséquent bien après
celui de Blain, s'il faut en croire le décret de démolition.

Le 20 septembre 1640, il se passa une transaction
entre Gabriel de Beauvau, évêque de Nantes, et les
frères Jean et Michel Chappel, seigneur de Procé,
« par laquelle ils étaient demeurés d'accord que la
tenue du Ruisseau, en la paroisse de Sucé, conten-
zieuse entre eux, relevoit, en proche-fief de la seigneurie de Procé et en arrière-fief du dit seigneur
Evesque, à cause de sa chastellenie de Sucé » (2).

Par là le droit était formellement reconnu à l'évêque, suzerain de toute la paroisse, et le différend dut
se clore pour l'instant. Monseigneur G. de Beauvau,
de sainte mémoire, avait un grand esprit de bienveil-
lance et de conciliation ; mais son successeur immédiat, Gilles Le Blanc de la Baume, dont le zèle n'était
pas aussi modéré, dit-on, regarda toujours l'établissement de la colonie protestante à Sucé comme illégale, se trouvant sur un domaine du Clergé. Aussi
croyons-nous que ce fut sous son épiscopat, entre
1670 et 1675 qu'il faut placer ces querelles religieuses qui amassèrent tant de ruines sur notre
paroisse. La tradition populaire en a gardé le sou-

(1) Arch. nationales, TT. 314.
(2) Arch. nationales, TT. 284, citation de M. Vaurigaud
dans son ouvrage, II, p. 203.

venir, mais les chroniques n'en font aucune
mention.

Les rives de l'Erdre avaient déjà été le théâtre des
premières répressions que Mgr Antoine de Créquy,
second du nom et évêque très ardent à revendiquer
ses droits, avait exercées contre les prétendus réformés, perturbateurs du royaume et en révolte contre
l'Eglise.

Aucun document historique, disons-nous, ne vient
confirmer la tradition, aucun vestige ne reste si ce
ne sont des pans de murailles et des amas de pierres
éboulées. Les châteaux de Procé, de l'Onglette, du
Blanc-Verger et de Sucé, depuis ce temps démolis ou
rasés, auraient été, selon toute vraisemblance, les
places fortes, objets des attaques et des défenses réci-
proques entre les deux partis catholiques et protestants. Procé et l'Onglette étaient chez nous les boule-
vards du Calvinisme et ces deux maisons étaient
solidement fortifiées pour l'époque. L'Onglette, flan-
quée de sept tours, reliées entre elles par plusieurs
murs d'enceinte, pouvait offrir une certaine résistance contre les batteries de ce temps-là ; de plus,
la nature ajoutait encore pour la munir, puisque de
larges douves, alimentées par la rivière, lui formaient
une ceinture ; bâtie sur une éminence rocheuse, elle
dominait tous ses abords. Procé ne lui cédait en
rien : ce château paraissait inaccessible du côté du
ruisseau qui l'encerclait à moitié ; des fossés creusés
dans le roc vif le défendaient à l'Orient. Nous avons
cité aussi le Blanc-Verger ; il n'en reste plus rien.
Cette place, moins importante que les deux autres,
était pourtant garantie de tours et de remparts. Il
y avait là un cimetière de huguenots, comme à Saint-
Denis.

Le point d'attaque et des efforts des Calvinistes, c'était la résidence d'été pour les évêques de Nantes, lieu qu'on appelle aujourd'hui d'un nom qui le dépeint bien, *Montretraict*. Il avait cette avantage sur les autres châteaux qu'il devait à sa position : on peut encore aujourd'hui s'en faire une idée assez juste.

Aussi les gens de Procé, de guerre lasse, auraient employé un stratagème pour pénétrer dans la place. On rapporte à Sucé — et cela était si bien accrédité qu'au siècle dernier on fit des fouilles — que les huguenots entreprirent de pratiquer une voie souterraine passant par dessous le lit de la rivière ; l'entrée de ce tunnel partait du chemin profondément encaissé et longeait la tenue du Ruisseau (1).

Ce qui est historique, c'est que Mgr Le Blanc de la Baume fit démolir son château de Sucé en 1677 et que ceux de l'Onglette, de Procé et du Blanc-Verger ne furent plus, à partir de cette époque, qu'un amas de ruines.

Les archives des Protestants à Sucé, selon l'inventaire de 1685 et selon aussi la vérification que nous en avons faite au Greffe de Nantes, se composent d'un registre contenant les délibérations du Consistoire et de quatorze livrets où l'on a enregistré les actes de baptêmes, mariages et sépultures, depuis l'an 1670 jusqu'à la révocation de l'Edit.

Ces derniers s'ouvrent par le décès du ministre Jean Bouchereau et de sa femme. A ce propos citons les pieuses réflexions du scribe protestant : « Ce 29 novembre 1670, les registres des Réformés mentionnent une touchante coïncidence qui montre com-

---

(1) Les recherches faites pour trouver le fameux souterrain n'ont abouti à aucun résultat.

bien certaines unions chrétiennes sont étroites et profondes, à ce point, semble-t-il, que les deux existences, n'en faisant qu'une, s'éteignent en même temps ». Poursuivons : nous avons vu le beau côté de la médaille, nous allons en voir le revers. Il ne paraît pas que la piété édifiante des deux époux se soit conservée dans leurs descendants. A la date du 20 décembre 1681, on lit que Mlle Martin, demeurant à Sucé, aurait porté plainte contre M. de la Mauche-Bouchereau (le fils du ministre défunt), qui lui aurait donné promesse de mariage.

Nous aurons bien d'autres occasions de consigner le souvenir des scandales de la secte. Les deux époux dont la piété et l'union ont trouvé un si touchant éloge sous la plume du chronographe, ont été inhumés autour du temple, où les huguenots avaient un cimetière, touchant celui de Saint-Michel.

M. de Brissac vint immédiatement remplacer le ministre décédé. Ce nouveau venu avait eu une chaire de théologie à Saumur. A ce moment, où il entrait en fonction, il fut débouté de sa prétendue noblesse par la Réformation de Bretagne. Il épousa la demoiselle Rocher-Leggle et en eut six enfants, tous baptisés par leur père à Sucé.

Il paraît que ce ministre mit tant de zèle à remplir sa charge de prédicant qu'il fut obligé de s'absenter pour refaire sa santé compromise : on le suppléa par le pasteur La Conseillère d'Alençon. Cependant il y eut des griefs formulés contre lui : le service du Pont-Hus ne se faisait plus régulièrement tous les jeudis et tous les dimanches depuis la Cène d'octobre jusqu'à Pâques. Mais c'était la mauvaise saison, et le seul moyen de s'y rendre c'était de traverser en barque la plaine de Mazerolles qui, comme l'Océan,

a ses jours de colère. A ce sujet la Compagnie prit
la décision suivante : « La famille du Pont-Hus serait
dégagée des 130 livres d'honoraires qu'elle avait pro-
mises pour les prédications du dimanche et M. de
Malnoë serait invité à prêcher tous les jeudis et
serait en même temps dispensé de la moitié des
dimanches où il devait prêcher à Sucé ».

Benjamin Malnoë, dont il est ici question, demeurait sur la paroisse, au village du Lavoir, par conséquent au-delà de Mazerolles et plus près du Pont-Hus.

Chaque dimanche, au temple de Sucé, se faisaient
deux services religieux avec le concours des deux
ministres, Brissac et Malnoë, à 11 heures et à 1 heure,
d'après un rapport de l'évêque, rédigé contre eux.

Les assemblées consistoriales se tenaient alternati-
vement à Sucé et au Pont-Hus. Les procès-verbaux
de ces assemblées sont pleins de querelles et de
discussions, continuelles chez ces gens de la primitive Eglise, pourtant bien différents de ceux d'autrefois dont on a écrit : Voyez comme ils s'aimaient ! (1).
Ainsi, au 22 avril, le Consistoire s'occupe de l'affaire
Lefort, ancien de la Compagnie. — il y avait deux
personnes décorées de ce titre à Sucé — : on l'accuse
d'avoir chassé sa belle-sœur de la maison à 10 heures
du soir, en lui jetant vêtements et autres objets par
la fenêtre ; le second chef de reproches, c'est d'avoir
communié deux jours après cette scène, sans s'être
réconcilié. En même temps, on lui fait certaines
observations : d'avoir abandonné ses fonctions pendant une année, de s'être fait l'insulteur de Mᵐᵉ Bris-

____

(1) M. Vaurigaud, dans son *Essai*, n'a osé publier ces
pages scandaleuses, et nous-mêmes n'en donnerons que
quelques extraits.

sac et de la fille de celle-ci ; d'avoir publié un libelle diffamatoire contre le pasteur et une partie du troupeau ; c'est, dit-on, une chanson qu'il avait composée et chantée dans le bateau de la Religion, en revenant du temple, « au lieu des louanges de Dieu suivant la coutume » ; enfin de s'être laissé aller jusqu'aux outrages, en plein Consistoire, contre M. de la Brie, à l'issue du prêche.

Le 2 septembre suivant, voilà le tour de M. de Malnoë, qui est prévenu de paroles violentes contre son collègue. Ce Monsieur de Malnoë est d'ailleurs en contestation avec la famille du Pont-Hus : il exige son salaire. Cette question d'argent traîne en longueur et même reste sans solution. L'affaire alla si loin qu'en 1681, de Malnoë se dispensait de venir au temple et de même se préparait à emporter ses meubles pour prendre résidence à Nantes. La marquise de la Muce joignit ses plaintes à toutes les accusations déjà formulées contre ce pauvre homme. Quelle Babylone que cette Eglise prétendue réformée !

Comme Brissac était toujours souffrant, on proposa, pour tenir sa place, Chauvin, ancien ministre de Vieillevigne « qui avait merveilleusement satisfait son troupeau par ses prédications ».

Pour représenter le Consistoire de Sucé au Synode de la Moussaye, on députa le ministre malade (décembre 1681) ; aussi Malnoë se plaignit de son exclusion.

Le 9 mai de cette année, décéda au château du Pont-Hus la marquise de la Muce. « Sa mort, écrit l'historien protestant, fut très pieuse et très édifiante ». Du reste, M. de Malnoë, malgré toutes les difficultés qu'il eût eues avec elle, composa et publia une notice très louangeuse sur la vie et la mort de la châtelaine.

Voilà une grande perte pour le parti huguenot ! Ce n'était pourtant que le commencement des malheurs qui l'attendaient. Nous allons en effet entrer dans une triste période qui se clôturera par la suppression du culte public et la démolition du temple.

CHAPITRE III

Mémoire de Mgr de Beauvau contre les Protestants.
— Visite officielle du Procureur général et de
l'Official au consistoire de Sucé. — Lettre du roi.
— Les ministres Brissac et de Malnoë. — Quelques
extraits des archives protestantes.

Dès cette année 1681, Mgr de Beauvau, neveu et
successeur de l'autre du même nom sur le siège de
Nantes, rédigea contre les Protestants un Mémoire
adressé à M. de Pontchartrain, président des Etats
de Bretagne. La pièce est curieuse et mérite d'être
citée, du moins en partie, parce qu'elle regarde spécialement les Calvinistes de Sucé et qu'elle donne un
état de la Religion prétendue réformée, dans le diocèse.

« A trois lieues de Nantes, en la paroisse de Sucé,
il y a un temple qu'on dit estre avant l'Edit : il est
situé dans le bourg, pas loin de l'église, dans un
petit fief qui relève en arrière-fief du seigneur
évesque, lequel est seigneur en chef de toute la
paroisse et aultres paroisses circonvoisines. En ce
temple se faict le presche souvent deux fois, ayant
deux ministres : l'un qui réside à deux lieues de là ;
l'aultre, appelé Brissac, qui réside à Nantes. Ceux qui
se rendent à ce presche sont la pluspart Anglais,
Hollandais et aultres estrangers, non naturalizés, qui
exercent le commerce à Nantes. Ils vont de Nantes
en batteau, chantant leurs psalmes, au dit Sucé. Oultre
le susdit temple, la dame de la Muce-Pont-Hus fait

faire le presche en sa maison de la Muce, qui est à une lieue de Sucé, où il y a une ancienne chapelle dans ce lieu de son chasteau, où il y avait aultrefois une fondation de messes, dans laquelle elle faict enterrer les morts de sa Religion et laisse démolir cette chapelle peu à peu ». (1).

D'après ce mémoire on pourrait se demander quelle est cette maison de la Muce « à une lieue de Sucé », et quelle est cette chapelle « où il y avait aultrefois une fondation de messes ». Pour répondre à la première question, nous dirons que la maison dite de la Muce située à une lieue de Sucé, n'est pas celle du Pont-Hus, qui est plus éloignée, mais celle de l'Onglette qui relevait de la châtellenie du Pont-Hus. Quant à la seconde, il n'y a point à hésiter, non plus, qu'il s'agit ici de la chapelle de la maison d'Onglette dont les anciens propriétaires, la famille Moreau, avaient fondé le bénéfice de Lorette et qui avaient un oratoire domestique. Y eut-il là un cimetière protestant ? Cela aurait pu avoir lieu sans doute, mais il est sûr qu'à quelques cents mètres plus loin, dans l'île Saint-Denis, il y en eut un.

Le Mémoire de l'évêque eut des conséquences. Dans la soirée du 27 décembre 1682, la Compagnie reçut une visite fort désagréable. M. le Procureur général du Parlement de la province, accompagné de M. l'abbé d'Espinoze, official de Nantes, est entré dans le lieu de réunion où se tenaient les ministres et les anciens, pour leur ordonner, de la part du roi, d'entendre la lecture d'une lettre que le Clergé du royaume adressait à tous les Consistoires de France : « Ce que

____

(1) Arch. nationales, TT. 267. M. Vaurigaud a reproduit ce document, II, p. 262.

nous avons entendu, lit-on au procès-verbal, avec un respectueux silence et reçu avec la vénération et l'obéissance dues aux ordres d'un si grand monarque ». Puis on fit éloge très flatteur de Sa Majesté. Voici maintenant le discours qu'on adresse à l'Official : « Pour Monsieur qui vous accompagne ici, afin de nous lire un écrit de la part de MM. du Clergé, permettez-nous de lui dire en votre présence que nous regardons ces Messieurs comme des personnes que le roi prend plaisir à honorer, qui sont de mérite et qui tiennent un rang considérable dans l'État, et Monsieur lui-même dont le mérite nous est connu. Mais pour l'écrit, nous ne pouvons le recevoir en aucune manière ».

Ce langage poli et modéré dans la bouche de ces gens serait vraiment admirable s'il avait été sincère. Leur hypocrisie, aussi bien que leurs craintes, se révèle surtout par ces derniers mots adressés à leurs visiteurs importuns : « Vous avez vu que nous avons entendu ces choses *avec un respectueux silence*. Nous vous supplions très humblement de vous en souvenir ». On insiste sur ce *respectueux silence* et c'est avec raison. L'on voudrait conjurer cet orage qui va se déchaîner sur cette secte, cause de tant de malheurs en France et que la clémence de Louis XIV ne tardait que trop à supprimer. Ils tremblent de tous leurs membres, ces pauvres parpaillots, et, dans leur terreur, ils décrètent « un jeûne pour apaiser la colère de Dieu ».

L'avant-coureur de l'orage fut cette première menace faite à la fin de l'année 1684. Le même jour que deux ans auparavant, le 27 décembre, le Sénéchal de Nantes, accompagné de deux Pères Capucins, se rendit de la Gâcherie à Sucé et lut en Consistoire une lettre du roi, dite de petit cachet, qui lui était adressée et d'après laquelle le Sénéchal déclara aux prétendus Réformés qu'ils ne pourront plus tenir leurs assemblées qu'une fois en quinze jours et sous la présidence d'un juge royal, nommé par le monarque lui-même et il leur apprend qu'il est chargé de se trouver présent à tous les Consistoires que tiendront à Sucé ceux de la Religion prétendue réformée pour observer tout ce qui se passera.

Ainsi les ordonnances royales devenaient de plus en plus vexatoires : aussi la panique se mit dans le troupeau et les émigrations commencèrent déjà à se produire. On prit bientôt des mesures sévères contre les coupables qui, dans leur rage, s'appliquaient à ridiculiser publiquement les cérémonies du catholicisme. Brissac, le pasteur, fut un des premiers punis : on le condamna « à estre constitué prisonnier ès prisons royaux de Nantes ». C'est qu'il s'était compromis gravement dans une affaire où figurait une fille de Loudun qui, malgré son abjuration, avait été entraînée au temple. Les biens du ministre furent confisqués et vendus et, sa peine purgée, il se serait converti et retiré en Angleterre, raconte-t-on.

Son collègue, M. de Malnoë, continuait son ministère au Pont-Hus ; mais, après la révocation de l'Edit, il émigra lui-même en Hollande. A l'heure de son embarquement à Paimbœuf, on le trouva porteur de deux registres des actes faits après la défense du roi ; on les lui arracha et ces papiers, avec les autres, furent déposés au Présidial de Nantes, où ils sont encore conservés.

Relevons quelques actes plus notables, insérés dans ces registres, suivant l'ordre chronologique.

1667. — Mourut et fut inhumé à Sucé, René Gentilhomme, sieur de l'Epine. Il était né au Croisic et l'on sait qu'il devint page de Gaston d'Orléans ; sa vie ne fut que celle d'un aventurier.

1671. — Baptême de Benjamin de Goulaine, fils de B. de Goulaine et de Renée du Tertre.

1674. — A un baptême comparaît comme marraine demoiselle Marie Gérard de Nay.

1675. — Signe Margueritte de la Motte, de la Maillère.

1675. — On proteste contre la célébration de la Cène qui avait été faite au Pont-Hus. De fortes contestations s'élevèrent entre les gens de la Religion ; on échangea même des injures et des coups au sortir du temple et, après, les ennemis s'embrassèrent en pleine assemblée.

1676. — Meurt au Pont-Hus haut et puissant seigneur de la Muce, âgé de 55 ans.

1676. — Admonestations et menaces adressées au sieur Bernard, marchand à Nantes, qui s'obstinait à fréquenter les exercices du culte romain (1).

1677. — Brissac donne connaissance d'une lettre par laquelle M. le baron de Marcé, député de la province pour les affaires de la Religion, a obtenu de la bonté du roi la liberté de tenir Synode pour le 28 août.

1678. — On blâme la conduite du procureur des Régaires qui aurait fait mettre en prison un jeune homme de la Religion et aurait défendu à ses frères de l'aller voir.

---

(1) Ce Bernard était-il le vendeur de la tenue du Ruisseau où avait été bâti le temple ? ou même n'aurait-il pas été parent du recteur de Sucé, lequel, à cette époque, portait son nom et était venu de Nantes ?

1679. — On prive de la cène une femme qui avait fait baptiser son enfant à l'Eglise romaine.

1680. — On constate que, contre la discipline, on a vu des gens de la Religion assister aux sermons de messieurs les prédicateurs de l'Eglise romaine (1).

1681. — Mort de M. L. de la Baudière, sénéchal de Casson.

1682. — On installe les deux Anciens dans leurs fonctions : Gérard Pitel et Jacob de la Brie.

1684. — On décide que le grand bateau — celui qui servait à conduire les religionnaires de Nantes à Sucé — serait réparé des deniers des pauvres, « puisque c'est pour les pauvres qu'on le fait aller et que cy-devant il a été payé des deniers de l'Eglise ».

1685. — Mort de René de Goulaine, décédé à Saint-Herblain, à l'âge de 39 ans, et inhumé à Sucé.

—————

(1) A cette époque il se donnait une mission paroissiale à Sucé.

CHAPITRE IV

*Révocation de l'Edit de Nantes. — Démolition du
temple de Sucé. — Fuite des Protestants. — Les
Missionnaires catholiques. — Certaines abjurations.*

La révocation de l'Edit de Nantes fut faite, comme
on sait, le 22 octobre 1685 : elle annulait toutes les
tolérances et tous les droits que Henri IV avait
accordés aux Calvinistes. C'était de la part de
Louis XIV une mesure plus politique que religieuse.
Ainsi finissait, pour un temps du moins, cette Eglise
qui s'appelait *Réformée*, mais qui n'était que
Déformée.

Dès lors le troupeau, se voyant traqué de toute
part, se dispersait et s'enfuyait en hâte sur les chemins d'Angleterre et de Hollande.

Remarquons que le Parlement de Bretagne avait
dévancé la publication de l'Edit, car au 22 octobre,
le temple de Sucé n'était plus qu'un amas de matériaux à vendre et la huguenotrie avait disparu.

En effet, deux ans auparavant, 22 juin 1683, l'évêque du diocèse avait supplié le Parlement, par le
ministère de Potier, huissier des Régaires, habitant
la Hautière, pour obtenir la démolition du temple
bâti sur une terre ecclésiastique. D'un côté, les
demandeurs, en cette affaire, apportent à l'appui de
leur cause deux pièces : 1° la transaction faite
entre Mgr de Beauvau et les frères Chappel seigneurs
de Procé, par laquelle la tenue du Ruisseau relevait

en arrière-fief du seigneur Evêque, châtelain de
Sucé ; 2° un minu ou dénombrement du domaine
de Procé, fourni par Anne Simon, veuve de Jean
Chappel, sieur de Procé en son vivant, à Mgr G. de
Beauvau, daté du 25 octobre 1666, dans lequel acte
ladite dame employait la tenue du Ruisseau où est
bâti le temple. De l'autre côté les défendeurs produi-
saient leurs raisons, par le ministère de maître
Busson, entre autres, que la fondation du temple
avait été autorisée par les commissaires du roi (1).

La cause, ainsi déférée au Parlement, fut jugée en
faveur des catholiques. Les motifs de la sentence
étaient ceux-ci : 1° que le temple se trouve sur le
fief des Régaires, quoique l'on ait prétendu que cet
endroit dépendait de la châtellenie de Blain ; or,
l'Edit de Nantes défendait d'établir un lieu de culte
sur un domaine du clergé ; 2° que la proximité du
temple qui n'est distant d'une chapelle catholique
que de 30 à 40 pieds, du cimetière paroissial que de
4 toises seulement, de l'église de 300 pas à peine, est
une raison suffisante pour sa disparition.

Ainsi fut formulé le jugement : « Nous commissaires catholiques estimons que le dit exercice du culte
doit être interdit au dit lieu et, en conséquence,
que le temple doit être démoli, 21 décembre
1684 ».

Cependant les religionnaires n'avaient mis guère
de diligence à exécuter l'arrêté du Parlement qui
pourtant ne donnait qu'une quinzaine de jours de
délai.

Le 15 octobre de 1685, quelques jours avant la signature de l'Edit de révocation, on dépouillait le

____

(1) *Essai sur l'histoire du Protestantisme en Bretagne,*
III, 23.

temple de tous ses meubles et ornements. « Ce jour-là, écrit le narrateur protestant, fut un jour fécond en malheurs pour les Réformés de Bretagne. On transporta dans la chapelle de l'Hôtel-Dieu de Nantes la chaire et les bancs du temple de Sucé ». (1)

Voici maintenant un extrait des registres de l'Hôtel-Dieu qui confirme le fait :

« MM. Georges et Giraud ont déclaré avoir fait venir au dit Hôtel-Dieu, du temple de Sucé, la chèze avec les bancs qui servent présentement dans la chapelle dudit Hôtel-Dieu, et d'un grand tableau représentant la Loi de Moïse et l'Oraison dominicale ». (2)

Selon la teneur de l'Edit de Louis XIV, tous les biens, dépendant des Consistoires, devaient être confisqués et vendus. C'est pourquoi les biens des huguenots de Sucé eurent ce même sort. Le rapport du premier président du Parlement, chargé par le roi d'en dresser l'inventaire, reconnaît « que le fonds en rentes était de 1520 livres. Plus est resté à Sucé l'emplacement du temple, estimé à quelque petite chose ; mais on n'en a point mandé la valleur. En ce non compris la valleur du cimetière ». (3)

Ce même jour, à Rennes, on enregistre le fait de la démolition du temple de Sucé : « Il a été démoly en exécution de l'arrest du Parlement de Bretagne. L'arrest donne à l'Hôpital, la chaise des ministres, les tables, les bancs, les fenestres de fer et les quelques sollivaux ; ayant laissé sur les lieux quelque

---

(1) *Essai sur l'histoire du Protestantisme en Bretagne*, III, 23.

(2) Arch. de l'Hôtel-Dieu de Nantes, n°ˢ 258, 259.

(3) *Arch. nat.*, 2 décembre 1685.

bois et matériaux d'ardoises et de tuiles... Il a fallu sur cette somme payé les ouvriers qui ont travaillé à la démolition. L'emplacement pourra être vendu quelque chose ; n'en estant pas cependant informé de Nantes, on n'estime pas cet emplacement plus de 500 livres, estant distant de Nantes de 3 lieues ». (1)

En exécutant ces répressions, on voulut en finir avec cette misérable secte et détruire jusqu'à ses derniers vestiges. Par délibération du Bureau des Pères des pauvres, il fut décidé, le 9 mai de l'année suivante, « qu'il serait banni dimanche en la paroisse de Sucé à ceux ou celles qui voudraient acheter tous et chacun des matériaux provenant du temple, qui sont sur les lieux, qu'ils aient à se trouver à l'issue de la grand'messe de la dite paroisse : il leur sera fait adjudication au plus offrant par M. de la Guillonnière ». (2)

Tout est donc consommé ! Grâce à Dieu, notre pays si profondément catholique est enfin purgé de cette hérésie calvinienne qui coûta si cher à l'Eglise et à la France. De quel terrible fléau avons-nous été préservés ! Le sang des victimes, les bûchers, les gibets, les assassinats, les massacres, les sacrilèges et impiétés, c'est-à-dire tous ces crimes qui furent commis de part et d'autre pendant les règnes de Charles IX, Henri III et une partie de celui de Henri IV, tout ce passé peut nous montrer ce que nous serions devenus sous le régime de la prétendue Réforme.

Comme l'intention du roi, dans la révocation de l'Edit, était manifestement de faire luire aux yeux

---

(1) *Arch. nat.*, 2 déc. 1685.
(2) Arch. de l'Hôtel-Dieu.

de ces aveugles religionnaires la divinité de l'Eglise, catholique et romaine, on s'empressa d'envoyer en Bretagne et ailleurs des prédicateurs et des missionnaires. Parmi ceux venus à Nantes, nous comptons Fléchier, dont une rue dans notre ville garde la mémoire illustre. Cependant les abjurations de l'erreur ne furent pas nombreuses, parce que ces malheureux huguenots s'aigrirent mutuellement devant les rigueurs exercées contre eux. Beaucoup trouvèrent leur salut dans la fuite en pays étrangers ; ceux de notre contrée se réfugièrent pour la plupart en Floride.

A Sucé on compta pourtant plusieurs abjurations, comme à Casson et à la Chapelle-sur-Erdre : le souvenir en est gardé dans nos archives paroissiales. L'évêque envoya chez nous, Mélaine de Tesmenain et Gabriel de Dinan (1), pour donner des exercices spirituels au mois de novembre, c'est-à-dire quelques semaines après la révocation de l'Edit. Le zèle de ces missionnaires fut récompensé par une double conversion de protestants. Dame François de Cailleteau abjura solennellement dans l'église de Sucé ; cette femme suivait en cela son mari qui lui-même avait donné ce bel exemple, en présence du recteur et de plusieurs représentants de la noblesse sucéenne. Ce converti s'appelait David Gautier, natif de Castres ; il était chirurgien de profession et exerçait l'office de lecteur au temple, résidant dans le bourg depuis 1681. Il fut donc absout de l'hérésie ; il eut pour parrain Joseph Descartes, sieur de l'Ongle,

---

(1) Ce dernier, célèbre religieux de Bretagne, est mort au cours d'une mission qu'il donnait près de Loudéac, 1723, laissant une mémoire de sainteté. — *Les Saints de Bretagne,* par l'abbé Tresvaux, V, 392.

et pour marraine, la dame de Ponthual, de la Haie. La famille Gautier resta dans le pays et y demeura longtemps ; elle fournit plusieurs officiers dans la juridiction de Procé, lesquels habitèrent successivement la Barrière.

Ces deux abjurations ne sont pas les seules qui se soient produites. Nos registres nous font connaître, par exemple, qu'auparavant, 2 décembre 1653, à la fin d'une mission prêchée par les Carmes de Nantes, Anne Gaignon, originaire de La Rochelle, était rentrée dans le sein de l'Eglise catholique, devant Joachim Descartes et Marguerite Du Pont, seigneur et dame de Chavagne, et plusieurs prêtres de la paroisse. C'est dans cette circonstance qu'en souvenir de la mission on éleva une croix commémorative, faite de bois et très haute, au carrefour des chemins de Casson et de Jaille. Depuis cette époque lointaine elle a été remplacée plusieurs fois.

A Casson on compta 4 abjurations en 1685. Dans cette même année, tout le personnel du Pont-Hus, en Petit-Mars, plusieurs à Héric, à Saint-Herblain, dans la région d'Ancenis et de Châteaubriant, à Paimbœuf abjurèrent ; enfin dans le diocèse entier, il y eut de ces retours à la vraie religion. Faisons remarquer d'ailleurs qu'à Sucé, comme ailleurs, ces hérétiques étaient presque tous des étrangers.

Il n'est donc resté chez nous des profanations et des scandales dont les sectaires de Calvin ont été les auteurs, que quelques pans de murailles, quelques sépultures enfouies dans leurs cimetières et ce groupe de maisons qui entouraient leur temple. D'ailleurs la Providence a fait en sorte de purifier ces habitations encore debout aujourd'hui. C'est là, en effet, que Mmes de Beaumont et de Carheil, ancien-

nes religieuses de Sainte-Madeleine de Nantes, les
premières institutrices à Sucé après la Révolution,
ont vécu et sont mortes saintement, et, après elles,
les Sœurs de Saint-Gildas. Disons aussi que là s'étei-
gnit, en 1848, un prêtre vénéré, M. Vacher, ancien
curé de la Varenne et de Thouaré.

CHAPITRE V

*Les anciennes terres de Sucé et leurs maîtres suc-
cessifs : Saint-Denis et l'Onglette, Nay, la Maillère, Procé, la Haie, Launay, la Turballière, la
Barbinière, Logné, La Papinière, le Bois, la Baraudière.*

Avant de faire la chronique du XVIII° siècle,
plus rapproché de nous et qui nous a laissé des
documents plus abondants, il nous faut revenir
en arrière pour faire connaître l'état de la société
sucéenne qui, presque en totalité, a vécu à côté du
Protestantisme sans s'y mêler, et pour nous intéresser davantage à une famille remarquable, dont
le nom a illustré notre pays.

Les pièces d'archives, antérieures au XIV° siècle
étant très rares, nous n'avons point à prétendre
donner la succession de tous les possesseurs de nos
vieilles maisons, châteaux et manoirs, très nombreux sur notre paroisse. Presque tous nos renseignements ne porteront que sur les trois derniers
siècles de l'ancien régime.

La méthode que nous emploierons sera de procéder suivant l'ordre chronologique ou, si l'on
veut, par rang d'ancienneté, en énumérant chaque
terre, l'une après l'autre.

1° SAINT-DENIS ET L'ONGLETTE sont certainement
les lieux habités depuis plus longtemps : ils remonteraient même à l'époque légendaire, d'après ce
que nous avons déjà raconté, dans la première

partie de cet ouvrage. Mais nous n'en connaissons les maîtres ou seigneurs qu'à partir du XV siècle. Nous groupons ces deux terres sous un seul titre, parce qu'elles ont appartenu aux mêmes personnes dans la suite des temps. Les deux familles Herbert et Moreau, qui ont fourni des recteurs à Sucé, et y ont laissé des fondations pieuses, les ont possédées pendant de longues années.

En 1455 un Jean Herbert est à Saint-Denis et dans la suite ce sont les mêmes noms qu'à l'Onglette, toujours les Herbert, jusqu'en 1478. — 1580, de Mignot. — 1588, Jean-François Brisson, puis à la fin du XVIII siècle les Pavret de la Rochefordière.

2° NAY. — Nous lisons au tome I des *Preuves* de D. Morice, p. 440, qu'au nombre des témoins à une donation faite en 1074 par Noël, comte de Nantes, se trouve Brien de Succé. Or ce Brien habitait le château de Nay ; comme seigneurie, c'est peut-être la plus ancienne terre de la paroisse ; la Maillère viendrait après. En 1411, Brien de Nay, en partageant son domaine avec un frère puîné, retient la juridiction et y annexe celle de Procé. Après lui, se montrent Marie, dame d'Olivier Grimaud, — 1468-1481, Jean Grimaud, — 1486, Raoul Grimaud, et François David, — 1552, Esther Grimaud, mariée à Charles du Lys, — 1626, Anne du Lys, femme de René de la Grée, — 1628, Jean Gérard, sieur de la Couronnerie, qui achète la terre et la seigneurie, et les sépare de celles de Procé. Le domaine de Nay fut anobli pour Jean Pernochère au milieu du XV siècle ; la dernière châtelaine fut la marquise du Pé d'Orvault.

3° LA MAILLÈRE. — Le vieux logis, servant aux

fermiers, est encore debout, portant à sa façade la date de sa reconstruction. En 1405, elle appartient aux de la Motte, — 1474, à Guillaume le Venneur, — de 1559 à 1700, elle revient aux de la Motte, — 1700, aux Letexier, ou Le Texier, — 1707, à Louis de Soussay, dont les descendants la gardèrent jusqu'à ces dernières années.

4° Procé. — Du XVe siècle jusqu'à 1639 il a les mêmes maîtres que Nay, — 1639, Jean Chappel et son frère, — 1727, Jean Renouard, — 1762, Martin Boux de Casson.

5° La Haie. — 1411, Jean Le Lou, — 1557, Michel Le Lou, seigneur du Breil, — 1561, Prudence-Marie Le Lou, mariée à René de Ponthual, président de la Chambre des Comptes, — 1703, René de Ponthual, conseiller au Parlement. Cette terre passa par héritage à la famille Bédée de Cheffontaines (1).

6° Launay. — 1471, Jean du Perray, — 1573, François de la Henriays, — 1609, Olivier de Carheil. Cette famille s'est perpétuée sur cette terre jusqu'à nos jours.

7° La Turballière est une très ancienne maison.

---

(1) Les de Ponthual sont d'origine bretonne. René était né à Saint-Lunaire, près de Saint-Malo, en 1601. Quand il épousa Marie Le Lou, il était veuf de Françoise du Plessis. Laissant deux fils, il mourut au mois de février 1698. En son vivant, il fut successivement conseiller du roi, procureur général, président de la Chambre des Comptes ; il devint maire de Nantes en 1657. L'exergue de son blason était : *In omnilus candor et simplicitas.* Un de ses fils, Sébastien, qui lui succéda à la Haie, fut honoré, lui-même, de la présidence des Comptes. Marié à Marie Rousseau, il présente au baptême, dans l'église de Sucé, son premier-né, nommé par Joachim Descartes. La terre de la Haie fut en possession des de Ponthual pendant plus d'un siècle.

Pendant plus de 100 ans, elle fut possédée par les de Mazoyer, seigneurs de Villesernin et Varvent. Cette famille est originaire du Berry et vint s'établir en Bretagne à la suite du duc de Vendôme. Celui qui illustre la Turballière était fils naturel de Henri IV et capitaine des Gardes. C'est pourquoi, en nos registres, il signe fastueusement : *Bâtard de Henri IV*. C'était un grand honneur en ce temps-là ! Vers 1650, la Turballière passa aux Pépin dont on voit encore le blason au-dessus d'une des portes de la maison qu'ils durent faire reconstruire. Les Saulnier de la Pinelais l'ont possédée avant, pendant et après la Révolution (1).

8° La Barbinière. — 1428, Jean du Perray, seigneur de Launay. Les Moreau de l'Onglette lui succédèrent : c'est à ces derniers que l'on doit la gentilhommière actuelle, habitée depuis un siècle par des cultivateurs ; elle porte la date gravée de 1666.

9° Logné ou Loigné. — 1549, Yvon Guyolle, — 1628, Anne du Lys, mariée à René de la Grée, — 1670, Jacques Huré, sieur de la Havardière, — au XVIII° siècle, les Prud'homme de Langle et les Moriceau.

10° La Papinière n'a longtemps formé qu'une terre avec Logné et a eu les mêmes maîtres.

11° La Baraudière fut la propriété des Herbert. Elle passa ensuite aux Morin, de Chavagne, et aux Le Texier, de la Maillère, par des alliances.

-----

(1) Le titre que prenaient les de Mazoyer est conservé dans le nom de la pointe du coteau de la Turballière que nous appelons encore *pointe de Varvent*. C'est un des sites les plus beaux de l'Erdre. Le pin-parasol, planté sur le sommet, est à 21 mètres d'altitude.

12° Le Bois appartint d'abord aux Morin, comme la Baraudière et Chavagne, et passa à Mélet qui lui donna son nom dans la suite et après, aux Prudhomme de Langle.

Ce n'est point ici le rang que doivent occuper Chavagne, Jaille et l'Ongle. Nous aurons à nous en occuper au chapitre suivant d'une manière spéciale.

A cette nomenclature de la noblesse à Sucé il faut ajouter Claude de la Tribouille, sieur de Beauchêne, Robert Le Gallays, sieur du Coudray, d'Espinoze, des Loges, Barthelet, député aux Etats-généraux, de Bourgues, Hugues de Gassion, gentilhomme servant du roi. (1)

Dans le bourg il y avait plusieurs maisons nobles, habitées sans doute par ceux que nous venons de nommer et bâties du XVe au XVIe siècles : elles se voient encore aujourd'hui et se font remarquer par leur escalier en tourelle. L'hôtel des Régaires est de ce temps-là.

Sucé eut l'honneur de compter plusieurs maires et échevins de Nantes, aussi bien que des présidents et des conseillers à la Cour des Comptes et des procureurs généraux. Maires de Nantes : 1571, Jean-André Morin, seigneur de Chavagne, et président de la Chambre des Comptes ; — 1573, Michel Le Lou, sieur du Breil et de la Haie ; — 1647, Jacques de Bourgues, dans le bourg ; — 1657, René de Ponthual, président de la Chambre des Comptes ;

----

(1) Nous ne connaissons point les maisons ou les terres qu'habitaient ces personnages, pour la plupart du moins. Hugues de Gassion est dit, dans un acte, capitaine du château de Nantes.

— 1648, Claude Bidé, seigneur de Chavagne. Echevins de Nantes : Julien Bidé, Barthelet, Yves Le Lou, Michel Ragault, sieur de la Hautière, Pierre d'Espinoze, L. Alexandre, sieur de Jaille, et médecin du Sanitat.

CHAPITRE VI

Chavagne, l'Ongle et Jaille. — Joachin Descartes. — René Descartes, le philosophe. — Les descendants de la famille Descartes à Sucé. — Les derniers survivants.

Dans le chapitre précédent, où nous nous sommes occupé des anciennes terres et seigneuries de Sucé, des vieux châteaux et manoirs, des familles notables qui se sont succédé chez nous, à dessein nous avons omis les maisons de Chavagne, de Jaille et de l'Ongle : elles seront l'objet exclusif de ce chapitre.

Au premier rang il faut placer Chavagne, illustré par le nom de Descartes, une des gloires françaises.

Les premiers seigneurs de Chavagne que nous connaissions furent : 1428-40, Pierre de Saffré, sieur de Bougon, grand veneur de Bretagne à la cour de Jean V ; — 1489, Pierre de Goudelin auquel succèdent Jehan, François et Claude du même nom ; — 1576 André Morin, sieur de Boüais, président au Présidial de Nantes. (1)

Il est le père de Anne qui épousa Joachin Descartes, veuf de celle qui avait mis au monde le célèbre philosophe René, sieur du Perron. Selon M. Ropartz, qui a publié une Etude généalogique et

____

(1) Quand la ville de Guérande fut attaquée par les Espagnols, Pierre de Goudelin, le sénéchal, rassembla une armée qui força ces étrangers à reprendre la mer.

biographique de la famille Descartes (1870), elle serait originaire du Poitou et non de Touraine, comme on l'a écrit en maints ouvrages. Un Pierre Descartes, époux de Claude Ferrand, exerçait la profession de médecin à Châtellerault. Joachin, qui devint seigneur de Chavagne par son second mariage, était né de cette union. Il ne faut pas croire, comme l'affirme l'auteur, pourtant très documenté, que nous venons de citer, quand il nous dit que Joachin fut le premier de sa famille arrivé en notre province de Bretagne. Dans les registres paroissiaux de Saint-Mars-du-Désert, on rencontre en plusieurs pages, le nom de Descartes, dès avant la première moitié du XVIe siècle, par conséquent bien avant l'apparition de Joachin à Rennes ou à Sucé. Pour le prouver citons particulièrement l'acte d'un baptême fait en 1547, de Renée Descartes, fille de Jacques et Antoinette Foucaud. Voilà donc un fait inédit que nous tenions à établir (1).

C'est le 15 janvier 1589, que Joachin épousa Jeanne Brochard, fille d'un lieutenant général de Poitiers : trois enfants naquirent de ce mariage et la naissance de ceux-ci se produisit en Touraine, à la Haye, chez leur grand'mère maternelle. Or, le 1er avril 1596, fut baptisé à l'église Saint-Georges celui qui devait être plus tard l'auteur de *la Méthode*. Aussi sa nièce Catherine devait faire ce vers :

« *Conçu chez les Bretons, il naquit en Touraine* ».

Conçu chez les Bretons, dit Catherine qui savait

---

(1) Et l'on remarquera que cette enfant, née à Saint-Mars-du-Désert, porte le nom qui sera donné plus tard au célèbre René. Dès ce temps-là les prénoms étaient héréditaires dans les familles.

bien l'histoire de sa famille : c'est que le père, avocat à Paris, avait obtenu dès 1585 une charge de conseiller au Parlement de Rennes et que c'est en cette ville qu'il habitait avec sa femme après avoir quitté la Capitale. Claude Ferrand mourut le 13 mai 1597. Comment Joachin, devenu veuf, connut-il la demoiselle de Chavagne, dame de la Baraudière et héritière de la Barillère en Casson ? Habitant Rennes, il dut fréquenter Jean Morin, frère de celle qu'il devait épouser et sénéchal de Vannes, ou le père même de celle-ci, alors premier président du Parlement de Bretagne.

Le mariage dut être bénit nous ne savons où, mais non à Sucé, plus probablement à Rennes ou à Nantes, vers l'année 1600. La jeune épousée avait trois frères : l'aîné, avons-nous dit, était sénéchal de Vannes et, de par son droit d'aînesse, devait devenir seigneur de Chavagne à la mort de son père ; mais, ainsi que André, il mourut vers 1625.

Anne eut trois enfants : Joachin qui vint au jour en Poitou, au pays du père ; François né à Sucé, 1609 ; et Anne, à Rennes, hôtel Corbin, en 1611.

Joachin Descartes, premier du nom, devenu seigneur de la Barillère dont le siège était à Chavagne, n'abandonna point les enfants issus de son premier mariage. Ainsi René, le philosophe, connut de bonne heure la nouvelle résidence de son père. Il fit ses études au collège de la Flèche, chez les Jésuites, et y demeura jusqu'en 1612. C'est à cette date qu'il dut revenir à Chavagne, pour jouir du repos dont il avait besoin. Mais le jeune homme rêvait de la gloire et des batailles ; il se rendit donc bientôt à Paris pour embrasser la carrière des armes, à laquelle d'ailleurs ses parents le destinaient. René, voulant gagner ses

grades à la pointe de l'épée, s'enrôla, comme volon-
taire, dans l'expédition de Hollande, en 1617. Son
biographe rapporte que rentré sain et sauf de sa première campagne, il reparut en notre province et
revit le château paternel. Indécis sur son avenir, il
cherchait sa voie, tantôt dans les camps, tantôt dans
les voyages, tantôt enfin parmi le monde. C'était dans
l'étude qu'il allait la trouver. A 23 ans, la lecture du
Novum Organum, de Bacon, lui inspira son *Discours
sur la Méthode*. Le voilà donc philosophe et déjà
illustre. Avant d'aller s'enfermer dans la bibliothèque de Catherine de Suède, où il devait gagner
sa mort, plusieurs fois Chavagne le revit.

Nos recherches nous ont amené à constater d'une
manière indubitable qu'il vint à Sucé, au moins
quatre fois. D'abord ce fut à la suite de ses études de
collège et de sa première équipée militaire, comme
nous l'avons déjà écrit. En 1617, il a laissé trace de
son passage. Nous avons rencontré, en effet, à cette
date, dans nos registres paroissiaux, l'ample griffe
de celui dont Lafontaine dira : *ce mortel dont on
eut fait un dieu.* Il signe comme témoin d'un baptême,
d'abord d'un garçon François de Carheil, puis d'une
fille, Yvonne Le Gallays. Le premier acte est du
22 octobre, le second, du 3 décembre. Il était donc
à Chavagne en l'hiver de 1617. Le jour où nous
avons fait cette heureuse trouvaille — il nous en
souvient encore après plus d'un demi-siècle — nous
exultions de joie et s'échappait de nos lèvres le
fameux mot grec : Ευρηκα ! Ce que l'on savait et que
nous connaissions nous-même, c'est que le philosophe avait été parrain d'un de ses neveux à la
date du 9 septembre 1644. Un *fac-simile* de la page
sur laquelle il a apposé sa signature a été en litho-

graphie insérée dans le Bulletin archéologique du Département, et nous-même plus tard, en 1873, avons communiqué notre découverte à cette savante Société qui fit passer notre rapport.

René Descartes, outre ces visites à Chavagne dont nous venons de faire mention, dut en faire au moins une autre, vers 1623, entre son voyage de Hollande et celui d'Italie. En 1628 le manoir de Kerleau qu'habitait son frère au pays de Vannes, le garda quelques jours, car il fut là parrain d'un autre de ses neveux. S'arrêta-t-il à Chavagne en passant ? Cela est très probable, mais aucun souvenir ne reste. Quand il vint à Chavagne pour la dernière fois en 1644, son père était mort depuis quatre ans.

Nous pouvons donc nous représenter l'auteur de la Méthode rêvant à ses systèmes sous les grands chênes de Chavagne : là il a pu étudier à l'aise les troupeaux dans les prés, les oiseaux sur les branches, les poissons dans l'étang et se convaincre de son idée propre, à savoir que l'âme des bêtes n'est qu'une machine comme il l'a prétendu.

Il eut une nièce, Catherine, que nous avons déjà nommée, fille de son frère Pierre, marié, à Elven, à une demoiselle de Kerleau : elle vint au monde le 12 décembre 1637. Nous avons d'elle plusieurs pages de prose et de vers, qu'elle publia dans le *Parnasse des Dames*, sous le nom de *Cartésie*. Grande admiratrice de son oncle, on peut dire qu'elle occupa une place honorable parmi ces intellectuelles de l'époque qu'on appelait les *Précieuses de l'hôtel Rambouillet*. Dans notre jeunesse nous avons fait paraître une Etude littéraire sur la célèbre Cartésienne. (*Revue de Bretagne et de Vendée*, année 1876). Nous aurions été heureux de retrouver dans les feuillets de nos registres paroissiaux de Sucé sa gracieuse et fine signature. Elle mourut à Rennes en 1706 (1).

Joachin Descartes, seigneur de Chavagne, acheta Jaille en 1617, ainsi que le manoir de la Touche ; plus tard il ajouta à ses propriétés celle de l'Ongle, pour y établir ses enfants.

Jaille était une très ancienne terre. L'avaient possédée : 1428, Jean Guyolle, — 1443, Guy de Carné, — 1474, Guillaume Le Veneur, — 1506, Philippe de Saint-Amadour, — 1538, Claude de Saint-Amadour, — 1542, Anceau de la Motte, jusqu'en 1617. (2)

L'Ongle, dont la maison avait été reconstruite en 1405, appartenait à cette époque à Thomas de Mareil, — en 1435, à Jean Pervenchère, — en 1544, à Charlotte Tardif, jusqu'en 1684, date où cette terre devint propriété des Descartes. Le vieux logis, qui avait un bel aspect avec sa tourelle octogonale, a disparu au siècle dernier. Quant à celui de Jaille, habité depuis longtemps par les fermiers et où l'on prétendait montrer la chambre qu'avait occupée le philosophe René, on le voit encore de nos jours. Pour remplacer cette vieille construction, on en éleva une autre en regard de la rivière, dans un site plus pittoresque, vers l'année 1761 ; mais l'ancienne resta habitée comme la nouvelle. En ces der-

---

(1) Fléchier, qui la rencontra en Bretagne, dit d'elle . « Son nom, sa vertu, son esprit, la mettent à couvert de l'oubli, et toutes les fois que je me souviens d'avoir été en Bretagne, je songe que je l'y ai vue. » Mme de Sévigné, à son tour, a écrit : « J'aime passionnément Mlle Descartes ; elle vous adore », écrit-elle en s'adressant à sa fille, Mme de Grignan.

(2) A la seule maison de Jaille était reconnu le droit de prééminence et d'enfeu dans l'église de Sucé, droit qui s'est maintenu jusqu'à la Révolution.

niers temps, l'acquéreur de Jaille, M. Paris, industriel à Nantes, a fait disparaître celle-ci pour en bâtir une autre plus confortable, au même emplacement. L'ancienne avait été la dernière demeure de Descartes à Sucé, 1697.

Pour ne rien laisser ignoré de cette illustre famille qui a attaché son nom à Chavagne, à Jaille et à l'Ongle, nous nous proposons de relever d'après nos registres paroissiaux toutes les traces qu'elle y a marquées.

Trois générations des Descartes se succèdent à Sucé. Joachin, que nous appelons Ier du nom, époux de Anne Morin, marie son fils aîné, Joachin II, à Marguerite du Pont. De cette union sortirent plusieurs enfants, baptisés à Sucé : Joachin III, Marguerite, Philippe, René, François et Joseph. Le premier de ceux-ci, héritier par droit d'aînesse du nom et des domaines de son père et de son aïeul, eut, de son mariage avec Prudence Sanguin, une fille qui, elle aussi, étant l'aînée, devenait dame de Chavagne. Elle épousa le seigneur du Piré, 1716. Cette union fut bénite dans la chapelle seigneuriale du château de Chavagne. Le seigneur du Piré n'habita pas Chavagne, mais le vendit avec tous ses droits à Claude Luzeau de la Grand'Noë, conseiller du roi et auditeur à la Chambre des Comptes, époux de dame Pigeau de la Bellière, de Blain, 1688.

Les autres membres de la famille Descartes continuèrent de résider à Jaille et à l'Ongle.

Le chef de cette tribu cartésienne était mort en 1640, en son château de Chavagne ; le corps fut transporté et inhumé aux Cordeliers de Nantes, dans la chapelle de Rhuys, où les seigneurs de Chavagne avaient droit d'enfeu. Anne Morin, sa femme, se retira à Saint-Vincent de Nantes, où elle dut mourir quelques années après. Depuis 1628, le président de la Chambre des Comptes avait résigné sa charge en faveur de son fils aîné, Joachin II.

Le fils de celui-ci que nous avons appelé Joachin III, épousa, comme cela est déjà connu, Marguerite Du Pont, qui lui donna une très nombreuse descendance, une lignée de 13 enfants : bel exemple, commun en ce temps-là, mais rare en le nôtre, où l'égoïsme tue la morale du mariage. Nous voulons compter ces rejetons d'une illustre souche : ils sont presque tous, nés à Jaille.

1° Joachin, IV° du nom, qui devint, lui aussi, conseiller du roi au Parlement ;

2° Louis, né en 1639, chanoine de Montaigu, prieur de Saint-Cadreuc, mort à Jaille en 1697 et enterré dans l'église de Sucé ;

3° Marguerite, née en 1640 ;

4° Philippe, né la même année, se fit jésuite, enseigna avec succès et laissa une glorieuse renommée (1).

5° Augustin, aussi prêtre et devenu doyen de la Roche-Bernard en 1666. Il finit ses jours en 1707 et fut inhumé dans l'église Saint-Michel de sa ville décanale ;

6° René, le filleul du philosophe, baptisé le jour de l'Assomption 1644 ;

------

(1) Au collège de Rennes, il fut le directeur de conscience du jeune Grignon de Montfort et se retrouva plus tard en contact avec lui, en la ville de Paris.

7° Anne-Louise, mariée au seigneur de la Ville-ès-blancs ;

8° François, né à Chavagne en 1645, dit sieur de Jaille. Il se maria à Anne Le Lou de la Barbinays, laissant après lui : une fille, née à Jaille en 1681, laquelle épousa Philippe de Bruc, comte de Montplaisir, à Haute-Goulaine ; un fils, Joachin, né en 1684 ; Marie-Joseph, épouse du marquis du Pé d'Orvault ;

9° Henry, né à Rennes, mourut à l'àge de 20 ans ; il est appelé sieur de la Touche ;

10° Marie, baptisée à Rennes ; on croit que c'est elle qui mourut chez les Ursulines d'Ancenis ;

11° Ignace, chanoine de Guérande, mort et inhumé à Sucé, en 1675 ;

12° Joseph, né à Rennes, 1645, se maria à Jacquette Le Gouvello, 1689 ; dit sieur de l'Ongle.

13° Françoise, née à Rennes aussi ; elle mourut en bas âge.

On remarquera que Joachin Descartes, IIIᵉ du nom, donna à l'Eglise trois prêtres et une religieuse. Dans la famille de Pierre de Kerleau, il y eut un jésuite et deux religieuses ; une nièce prit aussi le voile.

L'aîné de l'intéressante famille dont nous venons d'énumérer les membres, désigné sous le nom de Joachin IV, seigneur de Chavagne, se maria à Prudence Sanguin et en eut quatre enfants, parmi lesquels une ursuline d'Ancenis, Marguerite. Lui-même, après avoir perdu son épouse et pourvu à l'éducation et à l'établissement de tous les siens, entra dans les ordres jusqu'au sacerdoce. On enregistre sa mort à Rennes en ces termes : Ce jour, 9 août 1718, meurt Joachin Descartes, seigneur de

Chavagne, prêtre et doyen du Parlement de Bretagne, âgé de 83 ans. Il fut enterré dans l'église du Piré (1).

Ainsi, pendant plus de deux siècles la famille de l'auteur du *Discours sur la Méthode*, habita notre province de Bretagne, occupa les plus hautes charges et dignités au Parlement, donna à l'Eglise plusieurs de ses membres et illustra chez nous les terres et les maisons de Chavagne, la Touche, Jaille et l'Ongle.

Si notre petite bourgade était une ville, nos édiles devraient bien attribuer le nom de Descartes à la place du Presbytère, que les seigneurs et maîtres de ces résidences ont traversé tant de fois, dans leur modeste équipage, en se rendant à notre église.

----

(1) Le dernier rejeton de cette famille, Joachin de Kerleau, décéda à Vannes, le 8 avril 1760.

CHAPITRE VII

*Le clergé paroissial de Sucé de 1648 à 1697. — La
cure en commende. — M. Lecat et les deux recteurs
Jean et Pierre Bernard.*

Durant le séjour des Protestants à Sucé, c'est-à-
dire pendant une grande partie du XVIIe siècle, la
cure fut malheureusement occupée par deux prêtres
qui n'ont pas été à la hauteur de leurs saintes fonctions. La scandaleuse Commende, imposée à l'Eglise
par le Pouvoir temporel a été la source de beaucoup
d'abus dans les nominations aux bénéfices ecclésiastiques. Les évêchés, les abbayes, les prieurés et
même les cures, qui étaient à charge d'âmes, étaient
dans l'obligation de recevoir des sujets, favoris du
roi, mais souvent sans vocation et de mœurs dou-
teuses : de là, pour le moins, l'incurie dans l'administration spirituelle des paroisses.

La cure de Sucé, étant venue à vaquer par le
décès de M. Gabriel Herbert, mort le 28 juillet
1648, restait soumise au choix du Souverain Pontife
et non à celui de l'évêque. Ce qui nous valut un
prêtre étranger à notre région qui d'ailleurs ne
parut jamais à Sucé. Nommé dans ces conditions,
il pouvait percevoir les revenus de son bénéfice, en
se choisissant un prêtre qui ferait le service religieux à sa place, mais aussi à sa charge. C'était en
quelque sorte une espèce de Commende. La sainte
Eglise traversa cette crise, comme bien d'autres
plus terribles encore, prouvant ainsi sa divine ori-

gine par son indéfectibilité et sa perpétuité. En
même temps était établi le concours, c'est-à-dire
que les cures étaient données aux prêtres trouvés
les plus instruits après un examen ; mais comme on
concourait à Rome aussi bien qu'au chef-lieu de
l'évêché, suivant les mois où venaient à vaquer le
bénéfice, les sujets admis devant la Cour romaine,
quoiqu'ils dussent avoir une approbation épiscopale, n'étaient pas toujours aptes à occuper telle
paroisse qu'ils ne connaissaient pas. Heureusement
les évêques et de saints prêtres firent cesser cette
coutume. Le concours, qui est une excellente chose
en lui-même, fut maintenu, mais il ne se passait que
devant les examinateurs nommés par l'Ordinaire.

Aux Insinuations ecclésiastiques du Diocèse est
ainsi enregistré la nomination à la cure de Sucé :
« Par acte de signature de promotion *de jure* au
Souverain Pontife a été octroyée par Sa Sainteté à
messire V. et D. Charles Lecat, prêtre de Beaucaire,
la cure et paroisse de Saint-Etienne de Sucé... »
Ce prêtre dont le mérite nous est inconnu, prit
possession de son bénéfice par la procuration « du
sieur noble et honorable Jean Bernard, marchand
à Nantes et y demeurant » (1). Notre paroisse aura
donc un curé commendataire. Ce Jean Bernard,
simple laïc, étant agréé pour gérer la cure, fut mis,
d'après le droit canon, en demeure de recevoir les
Ordres pour pouvoir exercer ses fonctions, et devenir prêtre ; après avoir cessé son commerce, il prit
possession de son bénéfice devant les fidèles assemblés. Le vicaire, J. Morel, célébra la messe d'installation.

---

(1) Arch. dép., *Insinuations ecclésiastiques*, année 1643.

Voilà des mœurs qui, par bonheur, ne sont plus
de notre temps. M. Charles Lecat résigna sa cure
dès le mois d'avril de l'année suivante en faveur
de son gérant. Celui-ci, de même, devait en faire
autant, forcé par l'Administration diocésaine. Son
ministère pastoral ne finit qu'en 1579, bien trop
tard ! Ainsi pendant que les Protestants s'agitaient et essayaient de faire des prosélytes, le gar-
dien du troupeau laissait les portes du bercail
ouvertes aux loups ravisseurs.

Ce qui nous engage à penser que sa démission ne
fut pas spontanée, c'est que ce recteur se montra
coupable de négligences graves. En son temps, en
effet, l'église et la paroisse sont restées dans le plus
misérable état. A chaque visite canonique, ce sont
des reproches et des admonestations qui lui sont
adressées. Le tabernacle est sans décence ; au
lutrin il n'y a point de livres pour chanter les
offices ; les vases sacrés sont d'étain ; sur l'autel il
n'y a point de crucifix ; la lampe du sanctuaire
n'est pas entretenue ; les offices se célèbrent sans
régularité. Le sieur Lelou, qui aidait le recteur
comme vicaire, est accusé par des témoins synodaux (1678) de ne commencer la messe matutinale
du dimanche qu'entre huit et neuf heures « ce qui
est une opiniâtreté et un caprice de sa part ». L'instruction religieuse ne se fait plus. L'église elle-
même est véritablement indigne : on oblige le recteur à reblanchir les murs intérieurs. Il n'y a plus
de clôture au cimetière Saint-Michel, etc.

A cette époque, comme on pouvait résigner son
bénéfice en faveur d'un parent, d'un ami, avec l'approbation de l'évêque toutefois, M. J. Bernard
donna sa cure, 25 mars 1679, à un neveu, appelé

Pierre Bernard, chanoine de la collégiale N.-D. de Nantes. Il fut agréé de l'Ordinaire et prit possession le 29 avril suivant. A-t-il été plus digne que le précédent ? Nous sommes obligé, par la constatation d'un seul fait, de répondre négativement.

Le lendemain de l'Assomption 1689, à l'heure de midi, selon le mandement daté du 1er août et envoyé à tous les recteurs de la Mée, Monsieur J.-B. Couprie des Jonchères, archidiacre et supérieur du Séminaire, se présente au presbytère de Sucé pour procéder à sa visite canonique ; suivi de ses officiers, il frappe à la porte et, après un certain temps d'attente, le recteur se montre à lui, mais s'excuse aussitôt de ne pouvoir l'accompagner en prétextant qu'il se met à table et que d'ailleurs la visite se fait plus tôt qu'elle n'a été annoncée. Enfin le vicaire Denyau, envoyé probablement par son recteur, arrive en disant que tout est disposé pour la visite. On fait sonner les cloches et l'on se rend à l'église. « Nous prenons notre surplis, écrit-on au procès-verbal, et le vicaire nous présente une étole. N'y voyant pas le recteur, nous nous serions retirés en un coin de murailles pour être moins exposés aux rayons du soleil qui était pour lors extrêmement violent et, ayant là attendu un bon demi quart d'heure, on va quérir le recteur au presbytère. Il se montre enfin vêtu d'une simple soutane. Nous lui avons témoigné que c'était une insulte qu'il nous faisait de gaîté de cœur et que son procédé était malhonnête. Il nous a répondu d'un sérieux fort froid qu'il était allé continuer son dîner. Nous lui avons demandé de prendre son surplis et il nous aurait répondu qu'il était sale, et lui ayant dit qu'il pouvait le prendre tel qu'il était, il nous aurait répondu fièrement qu'il était en habit décent et qu'il ne voulait pas prendre de surplis, lui étant défendu de porter une étole » (1).

La visite de l'église et de la sacristie se fait sans autres incidents et M. l'archidiacre remonte au presbytère pour dresser le présent rapport. Quelques mois après, appelé devant l'officialité, le recteur fut condamné à l'amende par sentence du Présidial ; il dut verser aussi les honoraires dus à l'archidiacre, 4 livres 2 sols. Les recteurs de Blain, de Derval et d'Auverné s'étaient trouvés dans le même cas.

Nos registres de paroisse n'ont rien gardé de ce prêtre, dont nous voudrions effacer le souvenir, comme celui de son prédécesseur. Il mourut, encore jeune, après un rectorat de 18 années. Le lendemain de son décès qui arriva le 10 juillet 1697, on inhuma son corps dans le chœur de l'église paroissiale, selon la coutume ; ses funérailles furent présidées par un prêtre de chœur de Saint-Nicolas de Nantes. Fut-il longtemps malade avant de mourir ou était-il demeuré impotent ? Nous ne savons rien, si ce n'est qu'il dut résigner sa cure purement et simplement, c'est-à-dire sans désigner personne pour l'occuper. La vacance s'étant produite dans un mois impair, la nomination revenait encore cette fois au Pape et après concours : ce qui nous assurait un pasteur plus édifiant et plus capable.

Notre impartialité d'historien nous a fait un devoir d'insérer dans nos annales les pages que nous venons d'écrire. Cette lecture ne nous fera pas regretter un temps qui ne vaut pas le nôtre, quoiqu'il soit ce XVIIe siècle, le plus glorieux de notre

----

(1) Arch. dép. *Officialité*, G. 119 et 120.

histoire de France. La poésie et l'éloquence donnèrent surtout à ce siècle un lustre incomparable ;
si de nombreux et saints personnages ont édifié la
société chrétienne, ce règne de Louis XIV ne fut
pas le plus beau pour l'Eglise de France, troublée
alors par les querelles religieuses et grandement
éprouvée par le scandale de la Commende.

Durant le ministère de ces deux recteurs à Sucé
il y eut peut-être des défections et du ralentisse-
ment dans la piété, mais la foi s'est maintenue inté-
grale. Deux missions paroissiales ont eu lieu au
cours de ces années, comme nous l'avons déjà
mentionné : la première donnée par les PP.
Carmes, et la seconde, par les PP. Capucins de
Nantes.

TROISIEME PARTIE

La Chronique du XVIIIe siècle

CHAPITRE PREMIER

Rectorat de M. Péan, 1697-1728. — Réparations du presbytère. — Chapellenie des Richard. — Pourpris de la cure. — Notes de M. Péan. — Etat de la noblesse et de la bourgeoisie à Sucé.

Pour rédiger cette Chronique paroissiale qui commence à l'arrivée de M. Péan, recteur de Sucé, et finira aux débuts de la Révolution, nos sources seront : 1° les Brevets de recteurs et procès-verbaux de Visites archidiaconales ; 2° les Insinuations ecclésiastiques, en lesquelles sont insérées les nominations et prises de possession pour les cures et les autres bénéfices ; 3° les registres paroissiaux, contenant d'une part les actes de baptême, mariages et sépultures et où se rencontrent beaucoup de notes historiques, et de l'autre quelques feuillets des délibérations du Général de la paroisse (1).

Fut nommé à la cure de Sucé, le 14 juin 1697,

---

(1) Arch. dép. Série G. — Arch. municipales de Sucé.

4

par conséquent un mois avant la mort du prédécesseur, messire Léonard Péan, prêtre originaire du Mans, bachelier en théologie dans l'Université de Nantes. Il était recteur de Saint-Brevin depuis cinq ans et précédemment avait été aumônier de Mgr Gabriel de Beauvau, oncle et prédécesseur de Mgr Gilles, et c'est ce dernier qui accorda son *visa* avec empressement et satisfaction, à ce prêtre avantageusement connu de lui (1). Le recteur P. Bernard mourut donc démissionnaire et aussitôt son décès le successeur prit possession, sinon avant.

A peine installé à Sucé, M. Péan se rend compte de l'état lamentable de l'église et du presbytère et, sans se décourager, il se met en peine de réparer ces ruines.

Le presbytère n'était presque plus habitable, tant on l'avait laissé se délabrer d'année en année. Il fallait donc y faire le plus nécessaire et le plus urgent. Une requête en forme fut adressée au Présidial et appuyée par le Sénéchal qui la soumit à l'examen du Procureur royal, Camille Poirier. La sentence ne tarda pas : les paroissiens sont condamnés aux frais et les héritiers de feu Bernard à l'exécution des travaux. A cet effet on fait descendre des experts sur les lieux pour dresser le devis des réparations. Les héritiers versent d'abord 153 livres et couvrent les frais de procédure par une somme de 104 l. De plus on fit une levée dans la paroisse qui produisit 440 l. Pour la surveillance des travaux, on délégua les seigneurs de Nay, de la Maillère et de Launay (2).

---

(1) Arch. de Saint-Brevin.
(2) Arch. de Sucé. *Délibérations du Général.*

|Le recteur, dans l'année qui suivit, se trouva mêlé à une querelle qui alla jusqu'au Parlement. M. J. Denyau, l'ancien vicaire et chapelain des Richard, « enterré dans le sanctuaire de l'église proche la muraille du côté de l'évangile », laissait en mourant son bénéfice vacant. Or selon un rapport du défunt, daté du 1er août 1692 et présenté au greffe des Domaines, les dépendances et les revenus de la chapellenie avaient été formellement spécifiés. Malgré cela, le propriétaire du Pin, descendant des fondateurs, voulut en retirer 45 livres de rentes. Condamné à la restitution, ce Démons dut s'exécuter (1).

M. Péan, qui fut un homme d'ordre et un bon administrateur, a pris soin de consigner dans les registres paroissiaux l'état détaillé des possessions et fruits de sa cure. Citons textuellement son Mémoire :

« Les revenus consistent en un tiers des dîmes au treizième sur blé, vin, lin, etc. Les novales, le recteur les prend seul.

« Les domaines consistent en un jardin entouré de murailles. (Il s'agit ici de l'ancien presbytère, occupant l'emplacement de la maison du médecin). J'y ai fait une porte d'entrée dans la vigne. Un autre jardin, appelé de la Fontaine, avec une muraille du côté du chemin. Une vigne joignant la maison, appelée la vigne du Grand-Presbytère, toute à la main, fors trois quartiers ; les trois dits quartiers sont au quart d'un chapon pour cha-

---

(1) Démons était le fils de celui qui habitait le Chêne-Creux et avait épousé une demoiselle Pénifort ; par cette union il était devenu présentateur du bénéfice. Les Richard, fondateurs, doivent avoir construit la vieille maison du Pin, sans que nous sachions à quelle date.

cun. Une autre vigne, appelée vigne de la Croix,
aussi à la main, et un petit pré au bout. Cinq quartiers de vigne au quart dans la Dibottière (au fond
du Parc de la Hautière) et un chapon pour quartier. Un autre quartier de vignes, situé dans le
même clos. Une vigne, de la Chaussée, à quart et
deux chapons par quartier ; il y en a 12 et un
petit pré au bout. Une vigne, dite du Bois-du-Theil,
au tiers. Une autre vigne, joignant le pré de la
Fontaine, au quart et un chapon par quartier ; il y
en a cinq, mais on le tient pour quatre. Un pré
entre la dite vigne et celle du Grand-Presbytère.
Un autre, appelé le Grand-Pré qui dérive sur la
Chaussée. Un autre appelé de la Marre. Un autre
au bout de la vigne de la Dibottière, entre la prée
de Jaille et celle de M. de Bourgues (1).

« Ce Mémoire a été fait par Léonard Péan, recteur, pour servir à ses successeurs. En foy de quoi
il a signé au presbytère le 1ᵉ janvier 1699. L.
Péan. » (2)

Il est facile de reconstituer par la pensée tout le
pourpris des curés de Sucé : il s'étendait entre les
chemins dits la Fontaine, Chemin-Creux et route
de Casson depuis le bas de la place jusqu'à la
Chaussée, d'une part ; de l'autre il comprenait les
pièces de terre qui couvrent l'angle de la route de
Casson et du chemin de Jaille, puis tout le fond
du parc de la Hautière et enfin l'espace qui s'étend
jusqu'à la voie ferrée.

Outre le bénéfice curial, le recteur jouissait de
celui de la Garde-Dieu, chapellenie très ancienne et

---

(1) M. de Bourgues, qui a été maire de Nantes, devait
donc habiter la Hautière à cette époque.
(2) Archives de la paroisse.

d'où dépendait une petite maison située dans le bourg et affermée 13 livres.

M. Péan nous tient au courant des récoltes. Tout en estimant ces renseignements comme curieux, nous ne pouvons nous défendre de dire qu'il eût beaucoup mieux fait pour lui et pour nous, de nous donner l'état des âmes à lui confiées. Cependant, sans citer tout au long ces détails matériels, qu'il nous suffise d'en reproduire quelques extraits, comme spécimen du genre.

« 1698. — Les vignes gelèrent. La cure ne recueillit des dîmes que quatre barriques... Le vin coûta jusqu'à 100 livres la pipe.

« 1699. — Le blé manqua à la cure cette année ; il y en eut deux tonneaux de moins que l'année précédente. Les châtaignes furent abondantes : elles valaient 8 l. le setier. La cure vendit 5 grandes pièces d'eau-de-vie à 93 l. la pièce... »

C'est à ce curé chroniqueur que nous devons la relation du fameux hiver de 1709. Selon ce qu'il nous a laissé, le froid intense ne commença que le 6 janvier et dura ainsi 10 jours ; le 9 et le 10, l'intensité augmenta. La neige couvrait le sol et un vent violent la balayait à travers la campagne. Toutes les graines, déposées en terre, furent complètement détruites. Les vignes, les châtaigners et les noyers périrent également. On trouvait une quantité considérable d'oiseaux morts de froid et de faim. Les vivres, étant devenus fort rares, s'achetaient à des prix élevés : le vin jusqu'à 100 l. la pièce, le blé 22 l. le setier. On ne pouvait même pas avec de l'argent se procurer du pain. La misère fut si grande et si générale, dans la paroisse, que, chaque dimanche, « on comptait jusqu'à 250 pauvres attendant à la porte du presbytère l'aumône du pasteur ». La disette se faisait sentir partout. Cependant la Basse-Bretagne soulagea un peu le pays, en envoyant des blés et des farines ».

Nous n'avons plus maintenant à signaler que quelques faits qui se sont produits sous l'administration de M. Péan.

Dans la nuit du 17 au 18 février 1715, une barque remontant la rivière se perdit au milieu de la plaine de Mazerolles : 9 personnes périrent dans cette tragique circonstance. Des accidents de cette nature se sont renouvelés plusieurs fois dans la suite des temps.

En cette année 1715, une épidémie mortelle sévit surtout sur les enfants : on enregistra plus de 100 décès.

La Providence laissa à M. Péan la consolation de restaurer la maison de Dieu, qui avait été sous ses deux prédécesseurs fort négligée ; il fit également consolider la tour qui menaçait ruine dès ce temps-là.

A la fin de l'année 1723, la paroisse réunie en chapitre, dans la chapelle Saint-Michel, où se tenaient ordinairement les séances du Général (1), décida que les travaux à faire à l'église seraient immédiatement entrepris. Le devis montait à 600 livres. Comme décimateurs au tiers, les chanoines de Saint-Pierre étaient tenus en proportion égale avec le recteur et les Régaires à supporter la dépense. Ces messieurs se dérobant, ils furent condamnés par le Présidial à fournir leur part.

----

(1) Le Général était un Conseil local composé du recteur, du syndic et des notables ; on y traitait les affaires civiles et celles du culte.

La mort de M. Péan survint le 23 novembre 1727. Présidèrent ses funérailles, les recteurs de Carquefou, Casson et La Chapelle. On inhuma son corps dans le chœur de l'église où les prêtres de la paroisse avaient droit de sépulture, comme cela convenait d'ailleurs. Pendant l'intérim de la cure, la gestion fut confiée au vicaire, M. J.-B. Chamouflet, qui était à Sucé depuis 17 ans.

Durant ces premières années du XVIIIe siècle, la famille Luzeau de la Mulonnière, qui avait acheté Chavagne des Descartes, habitait le château et exerçait ses droits de seigneurie. Les de Goyon avaient succédé aux Moreau à la Barbinière. La Haye appartenait toujours aux de Ponthual qui y étaient venus par un mariage avec une demoiselle Le Lou. Depuis deux cents ans les de Carheil possédaient Launay et étaient châtelains de la Barillère Outre-Erdre. A la Maillère c'étaient les Le Texier. Procé n'appartenait plus aux frères Chappel, les protecteurs du Protestantisme, mais à François Renouard, maître des Requêtes, sans l'habiter toutefois, car la maison était complètement ruinée. Jaille, l'Ongle et peut-être la Touche, anciennes résidences des descendants de Joachin Descartes, étaient déjà passés en de nouvelles mains. L'Onglette, ainsi que le Blanc-Verger, ne présentaient que des ruines et avaient cessé d'être habités. Nay, qui avait échu au marquis d'Orvault, restait désert. Saint-Denis n'était qu'une morne solitude, gardant les ossements des Calvinistes. Nous pensons que la Baraudière, après les Herbert et les Morin, passa aux Le Texier de la Maillère, car en 1741 nos registres contiennent l'acte de sépulture de dame Elisabeth Boislève, épouse de Math. Le Texier, sieur de la Baraudière. A la Papinière habitaient Anne du Lys et René de la Grée, son époux ; Logné en dépendait. La Turballière, ancienne résidence des de Mazoyer, avait été achetée par les Pépin qui firent reconstruire la maison. M. de Bourgues, maire de Nantes, possédait la Filonnière et la Hautière.

Toutes les petites gentilhommières de la paroisse étaient occupées par leurs maîtres : la Bâchellerie, le Port-Hubert, la Marvillère, la Trématière, le Drouillay, les Barrières, la Louëttière, la Guillonnière, les Herces, le Pin, la Havardière, la Motte-Suzière, le Chêne-Creux, le Bois-Mêlet, l'Ertaudière, etc...

Quant à la Perruche, nous n'en rencontrons le nom dans aucun document de l'époque : ou elle n'existait pas, ou elle dépendait du Port-Hubert, ou bien encore elle portait le nom de Pourbon comme le moulin qui l'avoisinait.

CHAPITRE II

*Rectorat de M. C. Guichard et de M. G. Le Ribault.
— Réparations du presbytère et ornementation de
l'église. — Chronique. — Mort de M. Guichard. —
Arrivée de M. Le Ribault. — La terrible épidémie.
— Mme Bidé de Chavagne. — Reconnaissance aux
médecins. — Mort de M. Le Ribault.*

Comme les deux recteurs qui ont suivi M. Péan
n'occupent que l'espace de 14 années, nous les groupons sous le même titre.

Messire Cézard Guichard ne prit possession de
la cure de Sucé que le 8 août 1728 ; la vacance dura
donc plus d'une année. Pendant ce temps, les paroissiens avaient adjugé par bail aux Régaires les fruits
et dîmes du bénéfice en la personne de Charles de
Boriexes, fermier de l'évêque.

Natif de Guingamp, C. Guichard avait obtenu sa
cure par le concours en la ville de Rome, où il
demeurait depuis deux ans et demi dans cette intention. Mgr de Sanzais ratifia l'élection de M. Guichard.

Il trouvait en arrivant à Sucé le domaine en
parfait état et il le devait à l'esprit d'ordre qui
caractérisait son prédécesseur immédiat ; mais la
maison presbytérale exigeait de nouvelles réparations, malgré ce qui avait été fait quinze ans auparavant. Les dépenses s'élevèrent à la somme de
900 livres, à la charge des héritiers de M. Péan ;
car à cette époque, le bénéficier devait, avec ses

revenus, entretenir en état convenable l'immeuble qu'il habitait. Ces travaux exécutés, M. Guichard fut obligé d'ajouter de sa bourse dix pistoles pour parfaire la note des ouvriers, parce qu'il avait pris le marché des paroissiens, suivant le plan dressé dans l'assemblée du Général (juin 1729).

Son zèle le porta ensuite à l'ornementation du saint Lieu qui se trouvait peu digne de son divin Hôte. Il fit tapisser de lambris les murs du sanctuaire : ce qui coûta à la Fabrique 400 l. En même temps il relevait les murs du cimetière Saint-Michel.

Chroniqueur, lui aussi, il rapporte qu'en l'hiver 1729 il voyagea sur la glace jusqu'à Nay pour visiter un malade ; qu'il traversa plusieurs fois la rivière en portant le Saint Viatique à des moribonds ; que la mortalité fut si grande qu'on enterrait jusqu'à six personnes par jour et que dans un mois il se produisit 80 décès.

Le ministère de ce prêtre ne dura que dix années. En 1736, le 14 juillet, il mourut, âgé de 44 ans. On ne put, suivant l'usage, l'inhumer dans l'église, faute de place, mais dans le cimetière Saint-Etienne. Les recteurs de Carquefou, Casson et La Chapelle assistèrent à la cérémonie.

Durant sa maladie, le chapitre paroissial avait délégué M. Salmon « bachelier en théologie et vicaire de céans », pour gérer les biens de la Cure. Quelques jours après le décès du recteur arriva un nouveau vicaire, M. French, qui le remplaça et lui-même eut bientôt un successeur, M. Coupry, qui faisait les fonctions de vicaire à Carquefou.

La cure de Sucé étant devenue vacante encore une fois dans un mois de nombre impair, restait à la nomination du Pape et non de l'évêque. Fut choisi au concours Messire Guillaume Le Ribault, du diocèse de Saint-Brieuc, âgé de 33 ans. Il ne prit possession civile de son bénéfice que le 8 janvier de l'année suivante et n'arriva à Sucé pour se faire installer que le 21 mai.

Dieu ne le laissa pas longtemps au milieu de son troupeau ; il rappela bientôt le pasteur à Lui et encore se réservait-il d'envoyer une grande épreuve à la paroisse. Nous faisons ici allusion à cette épidémie qui décima la population de Sucé dans les années 1737 et 1738 et qui dépassa celle dont nous avons fait mention.

Aux Archives municipales de Nantes, sur le registre spécial des maires et échevins, à la date du 11 mai 1738, on voit que l'Administration municipale de la ville avait député à Sucé et aux environs pour conjurer le fléau, le médecin Alexandre et les chirurgiens Saysolle et Daguy. Selon le rapport de ces messieurs, rédigé à leur retour à Nantes, la maladie est appelée *péripneumonie maligne et inflammatoire*. On en attribue la cause à la mauvaise nourriture et aux privations de toutes sortes. La consternation était générale dans nos campagnes, tant le mal était terrible et foudroyant : la victime était emportée au bout de 4 ou 5 jours. Les ravages se faisaient sentir surtout dans la région du nord, entre Sucé et Casson. Le châtelain de Chavagne, M. Bidé, avait déjà succombé lui-même, malgré les soins qui lui furent prodigués. Depuis plusieurs mois le fléau sévissait sans se ralentir. Sucé venait de perdre 67 personnes dans l'espace d'une semaine. Le deuxième jour de leur tournée, les médecins furent courtoisement reçus par Mme Bidé, née d'Anguy, qui, seule, ne paraissait pas trop effrayée du danger. Elle allait

visiter les paysans malades dans leurs lointains villages, leur apportant secours et consolations. Lors
du passage de ces Messieurs à Chavagne, cette charitable et dévouée dame leur avait déclaré qu'elle
n'avait point peur de la mort, quoiqu'elle l'eût vue
entrer chez elle et ravir son mari. On lui laissa des
médicaments avec une instruction pour leur emploi.

Sucé eut à déplorer plus de cent décès en 1738 et
l'année précédente il y en avait eu 84.

Une nouvelle maladie survint dix ans après, la
fièvre maligne, qui fit également beaucoup de victimes. Nantes envoya encore des médecins et des
secours (1749).

Pour tout au monde nous ne voudrions pas omettre
d'insérer dans notre livre l'acte de reconnaissance
que formula la paroisse par la plume de ses prêtres,
adressé à la Mairie de Nantes :

« Nous soussignés, prêtres, recteurs de Sucé et de
Casson, vicaires, bénéficiers, président et notables de
la paroisse de Sucé, reconnaissons que MM. les médecins et chirurgiens, envoyés par M. le Maire et ses
échevins de la communauté de Nantes, ont vu et
examiné et visité ensemble tous les malades de ladite
paroisse et environs, et se sont transportés dans les
maisons, bourgs et villages, où on leur a indiqué y
avoir des malades et qu'ils leur ont donné et administré les remèdes et les secours nécessaires et qu'ils
les ont soulagés dans la fâcheuse maladie qui affligea
notre pays et qu'à notre connaissance il n'est mort
aucun desdits malades pendant le séjour que ces
Messieurs y ont fait par leur établissement pour
l'administration des remèdes et la distribution des
aliments, et que même ils ont fait ouverture des

derniers cadavres inhumés mardi, jour avant leur
arrivée.

» Pourquoi nous prions Messieurs les chirurgiens
et médecins de marquer pour nous à M. le Maire et
à ses échevins nos très humbles remerciements et les
sentiments de reconnaissance dont la paroisse est
pénétrée, de leurs attentions et charitables secours,
dans une si dangereuse maladie, en attendant que
la paroisse elle-même envoye quelqu'un des notables
pour réitérer sa reconnaissance.

» Fait à la maison presbytérale, le 9 mai 1738.

» Signé : Le Ribault, recteur de Sucé ; Barbart,
recteur de Casson ; Le Bourhis, vicaire ;
Vaugon, chapelain de Chavagne ; D'Harembourg, Cruau, Nadeau, Guillet, Bénoisteau,
Barie, notables ». (1).

M. Le Ribault, l'auteur de cette adresse, ne survécut que de quelques années seulement à la cruelle
épidémie qui avait consterné sa paroisse. Agé de
39 ans à peine, il fut enlevé à l'affection de ses fidèles
le 1er juillet 1742. On l'inhuma dans le cimetière de
l'église, comme son prédécesseur immédiat, en présence de son père qui était venu de Basse-Bretagne
assister aux derniers moments du moribond. La cérémonie des funérailles fut présidée par M. le recteur
de Carquefou.

A Chavagne la mort du châtelain fit rentrer la
famille Luzeau de la Mulonnière dans cette antique
demeure. Cette famille s'agrandissait notablement
depuis qu'elle était établie chez nous. Plusieurs
membres avaient fait des alliances de leur rang.

(1) Archives municipales de Nantes.

En 1700, Claude épousa Gabrielle de Rhais, dame de la Chénardière à Haute-Goulaine ; en 1704, Jeanne s'était unie, par le mariage, dans la chapelle du château, à M. H.-Louis Blanchard, sieur de la Marchandais ; en 1705, Anne épousa Jean Cailleteau, veuf de Jeanne Le Flô, à la Chapelle-sur-Erdre ; en 1712, une autre, la mère de Mme Bidé, se maria à Mathurin d'Anguy, procureur des Traites au siège de Nantes ; enfin, une cinquième fille, à Joseph de Vaulx.

Mme Bidé donna sa fille unique à un cousin, de la Mulonnière, qui habita d'abord l'Ongle avec M. Prudent et vint après s'établir à Chavagne même.

On se rappelle que le dernier rejeton de la tribu des Descartes s'était éteint à Jaille et que cette terre avait été vendue à M. Alexandre. Il est probable que le médecin qui fut envoyé de Nantes à Sucé pour soigner les malades de 1738, portant le même nom d'Alexandre, était un membre de la famille qui avait acquis Jaille. Nous savons pourtant que le fils de l'acquéreur mourut en la terrible année : il avait été, en son vivant, lieutenant de robe-longue à la Maîtrise des eaux et forêts de Nantes, et, en même temps, conseiller du roi.

Ce sont les Alexandre qui firent élever la seconde maison de Jaille, en la plaçant dans un site plus agréable et aspectant la plaine de Mazerolles. M. Paris, le dernier acquéreur de l'antique domaine de Jaille, qui vient de faire raser la construction des Alexandre pour édifier, en l'emplacement, une résidence plus confortable et mieux aménagée, a recueilli et garde une pierre portant la date de 1761.

A cette même époque, les de Soussay, de Rezé, commencèrent à habiter la Maillère, Claude ayant épousé Marie Le Texier (1707). De même à Launay, en 1712, Joseph de Cadaran se maria à Gabrielle Blanchet, veuve de Georges de Carheil ; mais, après, le nom de Carheil reparut à Launay pour ne plus s'éteindre.

CHAPITRE III

Tant que dura l'intérim, la gestion de la cure fut
de droit attribuée à M. Bouché, le vicaire, lequel gouverna la paroisse pour le temporel et le spirituel jusqu'à la prise de possession du nouveau recteur. Cependant l'autorité épiscopale adjoignit au vicaire un religieux Récollet, le P. Clément, pour lui prêter aide.

La Providence nous destinait un saint prêtre, qui,
pendant 38 ans, devait édifier la paroisse par son zèle
et ses vertus sacerdotales. Rien, en effet, ne manquait
à ce pasteur, ni la piété, ni la science. Fort de ces
deux puissances qui font, avec la grâce de Dieu, le
prêtre parfait, comment n'aurait-il pas opéré le bien
en passant parmi nous ?

Messire vénérable et discret Pierre Birot, arriva
à Sucé, comme recteur, le 30 octobre 1742, quelques
mois seulement après le décès de M. Le Ribault. Ses
lettres de Rome sont datées du 24 octobre et le *visa*
épiscopal, du 29. Il avait été nommé au concours,
comme ses trois prédécesseurs.

Docteur en théologie, il était parvenu aux honneurs de l'Université de Nantes dont il eut le titre
de Recteur. Saint-Nicolas de Nantes est sa paroisse-

natale. Celui-là n'est donc plus un étranger pour nous...
Il n'était point allé à Rome, comme tant d'autres, pour
solliciter une cure ; d'ailleurs cela ne se faisait plus
depuis quelques années et il fallait en remercier
Dieu (1).

On se souvient que le presbytère, de plus en plus
délabré par vétusté, menaçait ruine. M. Birot le
trouva cependant assez bon pour lui et l'habita tel
qu'il le trouvait, pendant 38 ans, laissant à son successeur le soin de le reconstruire à neuf. Sa sollicitude
eut pour premier objet la maison de Dieu, qui, elle
aussi et surtout, avait grand besoin de réparations
et d'embellissements.

Faut-il, ici, rapporter brièvement un fait, assez
rare dans l'histoire chirurgicale, mais qui ne se rapporte pas à notre sujet ? Le 27 juillet 1750, une
femme du bourg, Augustine Chesneau, née Benois-
teau, mit au monde, *uno partu*, dans les mêmes
couches, quatre enfants, nés viables et ayant même
vécu quelques jours. Un pareil événement dut mettre
en grand émoi la population.

Sur le penchant de la butte Saint-Michel, on le
sait, entourée d'un cimetière, se dressait une très
antique chapelle en l'honneur de l'Archange : c'est
là, avons-nous dit, que le Général de la paroisse
tenait ses séances ; c'est là aussi que chaque année,
en la fête du titulaire, on célébrait la messe pour
les fidèles enterrés en ce lieu (2). Mais son campa-

---

(1) Cet usage regrettable fut supprimé, du moins en
Bretagne, par le Siège apostolique, à la suite des efforts
que firent pour cela quelques saints prêtres de la province.

(2) Telle est l'origine de la fête locale qui se fait à Sucé
le dimanche qui précède ou suit le 29 septembre, ou encore
plus tôt.

nile était sans voix et M. Birot voulut lui en donner
une en bénissant une cloche le 27 avril 1752. On
sonnait cette cloche pour assembler les notables et
aussi chaque fois qu'un corps était inhumé dans le
cimetière (1).

Cette chapelle Saint-Michel était la seule appartenant à la paroisse. Celle de Saint-Jacques, si elle
avait été paroissiale dans le principe, restait profanée
depuis un temps immémorial.

Quant aux oratoires domestiques, ils s'étaient multipliés partout aux XVIIe et XVIIIe siècles, à ce point
que chaque château et même chaque manoir avait le
sien. Chez nous, comme déjà nous les avons énumérés,
l'on comptait ceux de Launay, Chavagne, la Barbinière, Logné, Nay, la Haie, le Port-Hubert. La chapelle de la Haie était interdite avant l'arrivée de
M. Birot ; celle du Port-Hubert fut bénite et inaugurée
par lui, le 25 mai 1753. Les nouveaux propriétaires,
les Richard d'Audierne, négociants à Nantes, l'avaient
fait élever. Il y avait un chapelain résidant à Chavagne et Launay et il célébrait la messe même aux
fêtes prohibées. A Nay il n'y avait plus de service
religieux, de même qu'à l'Onglette et Procé, depuis
l'établissement du Protestantisme.

M. Birot voulut meubler la vieille tour de l'église
paroissiale d'une seconde cloche qui se serait fait
entendre jusqu'aux extrémités du territoire et qu'il
appela du nom de Sainte-Barbe, la protectrice contre

----

(1) La coutume était que les parents du mort qu'on
enterrait se tinssent à la porte du cimetière, tournés vers
le mur et sanglottants pendant le son de la cloche. Il
n'y a que quelques années que la coutume du deuil de se
tenir à cette place a disparu à Sucé ; maintenant la
famille se rend jusqu'aux bords de la fosse.

la foudre. Dans la même cérémonie fut bénite aussi une autre cloche pour la chapelle Saint-Michel. Neuf ans après, on faisait refondre une de celles de l'église, pour en avoir une autre plus pesante : elle reçut le nom de Saint-Raphaël, « pour le prier, écrit M. Birot, de nous conduire dans notre pélerinage et nous rendre dans la maison de notre Père céleste ». La piété de notre vénérable pasteur se révèle dans cette ligne écrite de sa main sur un des feuillets de nos registres paroissiaux, à la date du 31 mars 1774. Pour faire face à la dépense de la refonte et de l'augmentation du métal, on avait vendu les ormeaux du cimetière : ce qui rapporta 200 livres.

Le 6 octobre 1755, le recteur avait rédigé son Brevet en vue de la visite archidiaconale. On n'y lit rien que nous ne sachions déjà, si ce n'est la mention du testament d'Isabelle Rousseau de 1716, et celui des demoiselles de la Chambre. Parmi les témoins synodaux figure maître Jean Potier, procureur d'office qui habitait la Hautière après M. de Bourgues. On lit aussi que le présentateur de la chapellefie des De Nay, était alors Louise de Soussay, dame de la Maillère.

Dans un autre brevet, celui de 1778, nous ne pouvons relever que quelques particularités. En donnant le nom des personnes ecclésiastiques de la paroïsse, on signale F. Garreau, diacre, fils d'un procureur fiscal, habitant la Guillonnière depuis dix ans, lequel avait épousé une demoiselle Lelou. C'est dans cette pièce que l'on fixe la date d'interdiction pour la chapelle de la Haie. On nous apprend aussi que l'exposition du S. S. Sacrement avait été permise par l'évêque en visite, pour la fête du saint Patron ; que les biens de la Fabrique consistaient en les revenus suivants : 5 livres sur une maison du bourg, une hommée de vigne affermée 10 sols ; 5 livres pour la fondation des Saluts. Ce qui nous montre combien l'Eglise de Sucé était pauvre.

A la date de 1778 se tint une assemblée de notables. On y rédigea une requête au sujet de la diminution des impôts sur la vigne, présentée à M. le Commissaire des Etats. Nous ne savons ce qu'il en advint.

Une seconde affaire fut la députation d'un groupe d'habitants de Sucé et particulièrement de la partie d'Outre-Erdre, pour tenter une transaction avec le seigneur châtelain, l'évêque, propriétaire du Bac. Pour cela furent élus : MM. P. de Carheil, Prudhomme de Langle, J.-B. Prudhomme, de la Papinière et Laurent Vacher, de la Hautière. Dans le but de réussir, le Général, en séance du 17 juillet, avait formulé un vœu qui devait être présenté humblement à Mgr de Sarra, en cours de sa visite à Sucé. Or, le 27, l'évêque vint administrer la confirmation. L'occasion étant favorable, on traita verbalement avec Sa Grandeur et, le 27 septembre suivant, fut pris l'arrangement ci-après : « En présence de MM. de Carheil, Prudhomme, de la Papinière, Prudhomme de Langle (Bois-Mêlet) et L. Vacher, de la Hautière, a été faite la transaction pour le péage du Bac entre ceux-là dénommés et Ill. et Rév. J.-Aug. de Sarra, évêque de Nantes, Seigneur du lieu : deux boisseaux nantais (de blé) par métairie et un boisseau par borderie, valeur d'une annuité.

» Signé : Potier, de la Louëttière, procureur fiscal ». (1)

---

(1) *Délibérations du Général*, année 1778.

Lors de sa visite, Monseigneur avait ordonné que
les autels, de la Vierge en l'église et de Saint-Michel
dans la chapelle, fussent redorés. M. Birot s'empressa
d'obéir à son évêque. Non seulement il fit ce que le
prélat commandait, mais, de plus, il fit peindre le
plafond de la chapelle aux Moreau en gris-bleu, redo-
rer l'autel de Saint-Sébastien et les franges des trois
statues de cet autel, donner au ciel de celui-ci une
teinte d'azur avec un semis de fleurs de lis et d'her-
mines de même. L'estimation de ces décorations fut
évaluée à 400 livres.

La maison de Dieu avait donc été embellie autant
que le permettait sa vétusté ; le troupeau avait res-
senti la salutaire influence du pasteur, M. Birot pouvait donc se présenter à son Juge. Cependant la
Providence voulut encore qu'il s'efforçât de détruire
un abus réellement choquant et même scandaleux.

L'on se souvient que suivant les clauses de la fondation des Moreau, le titulaire de la chapellenie était
tenu de fournir, pendant la quinzaine de Pâques, du
pain bénit et une barrique de vin pour être mis à la
disposition de ceux qui auraient, à l'église paroissiale,
rempli leur devoir pascal : ce qui s'était fait depuis
le commencement. M. le Recteur jugea que cette coutume, bonne peut-être dans le principe, était devenue
immorale en pratique. En effet, cet usage fournissait
à quelques hommes l'occasion de se livrer à des
excès dans le boire et cela en des circonstances scandaleuses. Quelquefois l'ivresse s'en suivait et c'était
un jour de communion ! Il voulut donc abolir cet
abus en l'année 1780, étant lui-même titulaire de la
chapellenie des Moreau ; il s'abstint de faire la distribution usuelle du pain et du vin : d'où réclamation
de la part des intéressés. Ceux-ci députèrent quelques

notables d'entre eux, chargés du dossier de la fonda-
tion, pour prendre consultation de trois avocats de
Nantes et intenter un procès de revendication au
Recteur prévenu d'injustice et d'infidélité.

Or, l'ancienne coutume fut maintenue et ratifiée
par le Présidial ; mais la sentence arriva trop tard.
M. Birot n'avait plus à craindre le jugement des
hommes ; il avait déjà subi celui de Dieu, car il
mourut le 1er avril de cette même année.

On inhuma son corps au soir du dimanche de
Quasimodo, en présence d'une grande foule. Le lieu
de sépulture, quoique cela eût été refusé à ses deux
prédécesseurs, fut choisi dans le sanctuaire même de
l'église qu'il s'était plu, de son vivant, à orner et à
embellir ; la place exacte est précisée dans l'acte de
décès : au côté gauche du maître-autel, c'est-à-dire
de l'épître. Il était parvenu à l'âge de 75 ans. Ses
funérailles furent présidées par M. Mercerais, vicaire
à la Chapelle-sur-Erdre.

Si la mort ne lui laissa pas le temps d'abolir l'abus
dont nous venons de parler, Dieu dut tenir compte
de ses pures intentions : oui, s'il fut condamné sur
la terre, il fut absout dans le ciel.

Quand on a reconstruit l'église, une faute irréparable a été commise, par ignorance sans doute. On
aurait dû relever les ossements des recteurs de Sucé
et en particulier ceux du vénéré M. Birot, de ce bon
prêtre dont les vieillards ont gardé longtemps la
mémoire, quoiqu'ils ne l'eussent jamais connu. A
nous-même, dans notre enfance, on nous a dit son
nom resté en bénédiction.

Durant ces presque quarante années qu'avait duré
le ministère de M. Birot, peu de changement s'était
produit dans la Société Sucéenne. Si nous consultons

les registres paroissiaux, voici les actes les plus notables que nous y avons trouvés :

1742. — A un baptême, J. de la Ville, sieur de Brie, lieutenant de la Milice bourgeoise. Ce devait être un habitant de Nantes.

1743. — Mariage de Jeanne Prudhomme avec écuyer Pélisson.

1751. — Mariage de Julien de la Bourdonnaye, seigneur de Coëtcandec, veuf de Françoise d'Anguy, avec Françoise, fille de Louis Bidé, doyen de la Chambre des Comptes.

1756. — Mariage de Morice Luzeau de la Mulonnière avec Madeleine Bidé, dans la chapelle de Chavagne et bénit par M. Luzeau, recteur de la Chapelle-Basse-Mer.

1759. — Sépulture de Louis de Soussay, de la Maillère.

1762. — Sépulture de J.-B. Le Racinoux, chevalier, sieur de la Baucherais et de la Girandais, mort à la maison de la Maillère.

1762 (2 décembre). — Baptême de Henry-Auguste Luzeau de la Mulonnière, né de Morice et de Madeleine Bidé. Parrain et marraine, les époux Monnier-Blot, fermiers de Chavagne.

Il ne faut pas s'étonner de ce choix de personnes pour tenir l'enfant sur les fonts du baptême. Nous avons constaté souvent en parcourant les vieux registres des paroisses, que les châtelains aimaient à prendre pour cet office les gens de la plus humble condition : la personne la plus honorée du village, par exemple, ou le mendiant et cherche-pain. Aujourd'hui, dans notre société démocratique, on croirait se déshonorer en faisant cela.

M. Morice Luzeau de la Mulonnière avait d'abord habité l'Ongle, où lui furent donnés trois enfants ; puis il prit possession de Chavagne, après la mort de la veuve de Louis Bidé, la charitable châtelaine que nous connaissons. Là il eut un quatrième fils, puis un cinquième, Henry-Auguste, celui dont la Révolution devait faire un martyr, et après ceux-ci plusieurs autres.

1764. — Mariage de Pierre de Carheil avec Antoinette de Soussay, de la Maillère.

1775. — Mariage de Geneviève Moriceau de Logné avec Nicolas Le Deist, seigneur de Kervolant, conseiller à la Chambre des Comptes.

1779. — Baptême d'un fils du chirurgien Testud de Beauregard. Ce chirurgien avait succédé à d'Harembourg : ce qui nous apprend que Sucé n'a point manqué de médecins durant au moins (selon que nous l'avons constaté par les registres) les deux siècles qui ont précédé la Révolution.

Parmi les noms qui viennent de tomber de notre plume, plusieurs nous rappellent des victimes de ces mauvais jours dont nous allons faire le récit, dans les pages qui vont bientôt suivre. Nous n'avons plus, auparavant, qu'à raconter les quelques faits qui se sont produits pendant ces dix dernières années de l'ancien Régime et nous arriverons à ces temps d'inoubliable souvenir, où notre société contemporaine a pris ses commencements.

CHAPITRE IV

Rectorat de M. Lelou. — Visite épiscopale. — Reconstruction du presbytère. — Bénédiction de cette nouvelle maison.

Quelques jours avant le décès de M. Birot, l'autorité épiscopale envoya à Sucé M. Emery de la Martinays qui resta à la paroisse (1). C'est donc lui qui prit toutes les responsabilités. Il était connu de la population et on le désirait comme successeur de M. Birot : dès le soir de la sépulture du vénéré recteur, quelques notables avaient exprimé leurs désirs dans une lettre adressée à l'évêque ; dans cette lettre on lit que M. Emery de la Martinays « est aimé et désiré pour ses soins, son zèle, sa science et autres bonnes qualités ». L'évêque, à qui le droit de nommer à la cure de Sucé vacante en avril, était pleinement dévolu, ne put accéder à cette requête. En ce temps-là les choses ne se passaient pas comme aujourd'hui. M. Gabriel Lelou, recteur de Pierric, avait été reçu au concours et par là était dans le cas de solliciter la première cure vacante et selon sa convenance. Or, à Sucé, d'où sa famille était originaire et où lui-même possédait plusieurs propriétés, M. Lelou semblait destiné. Aussi obtint-il facilement la cure : ses lettres de provisions portent la date du 5 avril, ce qui

---

(1) M. Gourhand, le vicaire, était à Sucé depuis février, et M. Emery n'y vint qu'après, à titre de suppléant du recteur ; le 20 juin il signe son dernier acte au registre.

montre que la cure de Sucé lui était promise dès
avant la mort du titulaire qui avait dû démission-
ner.

Comme on doit se le représenter, M. Emery ayant
souffert sa présentation et se voyant déçu, s'empressa
de quitter la paroisse quand il put obtenir de l'évêché
un ordre de rappel. Nous ne savons rien de cet
ecclésiastique si ce n'est qu'il avait le titre d'avocat
à la Cour et qu'il était de noblesse de robe. Il dut,
sans doute, posséder une cure dans un autre diocèse,
car son nom ne figure dans aucun dossier de l'époque.
Sous l'ancien Régime, on pouvait obtenir un bénéfice,
même à charge d'âmes, dans n'importe quel diocèse
et aussi les curés choisissaient leurs vicaires, toutefois avec l'approbation de l'évêque. Très fréquem-
ment le prêtre exerçait le ministère dans sa paroisse
natale, comme recteur ou vicaire. Le lecteur, au
cours de notre récit, a dû le constater plusieurs
fois.

M. G. Lelou, né à Saint-Saturnin de Nantes, avait
été ordonné en 1759 et commença ses fonctions
sacerdotales, comme vicaire, à Casson, où il n'était
point étranger ; puis il obtint en 1764 la vicairie per-
pétuelle de Saint-Gildas-des-Bois, dont les bénédictins étaient curés primitifs. Il y était resté cinq
années et fut après pourvu régulièrement de la
rectorie de Pierric. Le recteur du Grand-Fougeray,
paroisse qui était autrefois de notre diocèse, voisine
de Pierric, et très importante, devait être son partage
par l'effet de la résignation en sa faveur. M. Davy,
recteur, se rétracta dans la suite et revint sur sa
détermination de se retirer. C'est dans ces circonstances que M. Lelou accepta, pour se dédommager, la
cure de Sucé. Il avait un frère, Julien, déjà recteur

de Chantenay, et celui-ci avait même été, à Sucé, chapelain des Richard.

Au jour de l'installation de M. G. Lelou, le recteur de Chantenay le présenta aux paroissiens qui connaissaient bien les deux frères et les regardaient comme compatriotes. Le nouveau recteur, comme cela était exigé depuis quelque temps, fit sa profession de foi contre les cinq propositions erronnées, contenues dans le livre de Jansénius (1).

Trois ans après sa prise de possession il reçut la visite épiscopale et pour cette circonstance il présenta à Mgr de Sarra, de sainte mémoire, son Brevet rectoral. Selon ce document, conservé dans nos Archives départementales, il donne, en énumérant les personnes ecclésiastiques de sa paroisse le nom de M. Charles Bucaille-Lebœuf, son nouveau vicaire (2), celui de Henry-Auguste Luzeau de la Mulonnière, clerc tonsuré. Dans cet écrit, nous lisons aussi ceux des marguillers, Jean et Julien Ploteau, sortis de charge ; de P. Ledou et Th. Drouet, en charge ; de P. Guillard, P. Libeau et P. Clouet, témoins synodaux, et tous trois anciens fabriqueurs. Il accuse ses revenus et ses obligations et dit que sa paroisse comprend 1.300 communiants ou adultes. Les chapelles particulières sont énumérées : celles de Nay, Chavagne, Launay et la Barbinière, moins celle du Port-Hubert qui avait cessé d'être autorisée. Pour la chapelle de Saint-Michel, située au milieu du grand cimetière, M. Lelou est le premier recteur qui affirme qu'elle a reçu les honneurs de la consécration : c'est, comme

---

(1) Archives paroissiales.

(2) M. Bucaille était arrivé à Sucé dans les derniers jours de juin.

nous l'avons déjà insinué plus avant, une erreur commise par défaut d'information. Il faudrait aussi conclure que l'oratoire domestique de Nay avait été réhabilité et autorisé, et que celui de Logné restait fermé.

Les quatre petits Bénéfices ecclésiastiques que nous connaissons sont mentionnés : les chapellenies des Moreau, des Herbert, des de Nay et des Richard.

En désignant les prêtres dits de Sucé, M. Lelou ne parle point de M. Garreau, le fils du procureur fiscal de la Guillonnière, ni de M. Vacher, fils du propriétaire de la Hautière, parce que tous deux n'étaient point nés chez nous, et que le premier venait d'être nommé recteur de la Bruffière et le second était encore étudiant au séminaire de Nantes.

Ce qui avait frappé M. Lelou, en prenant possession de sa cure, c'était le triste état où se trouvait la demeure des prêtres ; pour cause de vétusté et surtout par manque d'entretien, elle était devenue vraiment inhabitable. Mgr de Sarra, reçu dans cette pauvre maison, au jour de sa visite pastorale, avait encouragé M. le Recteur à entreprendre une reconstruction et non une réparation. Ce ne fut pas l'avis du Général. En cette affaire, les responsables étaient les héritiers de M. Birot, car, comme nous l'avons déjà fait entendre, le presbytère restait à la charge des bénéficiers qui l'occupaient. Le chapitre paroissial choisit trois avocats, MM. Laisné, Heulin de la Martinais et Marion, pour poursuivre les responsables ; M. Gourhaud, ancien vicaire, dut représenter ceux-ci dans le procès qui leur était intenté. On put bientôt, pendant ce temps-là, réaliser la somme de 1.129 livres de la succession de M. Birot. Mais M. Lelou montrait son opposition formelle à réparer des ruines et son désir

très ardent de rebâtir à neuf. Les notables demeuraient cependant réfractaires à ce projet. Tout le
monde, dans la paroisse, approuvait les intentions du
recteur : la déclaration qui en fait foi est signée de
MM. Luzeau de la Mulonnière, du Pé d'Orvault, seigneur de Nay, Prudhomme, de la Papinière, de Soussay, Richard de la Pervenchère, Prudhomme de
Langle, Vacher, Bellanger et de plusieurs autres habitants. Ce qui n'empêcha pas les héritiers de M. Birot,
mort très pauvre, de formuler leurs protestations
motivées : on fit en partie justice à leurs raisons.
Les choses en étaient donc là en 1783, lors du passage de l'évêque à Sucé.

Le recteur, suivant la transaction passée entre lui
et les notables, s'engage à reconstruire le presbytère,
si toutefois la paroisse ajoute à la première somme
mise à sa disposition, 1.129 livres, une autre égale,
c'est-à-dire environ mille écus, et qu'elle lui permette
d'abattre sur le domaine curial huit chênes de haute
futaie et de se servir de tous les matériaux de démo-
litions. Ces conditions enfin acceptées, le plan est
dressé et l'on se met à l'œuvre. Cependant le Général
avait exigé de M. Lelou qu'il se chargerait à ses frais
de la restauration des ménageries dépendantes de la
cure. L'acte définitif fut passé et signé par les deux
partis et contrôlé à Nantes sous la date du 6 août 1783.

Les travaux sont poussés avec célérité, de sorte
que, après deux années, l'œuvre est achevée. Où les
prêtres habitèrent-ils pendant ce temps-là ? Nous
n'avons pu le savoir d'une manière certaine ; mais
probablement ils reçurent l'hospitalité à la Hautière.

Ces nouvelles constructions qui sont le bâtiment
que l'on voit encore aujourd'hui, furent élevées au
haut de la vigne qui bordait le grand chemin de

Casson, à l'est, ou derrière les anciennes. L'emplacement de celles-ci était l'endroit occupé par la maison actuelle du médecin, laquelle du reste a porté pendant plusieurs années le nom de Vieux-Presbytère.

La cure d'autrefois avait une orientation différente de celle d'à-présent : elle aspectait le val du Ruisseau et le côteau de Saint-Michel ; devant elle s'étendaient un jardin et au bas la prée et l'étang, tels qu'on les connaît présentement. L'entrée s'ouvrait au haut de la rue qui s'appelle encore du Presbytère et au commencement du chemin de la Fontaine.

M. Lelou, on le constate, changea donc cette exposition qui avait pourtant son charme et son pittoresque ; celle qu'il a adoptée semble préférable. La vue dont on jouit de la cure actuelle, tournée au Midi, est magnifique : de là on domine le bourg et l'église ; on découvre les sinuosités de l'Erdre et l'on aperçoit à l'arrière-plan les campagnes de Carquefou jusqu'à Maubreuil.

Le 30 septembre 1785 fut arrêté pour la bénédiction du nouveau bâtiment. A la présider M. Lelou appelle son frère, le recteur de Chantenay : celui-ci se fit un bonheur de répondre à l'invitation (1).

Cependant M. Lelou ne devait pas longtemps jouir de cette demeure qu'il s'était faite. Bientôt la tourmente révolutionnaire, dont les grondements précurseurs semblent déjà se faire entendre dans le lointain, va l'arracher à ses fidèles et le transporter sur

____

(1) Furent présents : MM. Rocher, recteur de Grandchamp ; Chevé, de la Chapelle-sur-Erdre ; Broussais, de Treillières ; Dubois, de Saint-Vincent de Nantes, et les vicaires de la Chapelle et de Casson. — Registres paroissiaux, année 1785, f° 78.

la terre d'exil, où il n'aura peut-être pas une pierre pour reposer sa tête. Cette maison, bénite pour abriter les ministres du Seigneur, sera indignement profanée par une soldatesque impie qui y campera, puis acquise par des particuliers sans conscience.

CHAPITRE V

Terminons là cette troisième partie de notre Histoire. Ce n'est pas sans une certaine honte que nous écrirons la suivante, ces pages noircies de trahisons et de lâchetés, tachées de spoliations, de sacrilèges et de sang.

Avant de l'aborder, nous croyons bon de tracer le tableau de la paroisse où la Révolution va changer ou détruire tant de choses.

Nos deux prêtres, qui seront des victimes de la persécution, nous les connaissons déjà : M. Gabriel Lelou, recteur, et M. Charles Bucaille, vicaire.

Parmi ceux natifs de Sucé, ou y habitant par leurs familles, nous comptons : 1° M. Pierre Garreau, ordonné en 1779 et recteur de la Bruffière depuis 1782 ; 2° M. Jean-Marie Vacher, né à Nantes en 1764, prêtre de 1788 et vicaire à Mouzillon depuis son ordination ; 3° M. Henry-Auguste Luzeau de la Mulonnière, né à Chavagne en 1762, prêtre de 1788, entré dans la Compagnie de Saint-Sulpice de Paris et professeur au Séminaire d'Angers ; 4° M. Pierre Clouet, né à Sucé en 1766, membre de la même Compagnie que l'abbé Luzeau, mais non encore ordonné.

Il y avait aussi un jeune Moriceau, dont les parents habitaient la gentilhommière de Logné ; il avait reçu la tonsure ; et un certain Niel, de la Motte-Suzière, qui faisait ses humanités au collège de l'Oratoire à Nantes ; nous doutons que ce dernier fût entré dans la cléricature. Ni l'un ni l'autre, entravés par la Révolution, ne devinrent prêtres dans la suite.

Les chapellenies desservies dans l'église de Sucé étaient toutes pourvues de titulaires ;

1° N.-D. de Lorette et la Blanche, à Jacques-Jules Palierne, clerc tonsuré de Grandchamp, 22 octobre 1780. Patron : M. Pavret de la Rochefordière, propriétaire de l'Onglette.

2° Légat ou deuxième chapellenie des Moreau, à Alexis Bazille, clerc tonsuré de Carquefou, 22 septembre 1786. Patron : M. Brisson, demeurant à Nantes.

3° Les Richard, à Olivier Chevé, vicaire à la Chapelle-sur-Erdre, 29 avril 1761. Patron : l'évêque, à défaut d'un descendant de la famille fondatrice.

4° Les de Nay, à M. Raulin, vicaire d'Assérac (du diocèse d'Avranches), 17 juillet 1789. Patron : l'évêque *propter negligentiam patroni.*

5° Les Herbert, à Jean Nicolas, recteur de Saint-Ouen-des-Gâts (diocèse de Luçon), 13 avril 1758. Patron : famille Guéraud.

Si, dans nos archives paroissiales, nous avions conservé les registres du Général, c'est-à-dire les procès-verbaux des délibérations de ce Conseil local qui, avant l'institution des communes, s'occupait de tout ce qui intéressait les habitants, nous aurions, sans doute, augmenté considérablement notre chronique de bien des faits qui nous restent inconnus.

5

La collection ne se compose que de trois livres :
1718-1736, 1742-1750, 1773-1785.

Relevons seulement quelques faits :

1729. — Résolutions relatives au rétablissement des
murs du cimetière, à la réparation du clocher et du
presbytère.

1732. — Inventaire des ornements de l'église. —
Les recettes se sont élevées cette année-là à 97 livres
6 sols.

1742. — On délibère sur l'élection des fabriqueurs,
égailleurs et collecteurs d'impôts, sur l'exécution des
corvées et la confection des listes du tirage au sort.

1773. — Vente des ormeaux du cimetière pour
payer la refonte d'une cloche. — L'affaire de la
chapellenie des Moreau contre M. Birot.

1780. — Insertion de plusieurs arrêts du Parlement.

Dans l'ensemble, ces livres offrent peu d'intérêt
historique. Ceux où sont contenus les actes de baptêmes, mariages et sépultures, nous ont été plus
utiles. Entre ces actes ou à la fin du registre, on rencontre des notes, écrites de la main des recteurs et
dont nous avons donné précédemment quelques
extraits. La collection de ces précieux documents est
à peu près complète : elle commence à 1570 et finit
à 1792, époque où les prêtres furent dépossédés de
la rédaction de l'Etat civil. Il y a pourtant quelques
lacunes : de 1578 à 1605 pour les mariages et sépultures. A partir de 1668, il n'y a plus qu'un registre
annuel, dans lequel sont mêlés les différents actes,
suivant l'ordre chronologique. La grosse est à la
Mairie et la minute au greffe du Tribunal de Nantes,
à partir de 1668.

C'est à ces sources que nous avons puisé pour reconstituer la liste des recteurs, vicaires et chapelains (1), qui ont exercé le saint ministère à Sucé.

Nous insérons ici même cette liste, augmentée de quelques noms de recteurs d'avant 1570, trouvés ici ou là, dans les actes publics.

Mais, avant de la donner et de terminer cette longue période de l'Ancien Régime, nous voulons mentionner les actes notables que nous rencontrons dans l'Etat civil de ces dix dernières années qui précèdent la Révolution. Ainsi nous verrons déjà apparaître certains personnages qui joueront leur rôle dans le grand drame, où il y aura des renégats et des fidèles, des persécuteurs et des persécutés, des bourreaux et des victimes.

1780, 1er juin. — Baptême d'une fille, née de noble homme Dominique Bellanger, écuyer, et de dame Marie Doucet. Le parrain fut messire Gabriel Lelou, recteur, représenté par M. Emery de la Martinais. M. Vacher assista à la cérémonie.

Ce D. Bellanger était un nouveau venu dans la paroisse ; il habitait la cour Gaillard. L'usage autrefois était que le recteur servit de parrain au premier enfant qui venait à naître après son arrivée : ce qui était toléré n'est plus permis à présent.

1780. — Un Pierre Potier habitait la Motte-Suzière.

1781. — Un autre, appelé Esprit, noble homme, fils de Julien et de dame Guéraud, est décédé au bourg, à l'âge de 33 ans ; quelques jours après, Paul Potier, non qualifié, mort aussi au bourg.

---

(1) Il faut dire aussi que les *Insinuations ecclésiastiques*, conservées aux Archives départementales, nous ont fourni des renseignements tout à fait officiels.

— 24 février. Sépulture d'un mendiant qui recueil-
lait des vieux linges, trouvé mort près la mare de
Jaille, âgé d'environ 60 ans — avec la permission de
J. Boissière, procureur de Chavagne.

— 28 juillet. Baptême d'une fille Bellanger. Les
deux prêtres de la paroisse y assistent.

— 10 octobre. A un baptême d'une fille Briand,
de la Noue, sont parrain et marraine : L. Morice
Luzeau de la Mulonnière et Renée de la Bourdonnays
de Coëtcandec. Signent : Henry-Aug. Luzeau et Madeleine Luzeau.

— Pierre Bernardeau est syndic de la paroisse.

— Mariage de Pierre Garreau et Claudine Moriceau, de Logné. Présents comme témoins : noble
homme Louis Arondel, cousin germain de l'épousée,
et Messire Gabriel Lelou, cousin au troisième degré.

— 30 octobre. Sépulture de Mme Thérèse de Cadaran, veuve de Carheil, âgée de 94 ans, décédée à
Launay. Signent: J.-M. Vacher et H.-A. Luzeau, clercs
tonsurés, et Vanderveken, prêtre.

Ce prêtre, habitant Saint-Denis de Nantes, venait
souvent à Chavagne.

— 2 novembre. Sépulture de Mme Marguerite Alexandre, veuve de P. Gautier, sieur des Barrières, morte
au Bourg et âgée de 84 ans. Elle fut inhumée dans
l'église, selon le droit ancien des propriétaires de
Jaille, acquis par la fondation de la Garde-Dieu. C'est
la dernière personne à laquelle cette faveur a été
faite.

1782, 2 septembre. — Mariage de h.-h. Beauvry,
natif de Chantenay, avec Geneviève Prévost, veuve
de Hugé, chirurgien. L'épousée est dite voisine de:

M. Bellanger, par conséquent habitait la cour Gaillard ; l'époux habitait Carquefou.

1785, 8 janvier. — Sépulture de D^{lle} Cécile Courry, décédée à sa terre de la Baraudière. Son père avait été avocat au Parlement.

— 8 octobre. — Sépulture de dame Françoise Bazillais, épouse de messire René Prudhomme, seigneur de Châtillon, apportée de Doulon où elle était morte, à l'âge de 84 ans.

Témoins, ses neveux : J.-B. Prudhomme de la Papinière et P. Garreau.

— Baptême d'un fils de P. Alexandre-Guy de Lavau, chevalier, seigneur de la Vincendière, conseiller du roi, président de la Chambre des Comptes.

Il habitait le Pin. Signe : d'Yvelin.

— 15 novembre. Sépulture du sieur Alexandre Chambert, bourgeois, veuf de Geneviève Lelou, 86 ans, au bourg. C'était le père d'un des principaux agents au début de la Révolution.

— Mariage de noble maître Guillaume-Thomas Angebault, avocat au Parlement, domicilié à Rennes, avec D^{lle} Catherine-Jacquette Vacher, de la Hautière.

Signent : Marquer, notaire au bourg ; Luzeau-Bidé, Soussay-de-Carheil, Prudhomme de Langle, Louis-Morice Luzeau, les recteurs de la Rémaudière et de Tillers, etc.

1786, 12 juillet. — Sépulture de n.-h. Julien Taillard, ancien secrétaire de la Direction générale, époux de dame Perrine Alexandre, décédé à sa maison de Juille.

Signent : J.-B. Lelièvre, son neveu, et les recteurs de Saint-Léonard de Nantes et de Casson.

1787, janvier. — Mariage de J.-M. de Carheil-Guichardays avec sa cousine germaine, dans la chapelle du château.

9 février. Baptême d'Apolline d'Aufouy, fille de Denis d'Aufouy et de dame Launay, née à la Maillère. Parrain : Guillaume Marquer, notaire et procureur de plusieurs juridictions. Signe : d'Yvelin.

1789, 14 juillet. — Sépulture d'Ecuyer L.-M.-Jean Luzeau de la Mulonnière, décédé la veille à Chavagne, âgé de 29 ans (1).

— 22 septembre. Baptême de François-Sébastien Yvelin, né de messire J.-F. Yvelin de Rochefort, chevalier, seigneur du dit lieu et de dame Jeanne-Marthe Rolin.

Présente au baptême, Catherine Potier femme Vacher.

— 27 septembre. G. Marquer est parrain d'une fille des Le Breton, née aux Herces.

— 11 octobre. Baptême de Claire-Olympe Yvelin. Parrain, Prudhomme de Langle.

Parmi les noms que nous venons d'écrire il y en aura qui reviendront souvent sous notre plume au cours des récits de la Révolution, tels : les Luzeau, de Carheil, Vacher, Prudhomme, Chambert, Yvelin, Marquer, Bernardeau, Jouan. Quelques autres sembleront s'éclipser, tels : les de Lavau, Alexandre, Lelièvre, de Soussay, Bellanger, Lebreton, Potier, etc. Des autres que nous n'avons point donnés apparaîtront dans l'un ou l'autre camp.

-----

(1) Dans notre ouvrage *Les Martyrs nantais de septembre* 1792, nous avons omis ce nom, par erreur. Nous le reconnaissons aujourd'hui. Il faut donc l'ajouter à ceux des autres enfants de M. Luzeau de la Mulonnière. Dieu a pris ce jeune homme qui, sans doute, aurait été comme ses frères et sa sœur, une victime de la Révolution.

Nous constatons qu'au bas des actes mentionnés ici apparaissent des noms nouveaux, mêlés à ceux de nos nobles et anciennes familles de Sucé. Dans les pages suivantes, nous ferons connaître davantage ces étrangers qui avaient été bien accueillis dans les châteaux et les manoirs de la paroisse, qu'on a laissés se parer de leurs prétendus titres et qui, dans les mauvais jours de la Révolution, se feront délateurs et persécuteurs, reniant le passé et mettant sous leurs pieds la reconnaissance et l'honneur.

LISTE

des Recteurs et des Vicaires

depuis les temps connus jusqu'à 1792

1° Premiers recteurs de Sucé, dont les noms ont été trouvés dans des actes publics, mais sans dates précises :

P. FORGET, 1410.

Jehan JOUMAIN, recteur de Sucé et de Cugan, chanoine de la collégiale N.-D. de Nantes, 1480-97.

Jehan MOREAU, 1537.

René TOUTAIN, 1546-55.

Mathieu JAMES, 1555.

Guillaume FRATEL, 15 mai 1556-1557.

Pierre LÉAUTÉ, 1558.

2° Recteurs et vicaires, dont les noms se lisent dans les registres paroissiaux :

Recteur : 1569, Jean BARBARD, 8 janvier 1602

Vicaires : 5 août 1570, J. GILLOT, 14 avril 1575 ; 2 septembre 1575, M. UVRON, 1er octobre 1576 ; 1er janvier 1577, DERENNES, 20 mars 1586 ; 1586, Al. RÉGNAULT, 16 avril 1611. (1)

---

(1) La première date est celle de leur arrivée et la seconde, celle de leur départ.

Recteur : 8 janvier 1602, Gabriel HERBERT Ier, 1622

Vicaires : 31 janvier 1607, C. BARRAYS, 1er octobre 1619 ; 25 février 1610, J. GÉLOVIN, 1er mars 1611 ; 9 mars 1611, N. DUCLOS, 3 octobre 1621 ; 29 mars 1613, O. GUASET, 29 avril 1614 ; 10 juillet 1614, Dom DERENNES, 12 décembre 1638.

Recteur : 1622, Gabriel HERBERT IIe, 1648

Vicaires : 25 octobre 1623, M. LEFEUVRE, 26 janvier 1624 ; 19 janvier 1624, P. MENNET, 13 août 1626 ; 7 septembre 1627, Dom ANDRÉ, 6 mars 1632 ; 10 décembre 1632, J. ROBIN, 9 juillet 1634 ; 14 novembre 1639, V. COUÉ, 16 mai 1649.

Recteurs :

Charles LECAT, commedataire, 18 juillet 1649
Jean BERNARD, 25 mars 1679

Vicaires : 8 juillet 1648, J. MOREL, 5 juin 1651 ; 11 octobre 1648, B. TOULYER, 17 novembre 1648 ; 24 septembre 1651, G. LEROY, 26 septembre 1652 ; 9 décembre 1652, L. LEBIGOT, 30 mars 1653 ; 20 avril 1653, J. EMOT, 14 mars 1655 ; 21 juillet 1655, J. LEJEUNE, 18 janvier 1656 ; 19 juillet 1656, G. GAREL, 28 avril 1658 ; 11 juillet 1658, MAUBOUSSIN, 27 juillet 1569 ; 27 mars 1660, COUDÉ, 20 octobre 1660 ; 5 décembre 1660, J. BÉNARD, 4 mars 1664 ; 9 mars 1665, J. CHESNAYS, 23 mai 1668 ; 25 janvier 1668, CRÉSSONIÈRE, 20 mai 1668 ; 28 mai 1668, B. DUROX, 20 janvier 1669 ; 20 octobre 1671, FOUACHE,

29 avril 1672 ; 9 juin 1672, M. JARNIGOU, 5 novembre 1673 ; 23 janvier 1676, M. BÉRARD, 20 septembre 1677 ; 8 octobre 1677, DUPLESSIS, 30 septembre 1678.

Recteur : 29 avril 1679, Pierre BERNARD, 10 juin 1697

Vicaires : 24 mars 1680, J. DENYAU, 30 décembre 1689 ; 19 mai 1690, PLANTIN, 22 décembre 1697.

Recteur :

14 juin 1697, Léonard PÉAN, 23 décembre 1727

Vicaires : 3 avril 1700, JAMONEAU, 18 juillet 1700 ; 31 juillet 1700, NEPVOUET, 9 décembre 1702 ; 29 décembre 1702, BEAUFILS, 30 juin 1703 ; 7 août 1703, J. LEDUC, 7 septembre 1703 ; 8 décembre 1703, F. MÉTAYER, 26 septembre 1707 ; 29 décembre 1706, LE BARBU, 15 juin 1706 ; 12 novembre 1707, J. RABIRE, 9 novembre 1710 ; 29 novembre 1710, J. CAMOUFLET, 20 décembre 1728 ; novembre 1727, J. LEGONTRIER, décembre 1727.

Recteur : 8 août 1728, César GUICHARD, 14 juillet 1736

Vicaires : 16 décembre 1725, DELESBEAUPIN, 6 juillet 1737 ; 9 mai 1731, J. DANIELO, 15 août 1733 ; 20 septembre 1733, MILES, 13 juin 1735 ; 17 février 1735, DE LA BUFFRAYE, 23 octobre 1735 ; 12 juin 1736, SALOMON, 17 octobre 1736 ; 16 juillet 1736, P. FRENCH, 6 mars 1737.

Recteur :

8 janvier 1737, Guillaume Le Ribault, 1er juillet 1742

Vicaires : 27 mars 1737, Coupperie, 16 mai 1737 ;
12 mai 1738, Le Bourhis, 21 septembre 1740 ;
12 décembre 1740, Belliard, 6 mars 1741 ; 1er septembre 1741, Fournet, 7 janvier 1742 ; 15 juillet
1742, Bouché, 21 février 1746.

Recteur : 30 octobre 1742, Pierre Birot, 2 avril 1780

Vicaires : 17 mars 1746, Al. Lelou, 13 janvier
1760 ; 23 janvier 1760, Rousseau, 30 octobre 1761 ;
29 janvier 1761, Panhéleux, 3 février 1777 ;
30 octobre 1765, Rouillé, 4 mai 1768 ; 2 juin 1768,
J. Samson, 19 janvier 1776 ; 10 janvier 1770, Emery
de la Martinays, 14 juin 1780.

Recteur :

6 avril 1780, Gabriel Lelou, déporté, 15 septemb. 1792

Vicaires : 20 mai 1780, E. Gourhaud, 14 juin
1781 ; 24 juin 1781, Ch. Bucaille, déporté, 15 septembre 1792.

Remarque. — Les dates que nous donnons pour
l'entrée et la sortie des vicaires ne sont pas exactes,
étant prises d'après la première et la dernière
signatures que nous avons rencontrées aux registres. Il n'y avait ordinairement qu'un vicaire à
Sucé ; mais souvent un prêtre, desservant d'une

chapellenie, venait ou à son aide ou lui en tenait place. Aux XVe et XVIe siècles, comme dans presque toutes nos paroisses où il y avait des fondations de messes, Sucé comptait 5 ou 6 prêtres vivant de ces petits Bénéfices.

QUATRIÈME PARTIE

La Révolution

CHAPITRE PREMIER

*Le mouvement révolutionnaire. — Les principaux
agents de la Révolution à Sucé ; les opposants.
— Déclarations des Bénéfices ecclésiastiques. —
Elections au chef-lieu de canton.*

C'est une date mémorable dans nos annales françaises que celle où se produisit ce grand bouleversement politique et religieux, déjà depuis longtemps préparé, qui s'annonça en 1789 et devint fait accompli dans les deux ou trois années suivantes. Parties de Paris, les idées de réforme sociale pénétrèrent bientôt jusqu'au fond des campagnes les plus reculées. Dans le moindre village, retentirent les échos des séances orageuses que tenaient les députés du peuple, à Versailles, dans le palais de nos rois, et au cours desquelles ils forgeaient des décrets et des lois qui allaient mettre le trouble partout en province, sous prétexte d'améliorer le sort des humbles et des pauvres, en promettant de les rendre libres et de restituer à la Religion sa forme primitive.

Le mouvement avait quelque chose de bon : aussi les meilleurs esprits voyaient-ils poindre à l'horizon l'aurore des plus beaux jours pour la Nation. L'Eglise catholique, elle-même, sans soupçonner qu'elle serait la première victime des réformateurs, non seulement n'entrava pas leur marche en avant, mais les accompagna de ses bénédictions et de ses prières et se fit largement représenter au sein de l'Assemblée par ses membres les plus considérés et les plus élevés en dignité. L'avenir très prochain devait montrer que c'étaient là des illusions.

Il a suffi, dans la plus modeste bourgade, d'un ou deux particuliers, que l'instruction, la fortune ou la fonction mettaient en évidence, pour y trouver tous les éléments révolutionnaires. Cela ne fit défaut presque nulle part. On les trouvait, ces hommes, tout prêts à appliquer les réformes, parmi les officiers de juridictions féodales, les procureurs, les syndics de paroisses, ou bien parmi les notaires, les médecins, généralement étrangers au pays.

A Sucé il y en eut, et on leur accorda une confiance d'autant plus grande que, honorables d'ailleurs, serviables, ayant quelque culture, ils semblaient s'imposer à la population.

Le principal agent de la Révolution, dans le principe, fut un nommé Chambert, qui venait nous n'avons pu savoir d'où et dont la situation, comme la demeure, nous est également inconnue. Il habitait depuis peu la paroisse, dans une des maisons du bourg, probablement dans celle du Port, dite longtemps maison Parré. Marié et vivant avec sa femme paralytique et une jeune servante, il venait de perdre son père à

Sucé. Très actif dans les premières années de la Révolution, il rentre après dans l'obscurité et plus tard quitte le pays, ne laissant d'autres traces que son mauvais souvenir.

A côté de lui se place un autre étranger, médecin, originaire du pays de Vannes et qui se faisait appeler chevalier Yvelin de Rochefort, seigneur du dit lieu, ou simplement d'Yvelin. Il était marié et eut plusieurs enfants avant et pendant la Révolution.

Il en est deux autres, Guillaume et Léon Marquer, cousins germains, originaires probablement d'Hennebont. Ils demeuraient dans l'hôtel des Régaires, à moins que Léon, après le mariage de Guillaume, ne soit allé occuper la petite gentilhommière située sur le Port, au bas du chemin du Ruisseau. Guillaume était notaire apostolique et royal, en même temps procureur de plusieurs juridictions féodales. Léon, célibataire, plus jeune que lui, lui servait de clerc. Tous les deux, avec des opinions conservatrices, se rangent d'abord dans le parti de l'ordre et se tiennent près de ceux dont ils avaient géré les biens ; mais, dans la suite, ils se laissent aller au vent des idées nouvelles et se tournent vers les maîtres du jour. Après la tourmente on les verra revenir à la religion de leurs pères. Ces revirements, constatés dans les changements de régimes politiques, se sont produits à Sucé comme ailleurs. Aujourd'hui il est difficile de juger ces hommes, entraînés contre leurs convictions à faire et à parler autrement qu'ils ne pensaient.

Après ceux que nous venons de nommer, il en est certains autres qui n'ont joué, dans le drame révolutionnaire, qu'un rôle secondaire, il est vrai, mais dont les noms se trouveront mêlés à tout ce que nous nous proposons de raconter : les Bernardeau, Haugmard, certains Ploteau, Jouan et surtout François Bonraisin qui resta agent national de la commune pendant plusieurs années.

Au sujet de Jouan, boucher et aubergiste de profession, qui habita d'abord derrière le Bourg, puis la maison située à l'angle droit qui commence le chemin de Biguené, il y a dans les rapports du temps confusion avec un autre, appelé Jahan, qui demeurait à Jaille et était sacristain.

Dans le camp opposé il y avait nos châtelains, habitant les vieux manoirs de Chavagne, de Launay, du Bois-Mêlet, de la Barbinière, de la Baraudière, de Logné, de la Papinière, de la Turballière, de la Maillère et de Jaille. Quelques-unes de ces maisons furent désertées dès le commencement des troubles : ainsi la Barbinière, la Maillère, le Pin ; d'autres étaient abandonnées depuis plus longtemps. M. Rolland notaire apostolique à Nantes, venait d'acheter la Baraudière : il y résidait, sans quitter toutefois son étude de la ville.

Dans le bourg était un bourgeois, nouvellement arrivé : il demeurait cour Gaillard ; son rôle fut presque nul. Il s'appelait Dominique Bellanger.

L'opposant de marque, et le plus actif pour son malheur, fut M. Laurent Vacher, un ancien marchand de draps à Nantes, qui était devenu, par son mariage avec Mlle Potier, propriétaire et habitant de la Hautière. Son nom a toujours été écrit de deux manières: Vacher ou Le Vacher ; mais c'est la première forme qui est la vraie, malgré qué, dans maintes pièces officielles et même dans son jugement, il soit appelé Le Vacher. L'erreur vient de son prénom *Laurent* qui commence par un L. C'est cet homme énergique et loyal qui se mit à la tête de la réaction, avec courage, mais sans succès : il paya cette audace de sa tête. Nous pouvons même dire qu'il fut vraiment le seul à Sucé, dans la classe dirigeante, qui se soit mêlé aux événements de la Révolution. Tous les nobles, prévoyant sans doute la partie perdue, sont restés dans l'ombre et, malgré cette attitude, on les a choisis pour les premières victimes.

Nous tenions à faire connaître, sommairement du moins, les acteurs du drame qui va se jouer chez nous, comme ailleurs, et dont le dénouement n'aura lieu qu'après dix années de désordres, de brigandages et de crimes.

Le préambule de la Révolution fut la réunion des notables dans chaque paroisse pour rédiger en commun *les cahiers de doléances*, c'est-à-dire l'exposé des griefs qu'on pouvait avoir contre le Gouvernement et les réformes que l'on désirait y apporter. Le monarque, le bon et faible Louis XVI, soucieux du bien de son peuple, avait provoqué et ordonné, lui-même, ces assemblées locales pour connaître les besoins de ses sujets et les améliorations à tenter pour son plus grand bonheur : c'était là une mesure préalable à la convocation des Etats généraux qui, s'appuyant sur ces documents, devaient travailler à la nouvelle constitution du Royaume.

Les réunions eurent lieu dans tous les baillages, sous la présidence du Sénéchal. A Sucé, elle se tint le dimanche 5 avril 1789, à une heure de l'après-midi, dans la chapelle Saint-Michel, lieu ordinaire des séances du Général de la paroisse.

Nous allons citer en grande partie ce procès-verbal, qui nous fera connaître l'état des esprits, les desi—

derata de notre population sucéenne et les noms des hommes qui figurent les premiers dans notre histoire de la Révolution.

« ...Ont comparu par devant nous, Jean-Claude Lorette de la Refoulais, avocat et sénéchal de la Cour et pairie des Régaires, plusieurs habitants et propriétaires de ladite paroisse au nombre d'environ 100, au-dessus de l'âge de 25 ans et tous dénommés et compris au rôle des impositions et nés Français y cette paroisse composée de 24 feux environ. Lesquels, pour se conformer aux ordres de Sa Majesté et d'après la permission leur accordée de lui faire parvenir au pied du trône toutes les plaintes et doléances, à cette fin de nommer leurs députés. Ils nous ont déclaré ce qui suit » :

Nous le résumons : 1° Egalité des impôts pour tous ; 2°, 3°, 4° suppression des corvées de grands chemins ; des francs-fiefs, sources de désordres dans les familles ; des privilèges de lods et ventes ; 5° établissement de casernes aux frais de tous les Ordres, dans les lieux, villes et bourgs, où il est ordinairement des troupes ; 6° le tirage à la milice tant pour les domestiques des ecclésiastiques que pour ceux de la noblesse, plus faciles à remplacer s'ils tombent au sort ; 7° que tous les citoyens honnêtes et instruits et dont les vertus le méritent et dont les talents seront bien reconnus, soient admis indistinctement dans tous les arts et états, auxquels ils seraient propres : ce fera ainsi augmenter le nombre des avocats et magistrats aux cours souveraines et des généraux à la France ; 8° réforme du code criminel et du code civil ; 9° abolition des droits de mouture et de corvées pour les moulins et châteaux ; 10°, des droits sur les animaux conduits en ville pour être vendus, les denrées, etc. ; 11° autorisation de tuer les gibiers nuisibles aux fermiers et aux propriétaires ; 12° défense d'abattre les arbres de haute futaie croissant sur les terres des vassaux pour les seigneurs.

Tel est l'ensemble des réformes que les habitants de Sucé réclament du Pouvoir civil. On le voit, elles sont sages et modérées. Treize noms seulement se lisent au bas de cet acte, la plus grande majorité sans doute ne sachant écrire : Bernardeau, syndic ; N. Niel, Louis Jouan, F. Fonteneau, Jean Ploteau, Louis Mazery, Michel Rivron, Mathurin Mathelier, Julien Ploteau, Pierre Clouet, Mahaud, et deux autres noms illisibles.

Foucaud, scribe ; Régnaud, greffier ; Lorette de la Refoulais, président.

On doit remarquer l'abstention complète des seigneurs et des notables de la paroisse et de beaucoup de cultivateurs et de gens de métier. En fait ce ne fut pas un succès pour les amateurs du nouvel ordre de choses.

Le 20 septembre suivant, on voulut réparer une omission qui avait été faite dans la réunion d'avril pour la conservation des privilèges de la Bretagne, ce qui, d'ailleurs, est exprimé presque partout. Ce groupe de citoyens « n'entendant pas donner aux députés des pouvoirs plus étendus qui puissent préjudicier aux droits des Bretons, ont nommé P. Clouet, du Pas, qui devra se rendre à Nantes, en l'Hôtel de Ville, le 30 prochain, pour remettre à M. Belabre la présente délibération ».

Signent cette pièce : L. Vacher, P. Clouet, J.-Louis Bonraisin, Fr. Gaillard, Jean Ploteau, Pineau, Math. Mathelier, Julien Ploteau, Bellanger, Foucaud, scribe.

L'instigateur de cet acte est évidemment le premier qui le signe : déjà il se met à la tête de son parti.

Sur une feuille séparée, mais épinglée au procès-verbal, on lit cette addition :

« Les seigneurs qui profitent de la succession des bâtards lorsqu'ils meurent sur leurs fiefs, qu'ils soient donc chargés de pourvoir à ceux qui y naissent et non pas le Général de la paroisse ».

Ces lignes ne sont pas signées, ni légalisées ; mais on voit de quel côté est celui qui les a inspirées ou écrites.

On comptait à Sucé 256 citoyens actifs, c'est-à-dire âgés de plus de 25 ans, contribuables et nés dans la paroisse. Malheureusement la liste en a été perdue. Nous n'avons rien trouvé, non plus, de ce qui a trait aux assemblées primaires et à l'élection des délégués pour le choix des députés aux Etats généraux. Cependant on peut déjà constater l'indifférence des Sucéens pour la question politique : sur 256 votants, 100 à peine se présentent.

Parmi les premières réformes arrêtées dans l'Assemblée de Versailles, ce fut la division du Royaume en départements, districts, cantons et communes, ce qui détruisait les provinces, les sénéchaussées, les subdélégations, les baillages et les paroisses. Sucé fit partie du district de Nantes, du canton de la Chapelle-sur-Erdre et devint une commune. Dès lors on dut se choisir un maire pour remplacer le syndic de la paroisse, des officiers municipaux et des notables pour succéder à l'ancien Général. Les registres de la mairie ayant été détruits, peut-être intentionnellement brûlés par ceux dont les noms se trouvaient déshonorés, nous ne savons rien de ces premières élections qui furent d'ailleurs une surprise pour les gens de bien, restés trop indifférents. Ce que nous savons, c'est que Chambert fut nommé premier maire de la commune — un étranger qui n'avait rien de recommandable. A peine est-il au pouvoir que tout un parti, celui de l'ordre et de la sécurité publique, s'oppose à ses gestes et à ses arrêtés. Pour le constater il faut se reporter au commencement de l'année 1790.

C'est le 29 décembre 89 que l'Assemblée avait convoqué les citoyens actifs pour élire les municipalités et ces élections locales avaient dû se faire dans le délai de huit jours après la promulgation du décret, faite le 6 janvier 90. Ce n'est donc qu'à cette date que Chambert prit en mains les rênes de la commune. Mais déjà bien des mesures persécutrices avaient été prises contre la Religion, entre autres, la nationalisation des biens ecclésiastiques, la prohibition de pourvoir aux bénéfices vacants, l'obligation faite aux bénéficiers, dignitaires, recteurs et autres de déclarer leurs revenus.

Ceux-ci s'exécutèrent dans les premiers mois de 90, de bonne ou de mauvaise grâce, car quelques-uns, plus clairvoyants, prévoyaient bien qu'étaient illusoires les belles promesses de la Nation, qui prend toute la fortune de l'Eglise avec la charge de la remplacer par des traitements accordés aux prêtres, de subvenir aux frais du culte et de secourir les pauvres.

Chambert, après avoir formé le dossier de ces déclarations de bénéfices, en envoie le procès verbal au District sous la date du 16 avril 90, et en même temps se réclame de son zèle auprès de l'Administration, tant la chose lui avait paru laborieuse.

La première pièce que nous trouvons dans ce dossier (1) est celle signée par le recteur de la paroisse, Gabriel Lelou. Il reconnaît posséder un beau jardin d'un journal, au bas duquel sont une prée et un étang ; six prairies contenant 5 à 6 journaux ; une vigne abandonnée près de la nouvelle cure et de l'autre côté un pâtureau ; une vigne à la main et en bon rapport, en tout 4 journaux ; d'autres vignes à quart de 2 à 3 journaux.

Il ajoute : « Dans cette énumération n'est pas comprise la nouvelle maison curiale, grange, pressoir, écurie, boulangerie, cour au derrière et jardin au devant, le tout fermé de murs, que le maire et officiers municipaux regardent comme devant rester à l'usage du curé ».

M. Lelou estime le revenu de son bénéfice à 2.642 livres, comprenant le tiers des dîmes et quelques pièces de terre affermées.

Il a à sa charge un vicaire et quatre domestiques ; il a besoin de deux chevaux pour le service de la paroisse ; il paie aux décimes 106 livres 14 sols ; en outre 3 livres de rentes sur une vigne au Général de la paroisse Saint-Denis de Nantes ; il est chargé seul des réparations au presbytère et il doit l'aumône à un cinquième de ses paroissiens (1).

Le vicaire, M. Bucaille, n'a aucune déclaration à faire, ne possédant aucun bénéfice ecclésiastique.

Le titulaire de la chapellenie de Notre-Dame de Lorette et de la Blanche, desservie dans les églises de Sucé et de Carquefou, est un clerc-minoré, natif de cette dernière paroisse, Alexandre Bazille : il devait

---

(1) Arch. dép. Série Q, nᵒˢ 33 à 36.
(1) Sucé comptait donc près de 300 indigents.

renoncer à son avancement dans les Ordres et même devenir membre du directoire du Département. Il accuse comme biens, dont il jouit : une maison, cour et jardin, petit pré et pièce de terre, le tout affermé 165 livres ; une rente de 100 livres due par les chanoines de la collégiale de Nantes ; une autre rente foncière de 20 livres 5 s. ; une autre, servie par Mme Frémond, de 80 livres ; une autre que lui fournit l'acquéreur de la terre du Tréguet, 21 livres ; enfin une rente de 381 livres, à la charge de la veuve Adam, de Nort. — Il doit 52 messes à Sucé et un nombre égal d'autres messes (qu'il ne faisait pas acquitter et ce pourquoi il avait été condamné à 13 livres d'amende). De plus il procure une barrique de vin et 30 sols de pain bénit aux communiants de Pâques ; il donne 39 livres pour l'acquittement de 52 messes à Carquefou ; 14 livres 8 sols aux chanoines de Saint-Pierre et 18 livres 16 sols, aux décimes. (2).

3 février 1790. — Alex. Bazille.

M. Olivier Chevé, recteur de la Chapelle-sur-Erdre, jouissait de la chapellenie des Richard : il déclare, comme en dépendant, un pré de 20 hommées, quelques réseaux de vignes, ainsi que plusieurs pièces de terre labourable en différents endroits, un pâtureau, enfin une maison située devant l'église « et très indigente de réparations ». Le tout affermé 180 livres (1).

Les titres, ajoute-t-il, ont été spoliés par les héritiers de son prédécesseur ; il y avait 40 livres 5 sols de rentes foncières, assises sur la maison du Pin. M. Guillon, acquéreur de ladite maison et négociant

---

(2) Ce bénéficier jouissait donc seul des deux fondations Moreau.

(1) Cette vieille maison se voit encore aujourd'hui.

à Nantes, continua de servir la rente due, mais, dans la suite, a décliné cette charge, quoiqu'il l'ait reconnue. — M. Chevé doit une messe par semaine et donne aux décimes la somme de 20 livres 14 sols.

Prêtre fidèle, ce bénéficier des Richard devait être emprisonné pour refus de serment et mourir victime de la fameuse noyade des prêtres âgés, dans la nuit du 16 au 17 novembre 93.

Nous constatons que le bénéfice des Herbert appartenait à Jean Nicolas, prieur-recteur de Saint-Ouen (Vendée) : il reconnaît avoir une maison dans le bourg de Sucé, différents logements, grenier, jardin et vigne, le tout affermé 90 livres ; en plus une rente du Clergé de 12 livres 10 sols. — Il a pour charges 24 messes ; il dépense 24 livres pour réparations annuelles et donne 7 livres aux décimes.

Le bénéficier des de Nay, qui ne fit sa déposition que le 30 avril par procuration, est un prêtre du diocèse d'Avranches, vicaire à Assérac, M. Raulin. Il refusa de se soumettre à la Constitution civile, comme tous les bons prêtres, fut déporté et mourut en exil. Ses revenus, à Sucé, consistaient en une petite maison avec toiterie, cour, jardin, terres labourables, vigne, affermés à Jean Pannetier, colporteur, pour 80 livres. — Il devait pour la desservance 31 l. 4 s. et aux décimes 8 l. 3 s.

Il y avait encore en notre paroisse d'autres biens ecclésiastiques, en particulier ceux de l'évêque châtelain et ceux de la Confrérie du SS. Nom de Jésus, établie à Saint-Clément de Nantes : nous les mentionnerons quand nous serons rendus à l'époque de leur aliénation.

Pour ne rien perdre des documents qui nous tombent sous les yeux, rappelons, avant de terminer ce chapitre, qu'au chef-lieu de canton il y avait eu une assemblée de citoyens actifs, le 28 mars 90. Etaient inscrits 1.211 électeurs, mais la plus grande majorité s'est abstenue. Il s'agissait de diviser le canton en deux sections et de nommer des délégués des communes pour former le conseil. La première section comprenait Grand-Champ, Sucé et Sautron ; et la seconde, La Chapelle, Orvault et Treillères. M. Bellanger, de Sucé, fut choisi comme président du bureau des élections ; G. Marquer, de la Villesernin et Mabit pour scrutateurs, et le recteur de Sautron comme secrétaire. Furent élus : Bellanger et L. Burot, de Sucé ; Olivier et Mabit, de Sautron ; Desmars et Thébaud de Grandchamp, pour la section où se trouvait notre commune (1).

---

(1) Arch. dép. L, 165.

CHAPITRE II

*Constitution civile du Clergé. — Résistance de
M. Lelou et de M. Bucaille. — La servante de
Chambert malmenée par les femmes de Sucé. —
Première élection d'un curé. — Chambert n'est
plus en sûreté. — Seconde élection en faveur d'un
nommé Martin. — Son installation avec la force
armée.*

Le décret du 27 nov.-26 déc. 90 oblige tous les
ecclésiastiques, dits fonctionnaires publics, à prêter
serment d'accepter la Constitution civile du Clergé,
c'est-à-dire, cette nouvelle organisation religieuse
élaborée et édictée par la Constituante ; c'est là le
principe des troubles qui vont se produire et des
persécutions qui seront exercées contre les prêtres
et les fidèles, attachés au siège apostolique. Cette
Constitution mettait les évêchés et les cures à la
merci des élections populaires et brisait par là
même le lien hiérarchique qui rattachait l'Eglise
de France au Souverain Pontife : elle était donc
anticanonique et schismatique, de sorte que tout
prêtre qui se laissait élire pour occuper une fonction, se séparait du Pape, chef suprême de la Religion, et n'avait ni pouvoirs ni mission pour remplir
son ministère.

Elle fut promulguée, ou du moins dut être promulguée solennellement dans les églises paroissiales, à l'issue de la grand'messe par le recteur ou
son vicaire (décret du 21-26 janvier 91) et, trois

jours après, on ordonnait le remplacement des prêtres en fonction qui n'auraient pas prêté le serment constitutionnel devant leur municipalité.

Que vont faire nos prêtres de Sucé devant ces ordres émanés du Pouvoir civil, devant cette mise en demeure de jurer ou de laisser la garde de leur paroisse à un prêtre indigne ? Ni l'un ni l'autre n'hésitent un seul instant à faire leur devoir, à obéir à leur conscience, au risque même d'être obligés de quitter les fidèles qui leur ont été légitimement confiés.

Le dernier dimanche de janvier, jour extrême pour se prononcer, tandis que M. Lelou célèbre, M. Bucaille, du haut de la chaire, affirme publiquement, au nom de son recteur et au sien, que tous deux ne peuvent ni ne veulent jurer. La servante de Chambert est là dans l'assistance pour rapporter à son maître ce qu'on y dirait. Dans la soirée, elle revient aux vêpres, elle y est remarquée. Les personnes de son sexe lui font un mauvais parti et la maltraitent. Cette affaire fut regardée si grave qu'il y eut quelques jours après rapport et enquête.

La servante, fille étrangère à la localité, nommée Marie Barreau, âgée de 21 ans, dénonce comme coupables de violences sur sa personne les quatre femmes Lecoq, du Pin, Hauray, Fonteneau et Gérard, du bourg, devant la Chambre criminelle du district de Nantes.

« ...Le dimanche 23 janvier, lit-on dans la déposition de la plaignante, elle alla à l'église pour entendre les vêpres. A peine était-elle entrée que des femmes se jettent sur elle en la qualifiant d'espionne du maire, la poussèrent dehors en la maltraitant et la poursuivant, la jetèrent par dessus le parapet du cimetière, la renversèrent par terre, la traînèrent dans la boue et l'accablèrent de coups. Elle a reconnu les sus-nommées et surtout la femme Lecoq, la plus acharnée » (1).

Cet événement, tout local, mit le comble au mécontentement général qui surexcitait la paroisse depuis plusieurs mois. Déjà on avait accusé Chambert de faire vendre les biens de fondations et de ruiner les prêtres ; maintenant on le rend responsable des persécutions qu'ils vont subir. Dans un rapport conservé aux Archives, Chambert se plaint amèrement des traitements indignes qu'il prétend souffrir de la part de ses administrés. « Deux étrangers, écrit-il au Directoire du département, se présentent un soir chez lui ; leurs papiers sont parfaitement en règle. Ils lui demandent un logement dans une hôtellerie. Lui s'excuse auprès d'eux en leur disant qu'il est pris de la goutte et qu'il ne peut les conduire lui-même. Aussitôt les notables de la paroisse, Bernardeau, procureur, Renaut, juge de paix, Niel et Lebreton, qui accompagnent les deux étrangers, lui signifient qu'il doit résigner sa charge s'il se sent incapable de l'exercer ». Selon ce rapport, le magistrat goutteux aurait été l'objet de leur insolence et de leur fureur, ainsi que sa femme elle-même, âgée de 70 ans et paralytique. Chambert déclare en même temps que « ce Niel est précisément celui que le sieur G. Marquer acheva de corrompre et au moyen duquel il porta dans la mu-

----

(1) Arch. dép. L, 439. — La femme Lecoq, née Fr. Chevalier, et la femme Jahan, née Marg. Pineau, comparurent devant la Commission Lenoir, le 1er fév. 1794, pour une autre accusation ; mais elles furent encore relâchées cette fois.

nicipalité le désordre et la division ; qu'il a été nommé, par cabale, assesseur au tribunal du canton, ainsi que le juge de paix lui-même ». Il ajoute que « ces deux nominations sont inconstitutionnelles, qu'elles ne sont dues qu'aux intrigues du recteur Lelou, du vicaire de Grandchamp et de Marquer ». Dans cette même lettre, il dénonce spécialement M. Bucaille, vicaire, qui, selon lui, aurait prononcé « un sermon incendiaire qui met sa vie (à lui Chambert) en péril ».

A Sucé ce sont donc déjà les dissensions parmi les notables, c'est le commencement de la guerre civile.

Les jours de ce pauvre Chambert, trop avancé dans la Révolution pour les habitants de Sucé, étaient sérieusement en danger, car tous les honnêtes gens étaient irrités contre ce novateur qui n'avait même pas pour lui ceux qui occupaient les places dans la nouvelle administration. Ce qui exaspéra la population, ce fut le départ prévu et prochain du recteur et du vicaire. Aussi l'accusait-on de chasser les bons prêtres pour en amener de mauvais.

Dans la séance du 25 janvier, au surlendemain de la scène du cimetière que nous avons racontée, le District de Nantes, considérant que les membres de la Municipalité de Sucé manquent de civisme et d'énergie, « est d'avis d'envoyer à Sucé 100 hommes de troupes pour rassurer le maire, exposé à toutes les surprises, et pour donner du courage aux bons citoyens ». Cependant on renvoie l'affaire au Département pour statuer (1).

____

(1) Arch. dép. L, 1046.

MM. Lelou et Bucaille, refusant de prêter serment, comme les prêtres de Chapelle, de Treillères,
de Grandchamp, de Carquefou et la très grande majorité dans le diocèse, il fallait pourvoir à leur
remplacement. La tâche n'était pas facile, faute de
sujets. C'est dans le mois suivant que se firent, à
Nantes, les élections pour le District, le 20 février,
dans la grande salle des Jacobins. On pourvoit, ce
jour-là, à 17 cures ; celle de Sucé arrive la troisième. Un nommé Guyot est proclamé curé constitutionnel de Sucé par 62 voix sur 64 votants ; ces
deux suffrages favorisent un Létourneux. L'élu
n'accepte pas et les choses en restent là pour
l'heure.

Mais les dénonciations de Chambert contre
M. Bucaille avaient suivi leur cours. En Chambre
criminelle l'accusateur public Dorvo avait beaucoup chargé le vicaire au sujet du prétendu sermon
incendiaire. Il rapporte qu'à la suite de ce sermon
60 à 80 hommes s'étaient rendus chez le maire, tous
armés de bâtons, avaient forcé la porte de la
maison, et il ne manqua pas de rappeler les sévices
que les femmes s'étaient portées à exercer sur la
servante du magistrat.

Il y a là des témoins qui viennent déposer : Marie
Barreau, la victime ; Mathurine Pinard, épouse de
Jouan ; Retière, de la Châtaignère (?) ; Simon
Bernard, âgé de 37 ans, chirurgien, demeurant chez
Chambert ; les femmes Potiron, Jahan, R. Ploteau,
de la Triballière (de la Turballière), G. Hubert et
Ouary, sabotiers au bourg ; Lebreton, marchand de
bois ; J. Ravilly, aussi marchand.

Remarquez que l'incriminé est sous les verroux.
Dès le 29 janvier Dorvo avait signé la prise de

corps sur la personne de M. Bucaille, qui de lui-
même s'était constitué prisonnier au Bouffay. Ce
n'est que le 23 février que M. Bucaille subit son
interrogatoire et sur-le-champ il fut remis en liberté
par le juge Fellonneau. Il revint donc à Sucé, pour
rejoindre son recteur ; mais hélas ! ce n'était pas
pour longtemps.

La vue du prisonnier libéré ne fit qu'exciter les
esprits contre Chambert et sa bande. Aussi, le 25
mars, on lui envoie de Nantes un détachement de
100 hommes pour le garder. Mais le malheureux
avait déjà fui, car le 31 suivant le District arrête
que le sieur Chambert, obligé de se fixer à Nantes
pour sa sécurité, a droit à une indemnité ; cependant on exige qu'il réintègre son domicile et
reprenne ses fonctions municipales, sans attendre
le remplacement du curé et du vicaire qui lui sont
hostiles ; qu'il doit être à son poste pour établir la
contribution foncière et mobilière dans la commune. On lui donnera 60 soldats pour le conduire
et le garder (1).

Il fallait cependant reprendre les élections pour
donner des curés à toutes les paroisses qui en man-
quaient et Sucé était du nombre. Enfin, le 15 mai,
66 votants se trouvent réunis au chef-lieu du District et 63 se prononcent pour Pierre-Anne Martin,
ex-religieux Carme de Rennes, prêtre depuis 11 ans.
Les 3 autres voix étaient allées à P.-Ad. Giron,
vicaire à Sainte-Luce et devenu curé de Thouaré.

L'installation de l'intrus devait avoir lieu le 21
mai. Pour que la cérémonie pût s'accomplir, Martin,
sachant bien où il venait, fit une demande au Dis-

---

(1) Arch. dép. L, 1046.

trict : « Je désirerais bien, écrit-il, que vous voulus-siez bien m'installer dans la cure de Sucé, à laquelle m'ont élevé les suffrages du corps électoral » (1). Il lui fallait donc des sabres et des fusils pour l'entourer. Cédant à sa requête, qui était prévue d'ailleurs, car cela devenait nécessaire à peu près partout, on lui accorda un bataillon de gardes nationaux pour l'escorter et lui rester jusqu'au lendemain. Le District, s'attendant à une vraie émeute, avait voulu « envoyer à Sucé une force armée capable d'en imposer à la population (2).

Voilà donc sous quels auspices ce malheureux prêtre inaugure son ministère sacrilège dans notre paroisse foncièrement catholique. Des installations de ce genre causaient un grand scandale dans nos campagnes. Les fidèles, à qui on ravissait leurs prêtres légitimes, mettaient une résistance énergique pour s'opposer aux intrus.

Ces cent hommes coûtèrent à la commune 178 livres pour frais de beuveries, somme qui fut avancée par G. Marquer, inconséquent en cela comme d'ailleurs il s'est toujours montré dans la suite (3). Mais quand il fallut régler les comptes, l'aubergiste Jouan, qui avait nourri et désaltéré les gardes-nationaux, présenta une note de 150 livres.

Le voilà donc dans le presbytère de M. Lelou, ce

____

(1) Arch. dép. L, 781.

(2) Arch. dép. L, 1047.

(3) Le premier mariage que célébra l'intrus fut celui de Marquer, lui-même, au lendemain de l'Assomption, 16 août 91. Ce brave homme, jeune encore, voyant l'aurore de temps meilleurs dans tous ces changements, est certainement de bonne foi : ses idées sont conservatrices en religion, mais, d'instinct, il entre dans le mouvement des réformes ; après bien des écarts et des déceptions, il en reviendra.

prêtre, infidèle à son sacerdoce et à ses vœux monastiques, honni, abandonné de la population.

Huit jours à peine après son installation, on vint emprunter son ministère pour un baptême. Il est escorté, car il n'a aucune tranquillité ni jour ni nuit. L'acte qu'il rédige après la cérémonie est contresigné d'un homme que nous connaissons déjà, mais qui n'est pas encore entré en scène : c'est le chirurgien Yvelin. Il y a également deux soldats, les acolytes du curé, qui laissent, aussi eux, leur griffe sur la page du registre. Par mégarde Martin s'appelle *recteur* ; mais dans la suite il n'emploiera plus ce qualificatif qui est réactionnaire : partout il signera *curé* (2).

MM. Lelou et Bucaille ont quitté définitivement Sucé. Le vicaire était parti le premier et le recteur était demeuré chez nous, en se réfugiant dans des maisons amies jusqu'à l'arrivée de l'intrus. Sa dernière signature sur les registres remontait au 10 février. Nous reparlerons de l'un et de l'autre et nous les suivrons sur leur chemin de croix.

----

(2) Arch. municip. de Sucé, *Etat-civil*, 1791.

CHAPITRE III

Pour l'intrus, peu protégé par Chambert, qui ne
comptait que des ennemis, les apparitions du recteur le gênaient beaucoup, aussi bien que la présence de plusieurs autres prêtres fidèles qui étaient
venus se réfugier à Sucé, ayant été obligés, eux-
mêmes, pour refus de serment, de quitter leurs
fonctions ou leur résidence.

Le fils de M. Vacher, vicaire à Mouzillon, avait
pris demeure chez ses parents, à la Hautière ; le
recteur de Saint-Gildas-des-Bois, M. Vaugiraud,
originaire de Nort, avec deux religieux de l'abbaye,
les PP. Le Cerf et La Passaig, avaient trouvé asile,
le premier à Jaille, dans la famille Alexandre, et les
deux derniers, à la Turballière, chez M. Thomas
qui habitait alors la maison, comme locataire.
M. H.-A. Luzeau de la Mulonnière, après l'évacua-
tion du Séminaire d'Angers, où il professait la théologie, était rentré à Chavagne, près de ses parents.
Ajoutons qu'il venait chaque dimanche de Nantes
un prêtre irlandais, pour célébrer la messe à Lau-

nay. On conçoit facilement que les fidèles de Sucé, abandonnant l'église paroissiale à l'intrus, se portaient, ici ou là, partout où ils savaient qu'il se disait une messe par un prêtre catholique.

Dans de pareilles conditions, la situation de Martin semblait intenable. C'est pourquoi il n'eut de repos qu'après avoir dénoncé aux Autorités et fait disparaître ces prêtres gênants. Ce à quoi il tenait le plus, c'était l'éloignement définitif du pasteur légitime de la paroisse. Celui-ci ne parut plus, mais les autres restaient au pays.

M. Lelou et son frère, le recteur de Chantenay, s'étaient retirés à Nantes chez leur sœur, la veuve Thébaud. M. Bucaille qui avait aussi des parents en ville, s'était dirigé, on ne sait pourquoi, de l'autre côté de la Loire, à Bouguenais, et c'est là qu'il fut arrêté et enfermé au Château, où déjà se trouvaient plusieurs de ses confrères. Il dut en arrivant subir un interrogatoire. Après avoir juré sur ses saints Ordres qu'il va dire la vérité, il décline ses noms, son âge, sa fonction et sa demeure ordinaire, chez sa mère, rue d'Erdre ; il déclare ensuite qu'il a été arrêté à Bouguenais, revêtu d'habits laïcs, « parce qu'on lui avait dit qu'on recherchait les prêtres pour les saisir et qu'il craignait que, portant une soutane, il fut insulté par la populace » ; que la Municipalité de Bouguenais a dressé un procès-verbal de son arrestation qu'il a, lui-même, remis avec une lettre du maire ; « qu'il serait bien aise de revenir fonctionnaire public, mais qu'il ne peut se résoudre à faire le serment ». Il atteste ensuite « que son refus de jurer n'est point l'effet d'une coaction, qu'il n'a point, pour sa part, distribué aux fidèles des brefs du Pape ou des ordonnances de son évêque ; qu'il n'a point, non-plus, empêché les personnes d'aller à la messe et au tribunal des prêtres assermentés ». Ayant enfin formellement renié Minée pour son évêque légitime, il entend la lecture du procès-verbal de ses réponses et de ses déclarations, reconnaît le rapport exact et le signe.

Il fut donc relâché et reprit domicile chez sa mère. Nous ne croyons pas qu'il reparût à Sucé.

En ce mois de juin, on reconstituait le Conseil cantonal de la Chapelle-sur-Erdre. On commença l'opération par le choix des membres du bureau : G. Marquer fut élu président ; J. David, vicaire jureur de la Chapelle, secrétaire ; puis Auguste Renaut, juge de paix ; Moreau, curé assermenté de la Chapelle et J. Godin, de Sautron, sont nommés scrutateurs. Tels furent les résultats définitifs des élections : Président du Conseil, Guillaume Marquer ; J. Robert, maire de la Chapelle ; P. Broussard, curé d'Orvault ; Savary, de Grandchamp ; A. Renaut, juge de paix ; Cl. Girard, curé de Sautron ; R. Brosseau, laboureur, de la même commune ; puis pour Sucé, Julien Bonraisin, de la Chotinière, et J. Launeau, de la Beaumondière, membres du Conseil (1).

L'intrus Martin n'en avait point fini avec ses tribulations. La veille de l'Assomption, il dépose sur le bureau de la Municipalité un double rapport : 1° sur une prétendue attaque nocturne dont il aurait été l'objet ; 2° sur la présence regrettable de deux moines à la Turballière. Pour la première affaire ce n'était qu'une calomnie ourdie contre

____

(1) Arch. dép. L, 205.

M. Vacher. Au soir de la Saint-Laurent (10 août), des amis de la Hautière étaient venus fêter le maître et le bruit qu'ils avaient pu faire et les décharges de mousqueterie n'auraient pas dû outre mesure effrayer le sieur Martin, blotti de peur au fond de sa grande maison, faisant face à celle de la Hautière. Cependant, sur ses instances réitérées, le District lui envoya 25 hommes pour le garder et 6 pour surveiller M. Vacher. Quant aux deux religieux de la Turballière, le Conseil reconnaît que leur conduite est irréprochable et qu'ils se tiennent tranquilles et silencieux dans le lieu de leur retraite. Le 20 suivant, par ordre du Département, les gardes-nationaux sont dirigés sur Châteaubriant et 6 seulement sont provisoirement maintenus à Sucé.

En cette année, au mois de septembre, eurent lieu les fameux démêlés entre la Municipalité et la marquise d'Orvault, au sujet de la propriété du Parellier. Celle-ci, en vertu de ses droits féodaux et comme châtelaine de la juridiction de Nay d'où dépendait la Turballière, prétendait au produit de la pêche qui se faisait chaque année au début de l'automne sous le coteau de Varvent. Chambert, de son côté, affirmait que tout le lit de la rivière appartenait à la Nation. Ce qu'il y avait de certain, c'est que les droits féodaux avaient été abolis et que l'évêque avait perdu les siens sur les pêcheries de l'Erdre. Malgré les protestations de la marquise et même du locataire de la Turballière, la Municipalité procéda à la pêche du Parellier et même avec une certaine solennité. La journée se termina par un festin et de copieuses libations. On retira 350 livres de la vente du poisson.

Cependant croissait de plus en plus le mécontentement de la population contre Chambert. Il s'en convainquit lui-même, par le résultat des élections municipales qui eurent lieu en novembre. Deux partis bien tranchés se partagent les électeurs et tout fait prévoir que la lutte sera chaude. Des cris, des injures, des coups même ont marqué cette journée du 13 novembre. M. Vacher faillit y perdre la vie et l'intrus qui se trouvait dans la bagarre reçut à la tête une pierre qui lui fit une blessure assez grave. Chambert essuie une défaite complète et la victoire reste à M. Vacher qui fut même élu maire de la commune ; J. Ploteau remplaça Bernardeau le procureur, puis on nomma officiers municipaux, D. Daufouy, J. Lelou et M. Dupas. Après avoir prêté serment à la Constitution, à la Loi et au Roi, ils sommèrent Chambert et Bernardeau de cesser leurs fonctions respectives et de livrer la clef des archives (1).

Les choses n'en restèrent pas là : le magistrat détrôné fit si bien qu'il obtint du District l'invalidation des élections. Il avait prétendu qu'à Treillères on avait ourdi le projet de l'écharper et, dans le rapport qu'il envoie à Nantes, il accable le S. Vacher d'injures en l'appelant un implacable ennemi du bien public et affirme que les bulletins de vote portant le nom de Vacher ont été écrits par les sieurs Prudhomme, de Carheil et la dame de Maubreuil. « Le péril est grand, termine-t-il, surtout depuis que la révolte est menée par le sieur Vaugiraud, ci-devant curé de Saint-Gildas, et Lelou, ci-devant curé de cette paroisse ».

Il fallut donc reprendre l'opération : elle ne se fit

____

(1) Arch. dép. L, 1049.

que le mois suivant. Ce second essai ratifia le premier.
Cependant la confirmation du scrutin se faisait
attendre du Département ; aussi le 8 décembre, l'élu,
M. Vacher, écrivait aux Administrateurs : « En me
présentant aux suffrages, j'ai cédé aux trois quarts
de la population. Je vous supplie donc, citoyens, de
légaliser mon élection ». Enfin, quelques jours après la
destitution de Chambert fut un fait officiellement
reconnu. Mais il ne s'en tint pas pour battu, car il
lança dans la commune cette menace que quiconque
ne protesterait pas contre la nomination du nouveau
maire serait passible d'une amende de 40 livres, et,
de concert avec Bernardeau, le procureur, également
évincé, il fit parvenir cette lettre au directoire du
District : « Il serait malheureux que de semblables
sujets fussent éligibles, surtout le sieur Vacher. On
verrait bientôt des flots de sang couler ; les paroisses
de la Chapelle, de Carquefou, de Saint-Mars en
seraient inondées. Les Carheil, Mulonnière, Langle,
Prudhomme et la dame de Maubreuil, les prêtres et
les moines qui sont dans cette paroisse attendent
avec la plus grande impatience que votre décision
leur soit favorable, afin de faire distribuer des armes
à ces prétendus patriotes qui sont leurs fermiers et
ouvriers, sous les yeux desquels ils auront le plaisir
de voir égorger les amis de la Constitution. Le souf-
frirez-vous ? Non, vous êtes trop bons citoyens » (1).

Voilà comment s'exprime dans sa rage cet étranger
qui veut être chez nous un petit Marat et prête ses
intentions aux gens les plus honnêtes et les plus
pacifiques de la commune.

Au 22 décembre, il n'est pas encore exaucé, car,

______

(1) Arch. dép., Série L.

à cette date, il se plaint de ce que le procureur ait nommé d'office les deux marguilliers de la paroisse, G. Marquer et Chesneau. On a encore une lettre de lui dans laquelle il écrit : « Je supplie les Administrateurs de mettre terme à toutes les indignités commises par ces prétendus élus en les excluant de la liste des électeurs ».

Toutes ces réclamations et sollicitations furent vaines : M. Vacher resta maire de Sucé, pour un temps du moins.

Pendant que chez nous les partis opposés se disputent le pouvoir, la Révolution spoliatrice qui s'était emparée de tout le domaine ecclésiastique, vend aux enchères les biens ayant appartenu au Clergé. La plus grande partie fut liquidée en l'année 1791.

I° Les Biens Curiaux :

Pré de la Fontaine, vendu à B. et Jahan......	500 l.
Pré du Bois-Taillis, à Leroux, Poret et Clément	1200 »
Pré du Calvaire, à B. et Jahan...............	?
Vigne de la Croix, à Marquer, Yvelin et Ploteau	1100 »
Grand pré de la Chaussée, à Chesneau.........	3875 »
Pré de la Pagebottière, à Marquer et Yvelin	1625 »

Ce n'était pas tout. Le 11 juin, deux commissaires de la municipalité avaient été choisis pour procéder à l'estimation de deux jardins. Nous ne savons ce qui en résulta.

L'année suivante, on devait vendre la vigne du Rosaire à Dupuy, pour 3.425 l. et plus tard une autre, au même, pour 300 l.; puis le pressoir, la grange, le jardin et la prée de l'étang, pour 6.100 livres.

Quant à la maison curiale, bâtie par M. Lelou, on la réserve pour le moment à l'usage de l'intrus, mais elle sera vendue un jour.

En cette année 91, on aliéna aussi les terres dépendant de la Confrérie du SS. Nom de Jésus, établie en l'église Saint-Clément de Nantes : Freulet les acheta pour 6.000 l.; elles étaient situées à la Marvillère.

II° Les Biens des Chapellenies :

Bénéfice des Richard, vendu à Marquer...... 5000 l.
Bénéfice des Moreau.............................. ?
Bénéfice des de Nay, à de la Ville............ 3600 »
Bénéfice des Herbert, à Blais................. 6000 »

III° Les Biens episcopaux :

Les dîmes ayant été supprimées, ainsi que les redevances féodales, l'évêque et le Chapitre Saint-Pierre n'avaient plus rien à liquider. Déjà et l'on ne sait à quelle époque Montretraict avait été passé aux propriétaires de Logné, et aussi la maison des Régaires, située au haut de la rue du Port. Il ne restait que la maison du passeur et un jardin y attenant : ce fut vendu à Jarot en l'an II, pour 8.100 l. L'évêque louait à celui-ci la maison susdite, le passage d'eau et les pêcheries pour 700 l.

Les opérations de 91 étant faites, il restait encore à vendre du domaine curial la vigne de la Chaussée, la plus considérable et un petit pré au bout : le tout fut adjugé à Gaullier pour 5.200 l.; le pré de la Marre à Soret, pour 2.000 l.

Nous ferons mention, en son lieu, de la vente du presbytère et des biens des émigrés.

La plupart des acquéreurs, comme on peut le remarquer, sont étrangers à Sucé ; presque tous sont de Nantes ; les autres sont de nouveaux venus dans le pays, à part trois. Il nous plaît de le faire constater, pour l'honneur de Sucé. Ces propriétés, étant volées par l'Etat, ne pouvaient être achetées en conscience (1).

Il faut faire à ce sujet une remarque importante. Ceux qui autrefois ont acquis de la Nation les biens ecclésiastiques de la Révolution, tels que, à Sucé, le presbytère et ses dépendances, la maison du passeur, les pourpris des chapellenies, etc., ont été mis, dans la suite, en légitime possession par le Pape, dispensateur de ces biens et signataire du Concordat de 1802. En conséquence de cet acte, ils ont pu conserver ce qu'ils avaient acheté, le transmettre, à leurs descendants, ou l'aliéner par une vente légale, et les possesseurs actuels n'ont point aujourd'hui à s'inquiéter de l'origine de leurs propriétés.

---

(1) Arch. dép., Série Q. *Domaines nationaux.* — Mais sur la légitimité de ces ventes on se faisait encore illusion. Il ne faut donc pas juger trop sévèrement ceux qui en ont bénéficié, peut-être de bonne foi.

CHAPITRE IV

*Elections municipales mouvementées. — Dénoncia-
tions contre les prêtres fidèles. — Leur arrestation. — Rapport de la municipalité contre l'intrus.
— Sa démission, sa fin.*

Nous entrons en l'année 1792 qui prépare à celle
de la Terreur : ce sera une lutte plus acharnée entre
la partie saine de la paroisse et quelques étrangers
qui y sont venus jeter la discorde en entraînant avec
eux un petit groupe de mauvais esprits, comme il
y en a partout. Vont repasser sous nos yeux les
scandales de l'intrusion, la déportation des prêtres
fidèles, le massacre des premières victimes de la
Révolution.

Au soir du 1er jour de l'an, à l'issue des vêpres,
un commissaire du District, Sottin, envoyé de Nantes
à Sucé pour procéder à de nouvelles élections municipales, se présente à la chapelle Saint-Michel. Ayant
fait sonner la cloche pour constituer le bureau du
scrutin, il vit venir à lui une centaine d'électeurs à
peine, dont quelques-uns semblent ignorer l'objet
de la convocation. Chambert qui se prétend toujours
maire — et peut-être avait-il été nommé en cette
qualité d'office par le département, ce que nous
n'avons pu constater — avait négligé à dessein d'an-
noncer l'arrivée de Sottin. Aussi celui-ci, apprenant
que les mesures préalables n'avaient pas été prises,
convoque les présents à revenir le lendemain,

accompagnés de ceux qui ont fait défaut. Dès le soir d'ailleurs on distribue des billets d'invitation dans toute la campagne. Le lendemain donc, dès 8 heures du matin, on procède à la composition du bureau. J. Drouet, doyen d'âge, présidera ; les scrutateurs seront Vacher, Bellanger, Guillet ; le secrétaire, G. Marquer. Ensuite on vérifie très attentivement la liste électorale : toute cette journée et la matinée du mardi sont employées à cette besogne, car on avait à cœur de tout faire dans la plus stricte légalité, afin de ne laisser à Chambert aucun prétexte de protestation : 150 électeurs se trouvent inscrits. C'est alors qu'on reconstitue le bureau de scrutin : président, G. Marquer ; scrutateurs, Vacher, Yvelin, Guillet ; secrétaire, Foucaud.

Malgré l'heure avancée on ne veut pas se séparer sans avoir fait le choix du maire. Il n'y a plus que 96 votants ; la bande à Chambert, prévoyant une défaite, s'est éclipsée. Or, 92 se prononcent pour M. Vacher. Comme il est 9 heures du soir, la séance est levée ; on craint d'ailleurs des désordres graves.

Le lendemain donc, mercredi, 110 électeurs déposent leur bulletin dans l'urne pour le choix du procureur et des officiers municipaux et des notables. Pierre Haugmard, ayant réuni 60 voix est proclamé procureur de la commune ; J. Chesneau, D. Dauffouy, P. Rocher, deviennent officiers municipaux avec 63 et 62 suffrages ; les notables sont : M. Mathelier, J. Ploteau, P. Guillet, L. Cottineau et J. Lelou. Ainsi donc fut composée la municipalité de Sucé, malgré les menées et les oppositions du parti vaincu. On n'a vu là ni Chambert, ni Martin, l'intrus, ni Bernardeau ; mais Yvelin les représente. S'abstiennent également, pour un autre motif, tous les nobles et les châtelains qui veulent laisser le peuple se conduire lui-même et ne donner aucun prétexte d'opposition contre eux.

Au jour de l'installation des nouveaux élus, 15 janvier, on invite Chambert — ce qui ferait supposer qu'il était bien maire sortant — à présider la cérémonie du serment civique, mais, comme Achille, il s'est retiré sous sa tente, méditant la revanche. Quelques jours après, en effet, il écrit au District : « J'aime mieux mourir et subir le sort des Drouet et des Doucet, honnêtes laboureurs et bons citoyens, assassinés, que d'accepter ces gens-là ». Cependant il dut se soumettre, mais il s'en vengera un jour prochain.

L'intrus Martin, avec une pareille municipalité, se voyant isolé et sans protection, veut à tout prix se débarrasser enfin de ces prêtres gêneurs qui conservent la confiance des fidèles, et qui nuisent à l'exercice de son ministère. Il les dénonce donc de nouveau au Département, dans un long rapport, daté des premiers jours de février.

« Représente le curé de Sucé, écrit-il, qu'il existe dans la paroisse cinq prêtres insermentés, dont la présence et la conduite, pour ne pas faire mention de leurs discours, éloignent les paroissiens du culte salarié par la Nation. Depuis qu'ils ont commencé à résider à Sucé, leur influence s'est fait sentir singulièrement par la diminution considérable des habitants qui se rendent à l'église paroissiale. La messe, que l'un d'eux, M. Mulonnière, ci-devant noble, dit tous les dimanches et fêtes dans la chapelle de son père, attire une foule de personnes, auxquelles on présente l'eau bénite, dans la cour, les écuries et

autres lieux, afin sans doute qu'elles n'aient pas à
regretter l'aspersion qu'on a coutume de faire à
l'église paroissiale...

« Le représentant ignore quelle est l'étendue des
prétentions de celui qui s'affiche pour son rival, mais
il demande, sans esprit de jalousie, qu'il soit appelé
à Nantes, pour y résider, espérant que l'éloignement
de ce prêtre officieux rendra un service très important à la tranquillité publique de Sucé, pour la facilité
de la réunion de tous les habitants à un même esprit
de religion et d'intérêt bien raisonné.

« Après avoir rapporté quelques-unes des raisons
qui sollicitent l'appel de M. Mulonnière à Nantes, le
curé de Sucé va exposer les motifs généraux qui lui
font encore demander que tous les prêtres de la
paroisse subissent le même sort, des ecclésiastiques,
des religieux qui, circonscrits dans un petit espace
rural, disent la messe, insinuent aux uns, par imprudence, disant ouvertement aux autres que la messe
d'un prêtre assermenté, choisi par la Nation, est une
œuvre marquée au coin du crime et de la damnation
éternelle ; ou, que ne la disant point, ne paraissant
ni à la messe paroissiale, ni à celle de leurs confrères,
tiennent, à mon jugement, une conduite capable d'opérer les plus funestes effets. Il n'est pas nécessaire de
les exposer à des juges éclairés : leurs lumières les
prévoient... ».

Ainsi se fait délateur le prêtre constitutionnel. En
terminant, il demande que M. Lelou cesse de faire
des apparitions dans la paroisse. Il proteste aussi
« de ses bons procédés envers les prêtres rebelles,
lesquels ont toujours refusé ses propositions conci-
liantes ».

Ceux qui sont visés dans ce rapport, nous les

connaissons déjà : MM. Luzeau de la Mulonnière, Vacher, de Sucé ; Vaugiraud, Le Cerf, La Passaig, de Saint-Gildas-des-Bois.

Le premier naquit au château de Chavagne le 2 décembre 1762, comme nous l'avons écrit. Après une enfance qui faisait prévoir les plus heureuses dispositions et de fortes études qu'il fit au collège d'Ancenis, et au séminaire d'Angers, il termina son cours de théologie à Saint-Sulpice de Paris. Ordonné prêtre en 1788, il entra dans la pieuse Compagnie de ses anciens maîtres à Paris et, son année de probation étant révolue, il fut envoyé à Angers pour enseigner dans la même maison où il avait été, lui-même, élève. C'est de là que la Constitution civile l'avait chassé et qu'il vint se réfugier en la maison paternelle. Chaque jour il célébrait dans la chapelle du château et, le dimanche, l'affluence des bons catholiques était telle que les abords ne suffisaient pas pour contenir la foule.

M. Vacher était le fils du maire récemment élu. Né à Nantes le 21 septembre 1763, il avait passé ses premières années à la Hautière. Ordonné prêtre en 1788, il devint vicaire à Mouzillon, où M. Béchu des Haies l'avait appelé. Rebelle au serment comme son curé, il fut mis dans la nécessité de quitter sa paroisse et de rentrer en celle de Sucé où habitaient ses parents.

De Saint-Gildas nous était venu M. Vaugiraud. Natif de Nort et recteur de cette première paroisse, qui l'avait attiré à Sucé ? Probablement M. Lelou qui, lui-même, avait été un de ses prédécesseurs ; il amena avec lui deux religieux de l'abbaye, les P.P. Le Cerf et La Passaig. Trompé tout d'abord, lui-même avait eu l'imprudence de faire le serment, mais bientôt il se rétracta. Habitant Jaille, chez M. Alexandre, il se rendait chaque dimanche en bateau pour dire la messe à la Pervenchère. Les deux bénédictins résidaient à la Turballière, dans la famille Thomas. Peut-être ne célébraient-ils pas, comme semble l'insinuer l'intrus ; cependant nous croyons qu'ils le faisaient clandestinement, aussi bien que M. Vacher.

Le directoire du Département, écoutant les dénonciations de Martin, lança un mandat d'amener contre les cinq prêtres, en les obligeant de prendre résidence à Nantes, 11 février 92 (1).

. Dans ce même arrêté, on ordonnait que les chapelles de Launay, où venait un prêtre Irlandais chaque dimanche, et de Chavagne qui servait à l'abbé de la Mulonnière, fûssent fermées, ainsi que celles de la Barbinière et de Logné ; que l'inventaire de l'argenterie, des ornements et du linge de l'église fût exactement fait (2) ; que les publications officielles du Gouvernement précédassent celles de la commune.

Ces dernières mesures étaient prises contre le maire qui avait voulu meubler la chapelle Saint-Michel pour y faire célébrer un prêtre Irlandais et qui ne faisait qu'irrégulièrement l'annonce des proclamations et des ordres de l'Administration départementale.

Le départ de ces messieurs fut ajourné, vu que le maire avait pris leur défense, en prouvant que leur conduite était irréprochable. Cependant, harcelés par Martin, les administrateurs lancèrent le 2 mars, un nouvel arrêté, dans lequel il était décrété

______

(1) Arch. dép. L, 1048.
(2) On dut soupçonner que l'on avait pris à la sacristie calices, aubes et chasubles pour les mettre à l'usage des prêtres en question.

« que les sieurs Vacher, Luzeau, Vaugiraud, Le Cerf
et La Passaig seront conduits à la diligence du
syndic du district de Nantes au chef-lieu du Département, dans le plus bref délai. (1)

Voici ce qui avait donné cause à ce nouvel ordre.
Le 11 du mois précédent, Martin, n'y pouvant plus
tenir, avait donné sa démission et s'était enfui à
Nantes. « Je soussigné, déclare-t-il, m'éloigner de
la cure de Sucé, conformément au droit que me
donne la constitution civile du Clergé. Martin, curé,
10 fév. 1792 ». Il n'était revenu dans sa paroisse
qu'avec la promesse formelle qu'on éloignerait les
prêtres réfractaires et qu'on lui accorderait une
garde armée pour la sécurité de sa personne. Le 18,
il revint à Sucé, escorté de 4 gardes nationaux.

Après cette fugue qui dura peu, le voilà donc
revenu, ce malheureux ; mais la municipalité ne
lui donnera pas de paix avant qu'il ait déguerpi pour
toujours.

On fait contre lui les rapports les plus accablants.
Il lui est reproché, entre autres choses, d'être odieux
aux sept huitièmes de la population, de ne se lever
qu'entre 10 et 11 heures, de renvoyer les gens sans
avoir pu entendre la messe, de ne point visiter les
malades après 4 heures du soir, d'être souvent
absent, même en ce temps où il règne une espèce
d'épidémie, de laisser les morts à l'église sans sépulture pendant deux ou trois jours, d'aller aux noces
avec sa servante et même d'y accompagner les danses
de son violon. (1)

____

(1) Arch. dép. L, 856. A peine rendu à Nantes, M. Vaugiraud écrit aux administrateurs pour se plaindre d'y
avoir été mandé sous de vains prétextes. L. 797.

(1) Arch. dép. L, 781.

« Nous déclarons, ajoute le corps municipal, en séance, que, outre les nombreux griefs que nous avons contre le curé Martin, il vient encore d'y mettre le comble par une désertion furtive. Absent depuis vendredi soir, il n'a pas reparu, même le dimanche. Conséquemment nous demandons son remplacement. Tout le monde connaît qu'il a excité des troubles avec la municipalité ancienne comme avec celle-ci, qu'il s'est attiré la haine de presque tous les habitants. Il est donc hors d'état de faire aucun bien ici ».

La tradition viendrait confirmer ces plaintes écrites, si nous osions l'invoquer. Le souvenir qu'a laissé cet homme à Sucé est flétrissant pour sa mémoire. Pendant tout son séjour parmi nous, il ne fut qu'un objet de mépris. (1) Enfin, de guerre lasse, l'intrus résigne définitivement sa cure. « Je soussigné déclare renoncer absolument de ce jour à la cure de Sucé, après avoir passé huit jours environ à Herbignac en qualité de desservant. P. Martin, 14 mai 1792. »

Pour ne point avoir à revenir sur ce triste personnage, disons ce que nous savons de lui. D'Herbignac il vint à Fay, où il fut nommé curé constitutionnel. C'est probablement après cette seconde épreuve de son ministère frappé de stérilité qu'il eut le courage de rétracter son serment : ce qu'il y a de certain, suivant son témoignage, c'est qu'il fit cet acte répa-

---

(1) Le mépris qu'on avait pour lui se traduisait quelquefois par des insultes et des ironies blessantes. On raconte que M. Rolland, le rencontrant sur le chemin et interpellé pourquoi il ne venait pas à la messe, lui répondit très durement et de sa canne lui abattit le chapeau.

rateur en l'an III. Il faut attendre l'an VI pour le
voir reparaître. Où se serait-il donc caché pendant
les plus mauvais jours de la Révolution ? Le ministre
de la Police écrit à l'Administration centrale cette
note : « Le prêtre Martin, ayant accepté les fonctions de curé, a été tenu à prêter le serment de 90
et, l'ayant rétracté, il doit être rangé dans la classe
des prêtres réfractaires, 27 messidor ». Le 1ᵉʳ du
mois suivant, le Département le signale au Directoire
exécutif et ordonne au commissaire de le saisir
comme étant dans le cas de la déportation. On écrit à
cette date qu'il demeure à Nantes, rue Beau-Soleil, 9,
chez la veuve Gomat. Il sera mis en arrestation
immédiate, poursuit l'arrêté, et conduit à l'Ile-de-
Ré. (1) Le voilà donc, à son tour, victime de la
reprise de la persécution religieuse ; le voilà, lui
aussi, un martyr de la Foi, mis à même, par la
grande miséricorde de Dieu, d'expier les scandales
qu'il avait donnés à Sucé. Il dut connaître les terribles souffrances des Pontons ; mais, contrairement
à ce que nous avons avancé, par erreur, dans notre
première édition, il n'y succomba point. Après sa
mise en liberté, il revint à Fay en l'an XI. De là il
se rendit dans le diocèse de Langres, où on le dit
en communion avec son évêque. Dans la même
année, en floréal, il est nommé curé de l'Ile-Saint-
Denis, près Paris, d'où il sollicite en vain une
pension de 700 francs. C'est là qu'il mourut, repen-
tant de ses erreurs.

Mais Sucé n'en avait point fini avec les intrus.
Martin eut deux successeurs qui ne firent cependant
que passer l'un après l'autre. Martin qui résida à

____

(1) Arch. dép. L, 781.

Sucé du 22 mai 91 au 18 avril 92, fit pendant cet espace de temps, à peine une année, 53 baptêmes, 63 sépultures et 10 mariages. Que sa trace reste effacée parmi nous et que Dieu ait son âme.

CHAPITRE V

*Mabille, second intrus. — Ses difficultés avec le
sacristain. — Il demande son salaire pour ses
voyages de Nantes à Sucé. — On s'oppose à
l'envoi de l'argenterie de l'église. — Ce qu'il
advint des prêtres de Sucé et de ceux qui s'y
étaient réfugiés.*

Dès le mois qui suivit le départ du premier
intrus, l'évêque constitutionnel, Minée, en envoya
un second, pris parmi ses vicaires épiscopaux,
appelé Urbain Mabille (autrefois des Granges). L'un
des premiers de Nantes, adhérant à la Constitution,
ce prêtre avait publié une brochure pour engager
ses confrères à jurer, étant alors maire-chapelain
de la cathédrale. Il ne venait à Sucé qu'à titre provisoire ; d'ailleurs n'y résidant point, il ne paraissait que le dimanche. Tandis que le dernier baptême que fit à Sucé Martin fut celui de l'enfant
Désirée Yvelin, le premier de Mabille fut celui de
la fille d'un autre patriote.

Retiré à Nantes, après son court ministère à
Sucé, il mourut sur la paroisse Saint-Léonard, le
6 brumaire an II.

Il n'eut à Sucé pas plus de sympathies que son
prédécesseur. Ce qui le montre, c'est que dès son
début il se voit presque complètement isolé à
l'église et sollicite un chantre-sacristain pour l'aider dans ses fonctions et lui servir la messe, sans

quoi, écrit-il, il ne peut continuer son ministère. Il propose Jouan, résidant dans le bourg.

Le Conseil du District fait justice à sa demande. Après divers considérants, on ajoute : « que les procédés inciviques de cette commune n'ont été que trop souvent manifestés contre les prêtres soumis à la loi constitutionnelle, notamment contre le sieur Martin, curé de Sucé, qui, pour sa tranquillité personnelle et le bien de la paix, a préféré quitter cette paroisse ; 2° que le sieur Mabille, dont le zèle mérite des éloges, ne se plaint aux Administrateurs contre le sacristain de Sucé que parce qu'il a donné plusieurs fois des preuves de sa négligence à remplir les obligations attachées à son état ; 3° que le sacristain ne peut exercer simultanément les fonctions municipales et religieuses ; 4° que cet individu manifeste évidemment de la mauvaise volonté lorsqu'il refuse à aider le célébrant, tant au chant qu'au service de la messe et aux cérémonies du baptême, pour se borner uniquement à sonner les cloches et à allumer les cierges.

« A ces causes le Directoire arrête : que le sacristain actuel sera renvoyé et qu'on pourvoira à son remplacement en faveur de celui présenté par le sieur Mabille ». (1).

Les choses n'allèrent pas mieux selon une seconde lettre de Mabille dans laquelle il écrit : « Il est indécent qu'un prêtre qui se donne tant de peine pour le service de cette église, soit obligé d'aller de maison en maison chercher et prier quelqu'un (ce qu'il a peine à trouver), pour le seconder dans les fonctions de son ministère ». (2).

---

(1) Arch. dép. L, 781.
(2) *Eodem.*

Plus tard encore, le 17 juillet, il expose son embarras au District : « Le jour de la Saint-Pierre et le dimanche suivant, le célébrant n'a pu commencer la messe faute de répondant. Il a fallu que, le premier jour, Marquer ait quitté le lutrin et, le second jour, Yvelin le chirurgien, pour servir la messe, tandis que le sacristain était oisif dans le sanctuaire. Qu'on donne donc un supplément de traitement, pris sur celui du vicaire qui manque, et Jouan accepterait la place si on la lui présentait ».

Cette lettre nous fait voir que Marquer et Yvelin, l'ex-notaire et le chirurgien de la localité, se faisaient les acolytes de l'intrus et que Jouan, tout patriote qu'il fût, ne marcherait pas sans argent. Celui-ci d'ailleurs n'aurait pas été agréé de la municipalité.

Mabille, comme Martin, à bout de patience, humilié de cet abandon dans lequel on le laissait, quitta donc son poste et ne reparut plus à Sucé. Il dut faire le service dominical pendant cinq mois seulement. Cependant on tardait à l'indemniser. Aussi demandat-il au District son traitement. Dans sa requête, il compte 29 déplacements : on lui accorde 8 livres pour chaque voyage, mais à condition qu'il produise un certificat de la municipalité faisant constater sa présence et sa régularité. Cette pièce est datée du 27 octobre 92. Or, d'après les registres de la ville de Nantes, il serait mort justement le même jour. Fatalité !

Il avait fait à Sucé 5 baptêmes, 10 sépultures et 1 mariage. Probablement toutes ces fonctions furent accomplies le dimanche puisqu'il n'a pas pris résidence à Sucé.

Remplaça Mabille, comme intérimaire d'abord, L.-

F. Coudroy, aussi lui vicaire épiscopal de Minée, mais seulement depuis le 17 juin. Né à Beaugency, il s'était fait religieux Génovéfain. On ne sait comment ni où il fit le serment, se trouvant le 27 mars 91 à Saint-André-des-Eaux. Il dut commencer son service à Sucé le dimanche qui suivit la mort de son confrère, le 14 octobre. Au mois suivant, le 19, le voilà officiellement élu curé de Sucé par 35 voix sur 39, à Nantes, mais il n'accepta pas sa nomination, tout en voulant bien continuer son service provisoire. Nous croyons cependant qu'il résida au presbytère. L'insurrection de mars le fit fuir précipitamment. Le misérable alla jusqu'à abdiquer son sacerdoce éternel et on l'employa dans les bureaux de l'Administration centrale. En l'an VII, sur une liste de prêtres jureurs, nous lisons son nom. Après cette dernière date plus de trace de lui.

De son ministère à Sucé nous n'avons pu recueillir que peu de renseignements et d'ailleurs il a été si court de durée. Nos archives cependant ont conservé un de ses rapports, envoyé au Département. En voici la teneur : « J'ai publié dimanche dernier votre lettre adressée aux officiers municipaux pour avoir l'argenterie de l'église. Je commence par vous dire que la Municipalité ne serait point en retard, si elle avait voulu suivre mon conseil. Lors de l'envoi du décret, j'invitais les paroissiens à obéir à la Loi et ils y étaient déjà tout disposés ; mais des personnes mal intentionnées et malheureusement trop puissantes ici se plaisent sans cesse à souffler un vent contraire à nos désirs. Au bas de votre lettre était un avertissement, signé L. Vacher, qui invitait tous les paroissiens à s'assembler à l'issue de la messe pour délibérer à ce sujet ».

Il engage, lui Mabille, les récalcitrants à se soumettre, mais n'a pu que laisser faire la Municipalité qui s'est opposée à tout envoi des objets matériels du culte.

Tous ces documents que nous venons de citer nous montrent que la commune de Sucé n'a eu avec les intrus que des rapports forcés et que ceux-ci n'ont trouvé pour adhérents que deux ou trois personnages étrangers à la localité.

D'ailleurs c'en est fait de l'intrusion. La République ne veut plus d'aucune religion et elle a cessé de salarier tout ministre. Le culte constitutionnel est fini et nous arrivons à la Terreur.

La Révolution avance et devient de plus en plus impie : les prêtres fidèles sont traqués dans les campagnes, rassemblés à Nantes, puis enfermés dans la communauté de Saint-Clément et de là au Château et enfin dans le monastère des Carmélites, pendant que ceux qui sont encore jeunes et valides sont déportés. Les religieux et les religieuses ont quitté forcément leurs maisons. Un nouveau serment est exigé de tout fonctionnaire public et même de toute personne de religion. La Convention a succédé à la Législative, 21 septembre 92 ; cette assemblée a voté la mort du Roi, guillotiné le 21 janvier 93 ; elle va organiser les noyades et les fusillades en masse : ce sera ce régime sanglant qu'on a appelé la Terreur.

Pendant les derniers mois de 92, des événements graves s'étaient déjà accomplis pour certains prêtres qui étaient restés fidèles à leur honneur et à leur sacerdoce, en particulier pour ceux que Sucé avait estimés et aimés, qu'on avait recueillis et conservés aussi longtemps que cela put se faire. Les voilà devenus des victimes, immolées par la Révolution satanique qui sans pitié a jeté hors de nos frontières, ou massacré ou noyé les meilleurs et les plus pacifiques de France. Il faut que nous revenions sur ce qui s'est passé en ces derniers mois de 1792.

Nous devons raconter ici ce qu'il advint de nos prêtres en commençant par ceux de la paroisse, MM. Lelou et Bucaille.

Le vénéré recteur de Sucé qui vivait chez sa sœur, la veuve Thébaud, près Miséricorde, à Nantes, avec son frère, le recteur de Chantenay, avait d'abord répondu aux appels journaliers pour obéir aux arrêtés, puis s'était caché ; peut-être aussi avait-il fait plusieurs apparitions dans sa chère paroisse. Le 3 mai, on lui accorda son traitement, mais depuis il n'avait point été payé. « Pourtant, écrit-il, il a quitté Sucé le 19 mai, aussitôt la nomination de son successeur et suivant les ordres du District datés de la veille ».

Il prit bientôt un passe-port pour l'Espagne, en même temps que son frère, le 15 septembre. Sur cette pièce on le dit âgé de 60 ans, d'une taille de 5 pieds, cheveux et sourcils noirs, yeux de même, visage rond, bouche ordinaire. Il s'embarquait trois jours après sur le navire *Notre-Dame de Pitié*, avec son frère et son vicaire, M. Bucaille. Tous trois prirent d'abord résidence à Bilbao, puis à Vittoria. Un certificat du 15 fév. 96 établit qu'ils s'étaient rapprochés de la mer, à Allarez, près Orens, sans doute pour rentrer en France au premier signal. Sur cette terre étrangère que de privations et de souffrances ! MM. Lelou avaient de la fortune, c'est vrai ; mais leurs biens, contre toute justice, avaient été confis-

qués et vendus malgré les protestations de leur
sœur et même la décision du Département qui avait
reconnu, non leur émigration, mais leur déportation.

M. Vacher, obligé de quitter ses parents et de
résider à Nantes, comme les autres, prit un passeport
le 12 septembre et s'embarqua sur le même bateau.

M. Vaugiraud fut le compagnon d'exil de ces
messieurs ; mais, une fois rendu en Espagne, il alla
habiter Santander.

Pour les deux bénédictins de la Turballière, leur
sort fut tout différent, étant classés parmi les plus
âgés. Des Carmélites où ils étaient détenus avec 88
autres, ils devinrent victimes de la noyade perpé-
trée par les ordres de Carrier dans la nuit du 16 au
17 novembre 93. Pendant leur séjour forcé à Nantes,
ils avaient demeuré rue du Chapeau-Rouge, n° 4,
jusqu'à leur incarcération. Le P. de la Passaig avait
été, avant la Révolution, élu député du Clergé, le 2
avril 89. Nous ne connaissons pas son origine. Quant
au P. Le Cerf, il était natif du district de Mortain et
avait 64 ans lors de son arrestation.

Il nous reste à parler du plus intéressant et de
plus glorieux pour Sucé, de M. Auguste-Henry Luzeau
de la Mulonnière : il fut la première victime et
mourut pour la foi. Il lui fallut, on s'en souvient,
s'arracher aux bras de ses bien aimés parents qu'il
laissait à Chavagne, exposés aux plus grands dangers.
D'abord il séjourna à Nantes et se présenta comme
ses confrères aux appels quotidiens. Mais bientôt il
médite et prépare son départ pour Paris, dans le but
de se joindre à ses anciens maîtres de Saint-Sulpice.
Personne ne peut l'arrêter et pourtant il va à la

mort, pas même une parente qu'il avait à Paris et
qui lui offre une cachette. Il se retire à la Solitude
d'Issy, maison de campagne et noviciat des Sulpiciens.
C'est là que le jour même de l'Assomption il est saisi
et arrêté avec plusieurs de ses compagnons. Conduit
devant la section du Luxembourg, il subit un interrogatoire et il est aussitôt interné au couvent des
Carmes, attendant la palme du martyre que Dieu lui
réserve. Il était monté à l'autel ce matin-là pour la
dernière fois. En tenant entre ses mains consacrées
la divine victime, il avait fait généreusement son
sacrifice et s'était voué, comme humble victime lui-
même, pour le salut de la grande patrie, la France,
et de ce petit coin de terre natale, la paroisse de
Sucé.

Dans cette mémorable journée du 2 septembre 1792,
on le compte parmi les 116 prêtres massacrés pour
refus du serment à la Constitution civile du Clergé.
Leur cause de béatification vient d'être introduite à
la Cour romaine. Puisse venir bientôt le jour où il
nous sera permis de rendre un culte à ces nobles et
généreux martyrs de la Foi !

Le corps de M. Luzeau de la Mulonnière fut
enterré au cimetière de Vaugirard, selon le témoignage du greffier de la Justice de Paix, Daubanel.
De ce qui reste de lui, plus rien que la chambre où
fut son berceau, dans l'aile du midi du château ;
que la chapelle où il célébra tant de fois, mais qui
jusqu'à présent n'a pas été restaurée et rétablie ; que
la pierre sacrée qui lui servit à la messe, précieu-
semen tconservée ; puis une chemise qui a été ren-
fermée dans un écrin et gardée avec un soin pieux
par son frère et ses neveux ; peut-être aussi les
boucles de sa chaussure. Mais son nom illustre et

vénéré restera dans nos annales sucéennes et sera plus glorieux pour la maison de Chavagne que celui du célèbre philosophe qui l'habita au XVII⁰ siècle (1).

---

(1) Lire *Les Martyrs de septembre 1792*, par l'auteur.

CHAPITRE VI

Nous touchons, dans notre récit, à la date sanglante de 1793 qui demeurera comme une tache
indélébile aux pages de notre histoire nationale.
Nantes et la Vendée ont été des régions les plus
éprouvées de France pendant ces mois de terreur.

Sucé a fourni des victimes à la Révolution : on
a vu parcourant nos campagnes, un sabre au côté
et une torche incendiaire à la main, recherchant
une proie pour la prison ou pour la guillotine, maltraitant ceux qui s'opposaient à ses déprédations,
brûlant fermes et châteaux, arrachant de leur maison des familles entières, vivant de rapines et de
réquisitions arbitraires, on a vu, disons-nous,
Pinard, un des plus actifs pourvoyeurs de la mort.
Ce monstre, valet sanguinaire de Carrier, a vraiment terrorisé notre pays.

Documents en mains, nous nous proposons de
raconter ce qui s'est passé chez nous en ces temps
de lugubre souvenir. La Terreur ne commença que
le 31 mai 93 et se prolongea jusqu'au 27 juillet de
l'année suivante, et elle sévit à Nantes surtout pendant le séjour de Carrier, 8 octobre 93 au 14
février 94.

Avant de faire le récit des forfaits et des crimes pour ce qui regarde Sucé, nous avons d'abord à rappeler la lutte des partis qui se disputent le pouvoir dans notre bourgade et, en second lieu, l'agitation que provoque la levée de 300.000 hommes pour être incorporés dans les armées de la République.

M. Vacher et les officiers municipaux restaient grandement menacés. Pourtant, pour éviter le retour d'une Administration vendue à la Révolution, ils avaient cru bon de donner des gages de leur civisme en faisant le serment d'Egalité et de Liberté, qui pouvait se prêter, et en permettant la plantation de l'arbre républicain sur le port, au bas de la rue du nom et même en empruntant le ministère de l'intrus Coudroy pour cette cérémonie plus ou moins grotesque. On alla processionnellement de l'église à l'emplacement choisi, bannière au vent et au chant de l'hymne des Marseillais, vers 5 heures du soir, à l'issue des vêpres.

C'est ce même jour qu'on délégua les deux officiers municipaux pour la tenue des registres de l'Etat-civil, dont les prêtres venaient d'être dépossédés par le décret du 20 septembre 92. Julien Ploteau, par 12 suffrages, et Mathurin Mathellier, par 7 sur 13, furent élus. « Ploteau aura la partie d'Outre-Erdre et partie des Rohan et des marais vers midy depuis les Herces par le chemin qui conduit en ligne droite à Saint-Michel et de là au lieu de Perdrier ; Mathellier aura le reste » (1).

____

(1) Arch. dép. Série L. — Ces deux braves étaient certainement incapables de la rédaction, mais ils pouvaient signer.

Cependant les partisans de la Révolution ont une chose à cœur, c'est la destitution de la municipalité Vacher. A tout prix il fallait se défaire de ces gens de bien et d'ordre qu'on disait « ennemis de la Constitution et des nouveaux principes ». Aussi on va le tenter : cela obtenu, tout ira suivant leurs projets.

Comme l'on craignait des troubles à l'occasion des prochaines élections, on demanda au District deux gendarmes pour maintenir la tranquillité. Renou, un membre de cette administration, dut se transporter sur les lieux. L'opération avait été fixée au 10 février. Le jour venu on s'assemble en nombre aux abords de la chapelle Saint-Michel : les électeurs sont là, au grand complet, mais animés de sentiments hostiles les uns contre les autres. En entendant leurs propos, en voyant leurs gestes de défi, rien de bon ne peut arriver. La surexcitation parait même à son comble. Devant cette foule tumultueuse, Renou est obligé de se retirer : c'est là que voulaient en venir les citoyens patriotes. Le champ restant libre, ils pourront agir à leur guise et arriver à leurs fins.

D'autorité privée ils constituent le bureau provisoire avec 121 votants. Ce premier choix fait, on procède immédiatement à la composition du bureau de scrutin. L'intrus Coudroy qui est là figure parmi les scrutateurs. Voilà l'œuvre du premier jour. Le lendemain, dès 7 heures, 136 électeurs se présentent. Yvelin, l'antagoniste de l'ancien maire, se fait proclamer à sa place ; Guillaume Marquer devient procureur ; Michel Rivron, J. Rincé, François Bonraisin, J. Niel et J. Savary, officiers municipaux ; M. Lelou, G. Hubert, Ch. Richard, G. Barbotin, P. Guillet, Th. Violain, J. Benâteau, L. Bonraisin, Fr. Cottineau, P. Chevalier, M. Libeau et J. Launeau, notables de la commune.

Ces élections étant illégales, le commissaire Renou, resté à Sucé, dispersa l'assemblée triomphante, fit son rapport et regagna Nantes. Dans ces dramatiques circonstances, M. Vacher faillit être écharpé par une bande de forcenés : sans les gendarmes, on l'eût massacré.

Le dimanche suivant, Yvelin et les consorts se firent pompeusement installer dans leurs fonctions municipales, sous la garde de cinq gendarmes qu'ils avaient fait venir de Nort et en présence de trois ou quatre personnes. Ensuite le cortège, paré de l'écharpe tricolore, se rendit à la maison commune ; mais, la trouvant fermée, ils députent quelques-uns d'entre eux à la Hautière pour exiger de M. Vacher les clefs et les archives de la Mairie. Celui-ci s'en décharge sur son secrétaire, Léon Marquer, le cousin du procureur nommé, et en désaccord pour le moment. L'intrus, avec croix et bannière, accompagne le cortège municipal. A peine sont-ils entrés qu'ils lacèrent le tableau des maires et dressent le procès-verbal de leur installation. Le citoyen Yvelin de Rochefort, devant la demeure duquel se passe cette scène, avait suspendu à une de ses fenêtres une couronne de lauriers, la couronne de la victoire (1).

On n'en resta pas là. Il fallut que la religion constitutionnelle vînt mettre le sceau à l'usurpation. « La Municipalité, dit le procès-verbal, suivie des amateurs des lois nouvelles, s'est rendue à l'église pour entendre les vêpres, à l'issue desquelles le citoyen curé a entonné le *Te Deum*. De là elle s'est transportée

------

(1) Nous ignorons quelle maison avait été affectée à la municipalité et également où demeurait le médecin-maire.

sur le port, près de l'arbre de la Liberté, alluma un
feu de joie, et le procureur de la commune a commencé l'hymne marseillais avec toute la pompe
possible. La fête s'est achevée par les cris de *Vive
la Liberté, l'Egalité, la Loi, les Représentants du
Peuple et les Patriotes !* »

Le lendemain de cette manifestation, M. Vacher
donne connaissance au District de ce qui s'est passé,
ou du moins confirme le rapport du délégué Renou.
« Le citoyen Yvelin s'est fait installer hier ; toute la
gendarmerie de Nort l'escortait pompeusement ». —
25 février 93 (1).

Or, le 5 mars, le Département annule les élections
d'Yvelin et consorts, arrête pour le 17 un nouveau
scrutin ; mais, en même temps, déclare inéligible le
sieur Vacher, comme chef d'une faction. Le citoyen
Pénot est chargé de préparer les nouvelles élections
et enfin le prétendu maire est suspendu de ses fonctions. Le lendemain, notification est faite à Fr. Bonraisin, officier municipal (2).

L'insurrection qui allait éclater arrêta tout subitement : le scrutin ne put être ouvert. M. Vacher restait
donc maire ; mais, étant déclaré inéligible, il s'empressa de donner sa démission, et F. Bonraisin, tout
illettré qu'il fût, occupa la place comme maire provisoire, et, dans la suite, quand les troubles eurent cessé,
si Yvelin fut jamais élu régulièrement, il dut bientôt
se retirer devant Bonraisin qui devint, d'après la Constitution de l'an III, ce qu'on appelait alors Agent
national de la commune, c'est-à-dire le représentant
officiel du Gouvernement dans la localité, mandat

----

(1) Arch. dép. L, 1112, *Correspondance des Communes.*
(2) Arch. dép. L, 1060.

qu'il conserva pendant toute la Révolution proprement dite.

On a constaté que Chambert se tient coit ; mais cependant il est toujours à Sucé, retiré en son hôtel et regardant les événements du haut de son balcon : ou il boude, ou il est dégoûté.

D'ailleurs en ce mois de mars 93, les Autorités ont perdu la tête : c'est la confusion, l'anarchie, la panique et la déroute.

Nous sommes en effet à la veille du grand mouvement vendéen, de ce mouvement tout spontané des catholiques contre les persécuteurs de la religion et des vrais français contre les démolisseurs de nos institutions nationales. L'histoire est obligée de reconnaitre qu'on s'est soulevé pour Dieu méconnu et blasphémé, pour la paix et la sécurité de ses foyers, *pro aris et focis*. Le prétexte fut cet enrôlement de 300 mille hommes pour combattre aux frontières les troupes des nations coalisées qui voulaient rétablir la royauté abolie.

L'insurrection fut surtout l'œuvre angevine qui bientôt agita le Bocage vendéen, et après, la contrée clissonnaise, les rives de la Loire et le nord du Poitou. Sucé, quoique bien près des paroisses qui prirent leur part dans ce soulèvement, y fut presque étranger et son rôle fut bien plus effacé que celui joué par les paroisses de Saint-Mars et de Carquefou.

Pour procéder au recrutement, il fallait d'abord recenser les jeunes hommes propres au service militaire : c'était une opération préalable et nécessaire. Elle dut se faire à Sucé le 10 février, d'après le procès-verbal, pourtant ce jour-là il y avait élection. Le commissaire Orieux en était chargé : il arriva à Sucé par la rivière — c'était la voie ordinaire et la plus facile. Le rapport de ce commissaire et le jugement du tribunal criminel du 10 mars nous font connaître les différentes scènes de ce drame, car ce fut bien un drame qui aurait pu se dénouer par des morts d'hommes. En lisant attentivement ces documents, on voit que les élections avaient été remises au 17, le dimanche suivant ; mais, le 10, Yvelin et les autres s'étaient fait élire par surprise et malgré le commissaire Renou. Il y a d'ailleurs des détails qui prêtent à la confusion.

Ouvrons le rapport d'Orieux. Il arrive à 2 heures de l'après-midi, se présente à la mairie qui est fermée, puis chez le citoyen Yvelin, revient à la mairie restant fermée ; on lui dit alors que la clef est chez Moquart où se trouvent réunis les municipaux. A peine a-t-on appris l'objet de son mandat que l'on s'oppose fermement à toute opération. A ce moment il demande à parler au maire : celui-ci aurait donné sa démission. De nouveau il se présente chez Yvelin et avec ce dernier chez l'aubergiste qu'on appelle « un coquin et un f... patriote ». « Je suis obligé de regagner Nantes, ajoute le rapporteur ; autrement ils allaient me couper le coup (*sic*) ». Il dénonce particulièrement un ci-devant abbé Niel, de la Motte-Suzière, qui lui avait dit : Les paysans ne veulent pas servir la République qui a tué le roi, volé la noblesse et le clergé. Voyant donc qu'il n'a rien à faire, il descend vers la rivière pour s'embarquer et on le menace de le jeter à l'eau. Avec l'ex-abbé Niel il signale aussi un nommé Moriceau, meunier, les deux frères Chesneau, boulanger et marchand au bourg. C'est d'eux qu'il a appris qu'il n'y a plus de municipalité, vu que M. Vacher a donné sa démis-

sion. A la fin de son rapport il dit avoir appris qu'il
« y a cinq prêtres réfractaires sur la commune, chez
les nommés Carheil, Vacher, Mulonnière, Goyon, Garreau et à la Papinière ; qu'il se tient des réunions
chez Vacher et que les nouvelles élections doivent
avoir lieu dimanche prochain » (1).

Quels étaient ces cinq prêtres ? Il s'agit sans doute
de prêtres cachés et en particulier de M. Garreau,
retiré chez son frère à Logné.

Le même jour, à la Chapelle-sur-Erdre, le commissaire du Gouvernement n'avait pas eu plus de
succès. Les jeunes gens, qui menacent de le tuer,
déclarent qu'ils ne tireront pas au sort. A Carquefou c'est de même ; à Saint-Mars, on égorge le
commissaire Delorme.

Tout faisait prévoir des désordres pour le mois
suivant.

La journée du 12 mars fut en effet inquiétante.
Des rapports nous le font constater. D'abord celui
de Jahan : il écrit que l'attroupement grandit sensiblement le lendemain, le tocsin ayant sonné depuis
10 heures jusqu'au soleil couché et qu'il crut qu'on
était en état de guerre, « car les paysans étaient
bien montés en fusils, brocs et faulx retournées »,
qu'il reconnut au nombre des chefs de la révolte
Laurent Vacher fils, Baptiste Chesneau, boulanger,
Auguste Chesneau, boucher, Jacques Chesneau, ma-
rinier et l'autre frère Pierre, Julien Gravaud, de la
Benâtière et son frère. Un autre déposant, Jean
Niel, revient sur la fameuse journée du 10 février
et raconte la conduite de Grenoble que l'on fit au
commissaire du recrutement ; il dénonce les mêmes
que ci-dessus en ajoutant les noms de Jean Boutin,

____

(1) Arch. dép. L, 285 et 1112.

tailleur, François et Alexandre Renou, maçons, Louis Jahan, de Jaille et qu'en tout ils étaient bien 200 hommes armés. Un troisième témoin cite en plus : Jean Ménard, père et fils, sabotiers, Fr. Piraud, du Millaud, Julien Launay, de la Haie, et Boutard, tailleur au bourg.

Peut-être ces insurgés sucéens portaient-ils aux pieds des chaussures nationales que le Gouvernement avait attribuées à 12 habitants le 2 mars précédent. Voyez, la chaussure nationale était inventée dès ce temps-là, mais on la donnait gratuitement (1).

(1) Arch. dép. L, 1051.

Cependant, pour rester dans les limites de la vérité, avouons que le mouvement fut assez restreint et que beaucoup de rebelles se virent forcés de marcher par ceux de la Chapelle, de Carquefou et de Saint-Mars.

Nous avons eu la bonne fortune de mettre la main sur une lettre de M. Vacher, écrite par la plume de M. Rolland et adressée au Département en date du 20 mars, qui jette un certain jour sur ces faits.

Le 10 serait passée à Sucé une troupe nombreuse de la Chapelle et de Saint-Donatien, armée de fusils, hallebardes, fourches, crocs, faulx, pour se rendre à Saint-Mars et Doulon, menaçant les habitants de Sucé s'ils ne voulaient pas les suivre. En même temps les villages furent assaillis et pillés par des hordes venant de Saint-Mars et de Carquefou.

« Les habitants ont sauvé leur prêtre (l'intrus Coudroy), mais n'ont pas voulu marcher sur Nort. Le lendemain, les rebelles de Carquefou les ont entraînés malgré eux ; à Viver ils ont rebroussé chemin. Les citoyens Vacher, Marquer et Guillet les ont calmés. Ceux de Carquefou les entraînèrent jusqu'à Portrict, mais de là encore ils regagnèrent leurs foyers ».

Ce rapport caractéristique est signé de : P. Chesnet, P. Guillet, Léon Marquer, Guillaume Marquer, Bapt. Chesneau et M. Rolland (1). Ces signataires sont de différents partis.

Guillaume Marquer aurait failli être tué. Un habitant de Sucé a été massacré au Pont-du-Cens.

L'enquête qui se fit après les événements ne donne guère plus de renseignements et surtout de précision. Nous pouvons cependant citer une partie de la déposition de Léon Marquer. On constatera qu'il atténue un peu les faits.

« La paroisse de Sucé a été assez calme pendant les secousses terribles qui viennent d'ébranler le Département.

« La première agitation fut occasionnée par une troupe de *brigands* de la Chapelle et Saint-Donatien, qui passèrent armés dans notre bourg, pour se rendre à Saint-Mars et Doulon, menaçant nos habitants s'ils ne voulaient pas les suivre. En même temps les autres parties de la paroisse se virent assaillies par des cohortes venant de Saint-Mars, Casson et Héric. Les premiers rétrogradèrent et revinrent à Sucé avec les chouans de Carquefou qui firent d'autorité et malgré nous sonner le tocsin et se répandirent dans les villages, forçant les habitants à prendre les armes.

« Dans cette circonstance, les habitants du bourg firent sauver leur prêtre et se jurèrent union et amitié, en refusant de se rendre à Nort le soir de ce jour.

« Ceux de Carquefou revinrent en plus grand

---

(1) Arch. dép. L, 1112, *Insurrection de Mars.*

nombre, le lendemain matin, et Sucé fut forcé à
main armée de se porter à Nort sans pouvoir diffé-
rer davantage. Leur lenteur à marcher fit que l'as-
saut fut donné avant qu'ils fussent arrivés, à l'exception de quelques-uns qui marchaient en tête.

« La troupe de Sucé arrivée à Viver rétrograda,
fut la première à prendre la fuite et mit tout le
monde en déroute. Le peuple, rentré dans ses
foyers, forma une garde nombreuse dans le bourg.
Elle parvint pendant quelques jours à éloigner les
différentes cohortes des paroisses voisines et à rester en paix. On fut le vendredi assailli de toute
part ; c'est pourquoi on donna avertissement de se
réunir dans le bourg » (1).

Quoi qu'en dise notre rapporteur, les chouans de
Sucé eurent leur part de succès dans la bataille de
Nort, où 4.000 vendéens s'étaient massés et où le
commandant Meuris trouva la mort à la suite des
blessures qu'il reçut au Pont-Saint-Georges.

Pour contribuer à l'attaque de Nantes par le Pont-
du-Cens, les Sucéens furent requis de transporter
des vivres. G. Marquer, étant de corvée malgré lui,
assure que ceux qui avaient été entraînés par les
Chouans de Carquefou ne poussèrent pas plus loin
que Portrict. Le pauvre homme courut un grand
danger ce jour-là, affirme-t-il, lui-même, et nous
le croyons.

Au mois suivant, le 13 avril, son cousin Léon
promet aux citoyens administrateurs qu'il désarmera
les habitants de Sucé et fera transporter les armes
à Nantes. Dans la même lettre, il raconte que le
citoyen, F. Cottineau, avait été obligé de remplacer

____

(1) Arch. dép. L, 350. Léon Marquer avait été le
secrétaire de la mairie Vacher.

le bonnet de la Liberté, placé au sommet de l'arbre, par le drapeau blanc.

Nous reviendrons sur cette scène d'un caractère un peu comique, quand nous rappellerons les fêtes républicaines du Directoire, quoique sa place selon l'ordre chronologique serait ici.

Tout ce que nous venons de raconter ne fut qu'un feu de paille à Sucé ; mais, en Vendée, la résistance devint une véritable guerre qui mit la République à deux doigts de sa perte et l'eut même vaincue, si, dans l'armée royale et catholique, il y avait eu plus d'unité de commandement et moins de rivalités parmi les chefs.

Vers la fin d'avril, on put enfin recruter quelques conscrits de Sucé. Sur 51 recensés, 23 absents sont comptés et l'on croit qu'il y en a 20 qui ne se sont pas fait enrôler ; 10 sont déjà partis à Craon et 12 n'ont pas l'âge requis. Toutes les démarches auprès des parents des déserteurs ont été vaines.

CHAPITRE VII

*Le Comité de salut public et de surveillance. —
Pinard à Launay, à La Hautière et à La Mulonnière. — M. Vacher guillotiné. — MM. et Mmes de
Carheil et M. Luzeau de La Mulonnière, morts en
prison. — Les prêtres cachés à Sucé ; leur ministère. — Proclamation du commissaire du Gouvernement.*

La Convention venait d'établir des tribunaux cri-
minels pour juger les conspirateurs et les contre-
révolutionnaires — décret du 9-20 mars ; le 6 avril,
elle instituait les Comités de salut public et de
surveillance ; soumettait tous les prêtres insermentés
au-dessous de 60 ans à la déportation et emprisonnait les plus âgés pour les faire mourir — 23-24
avril ; enfin, le 2 juin, elle donnait l'ordre d'arrêter
tous ceux qu'on appelait *suspects*. Cette dernière
mesure, souverainement barbare et injuste, allait
remplir les prisons et fournir des proies à la guillotine, montée sur la place du Bouffay, à Nantes.
La loi du 17 septembre donnait aux Comités de
salut public les pouvoirs les plus étendus, de telle
sorte qu'on pouvait dire que les membres qui en
faisaient partie avaient droit de vie et de mort sur
leurs concitoyens, même les plus innocents. Ces
Comités devaient être formés partout et dans chaque
commune ; les membres touchaient un salaire de
3 livres par jour. Fouché, le premier, avait créé celui

de Nantes, dès la fin de mars, pour donner l'exemple aux municipalités du Département.

De plus il y avait au chef-lieu deux Compagnies formées par Carrier, dès son arrivée : l'une, appelée de Brutus, qui tenait ses séances dans le réfectoire de l'ancien Séminaire ; puis celle, dite des Marats, encore plus féroce. Parmi tous ces scélérats qu'on pouvait nommer les Compagnons de la mort, il en est un dont le souvenir est chez nous resté plus sinistre, Pinard. Né à Saint-Etienne-du-Bois (Vendée), marié à une femme de Petit-Mars, fabricant de savon, parfaitement illettré, il n'était âgé que de 25 ans, quand il commença son infâme métier. Il avait sous ses ordres des hussards américains, des noirs : c'est avec eux qu'il épouvanta nos campagnes par les tueries, les déprédations, les incendies et le viol, particulièrement à Saint-Mars, Sucé, Carquefou et dans la banlieue de la ville, Saint-Donatien et Saint-Similien.

Le comité sucéen se forma donc comme ailleurs. Nous connaissons les membres qui le composaient en avril 94. On peut juger de leurs dispositions par ces lignes écrites par l'un d'eux et adressée au District : « Vous nous verrez marcher en masse contre ces infâmes sellera (*sic*) qui infectent l'air pur de la République » (1).

C'est donc par ces bandits que notre malheureuse paroisse va connaître la Terreur. Pourtant ils seront, eux-mêmes, tellement effrayés des excès de Pinard qu'enfin ils se croiront obligés de le dénoncer.

En octobre 93, Pinard apparait à Launay. Une première fois, il se contente de marquer les chevaux

---

(1) Arch. dép. L, 1106, *Correspondance des Communes.* C'est l'agent-national, F. Bonraisin, qui écrit cela.

de M. de Carheil pour la réquisition ; le 22 il revient pour piller la maison et enfin, dans la nuit suivante, frappant aux portes avec violence, il s'introduit et déclare que, si on ne lui verse pas immédiatement 800 livres, il met le feu au château. Puis il arrête le père, la mère, les quatre filles, la tante de celles-ci et deux domestiques ; toute la famille est conduite à Nantes sous bonne escorte (2). En plus de la somme exigée, il s'était fait donner 4.000 livres en assignats, 21 louis d'or et 150 livres d'argent, et l'on met le feu au château. Les hussards conduisent M. de Carheil aux Saintes-Claires, la prison des hommes, et les femmes sont enfermées au Bon-Pasteur. M. de Carheil devait mourir au Sanitat où il avait été transféré dans la suite, 13 janvier 94 ; la dame devait avoir le même sort, 10 germinal an II (1).

Pinard avait reçu l'ordre du Comité révolutionnaire « de saisir des vaches, du froment et tous les autres effets appartenant à la famille de Goyon » qui avait quitté sa maison de la Barbinière (2).

Le mois suivant, par ordre du même Comité, 25 novembre, la Hautière se vide de ses habitants : on

---

(2) Les femmes montent dans une charrette ; M. de Carheil, presque impotent, est condamné à suivre à pied.

(1) Arch. dép. L, 1338. L'une des sœurs de Mme de Carheil, la supérieure des Ursulines d'Ancenis, mourut également au Bon-Pasteur, 22 messidor an II. Les quatre demoiselles étant religieuses furent élargies le 2 frimaire an III. L'une de celles-ci, carmélite des Couëts, mourut en l'an XI ; une autre se fit institutrice à Sucé. Les survivantes de cette maison durent comparaître au cours du jugement de Carrier. On a dit que la femme de Pinard habita quelque temps Launay, la maison et les terres ayant été mises à la disposition de Pinard.

(2) Là, Pinard menaça la femme Rincé de la tuer, si elle ne se rendait pas à ses exigences.

se saisit de M. et de Mme Vacher et de deux de leurs serviteurs ; le fils, Laurent, n'y était plus. M. Vacher est incarcéré aux Saintes-Claires et sa femme, au Bouffay. Deux hommes du bourg sont arrêtés en même temps, Dominique Bellanger et Jean Chesneau, le boulanger.

Quelques jours après c'était le tour de ce jeune étudiant de la Motte-Suzière qu'on appelait l'ex-abbé Niel (1).

Pendant ces derniers mois de 93, les maîtres du jour réquisitionnaient durement. Plus d'affaires, plus d'aisance dans les familles ; les terres restent en friche ; on fouille les greniers et les caves ; Bonraisin découvre des fraudes, dit-il, dans les celliers de la Hautière et du Pin.

Le château de Chavagne avait été abandonné par ses maîtres dès la fin de l'année 1792 : là ils ne se croyaient plus en sûreté et étaient allés se cacher dans leur maison de la Mulonnière, située sur les limites de la Chapelle-sur-Erdre et au bord du ruisseau de la Verrière. C'est là que, le 7 janvier 94, ils furent découverts et arrêtés par Pinard et sa bande. On les surprit dans les roseaux de la boire, au bas du village de la Géraudière, village où ils comptaient des amis dévoués dans la famille Alliot. M. et Mme Luzeau et leur fille, Madeleine, ainsi que les Hervé de la Bauche, habitant leur manoir de l'Hôpitaux, tous furent conduits à Nantes, en la prison du Bouffay, regardée en ce temps-là comme le vestibule de la mort. Ils comparaissent devant la Commission Bignon, le 13 février. Des témoins de Sucé et de la Chapelle viennent déposer pour ou

____

(1) Arch. dép. L, 1332.

contre les prévenus. De Sucé quelqu'un a eu le courage de proclamer, en plein tribunal, la charité de la famille Luzeau, qui a toujours été appréciée comme la grande bienfaitrice de la paroisse. Mais d'autres témoignages sont accablants pour eux devant de tels juges. Cependant ils ne sont condamnés qu'à la déportation et échappent ainsi à la guillotine. M. de la Mulonnière (1) mourut d'épuisement, de fatigues et d'émotions au Bouffay, le 6 avril suivant ; Madame qui, vu son état de santé, avait été transférée à l'hôpital de la Cordialité (ancienne maison de Saint-Charles) était même morte avant son mari, le 18 mars. Quant à Mlle Madeleine, enfermée avec sa mère à la Cordialité, elle put s'évader sous un déguisement et par les services d'une personne dévouée dont le nom est resté inconnu. Elle se cacha et survécut à la Révolution. Aigrie contre cet infâme régime qui lui avait pris ses parents, massacré un de ses frères, fusillé deux autres et l'avait fait tant souffrir elle-même, qu'elle ne put jamais se rallier au Concordat de 1802 et finit ses jours dans son obstination, à la Mulonnière, 1827.

Deux sœurs de M. de la Mulonnière, étant reli-

-----

(1) Parmi ses frères, Hippolythe succomba à l'armée de Condé ; Amable fut fusillé à Liège pour avoir tenté de rentrer avant la pacification ; Louis-Morice fut exécuté à Nantes par sentence du tribunal militaire, 10 fév. 94 ; Henry-Auguste, le prêtre, comme nous l'avons mentionné, avait été massacré aux Carmes ; Charles, rentré au pays après la guerre, mourut à Nantes en 1840 ; le plus jeune, Claude-Prudent, revint à Chavagne dès 1797. Son nom reparaîtra plus d'une fois dans les pages qui suivront. Il épousa cette année-là Modeste de Soussay, à Saint-Herblain, dont il devait avoir cinq enfants : Alphonse, Anne, Charles, Caroline et Alfred.

gieuses, disparurent pendant la tourmente révolutionnaire, Gabrielle de Saint-Ambroise, bénédictine de Clisson, et Anne, ursuline d'Ancenis : elles sont aussi des victimes de la persécution.

M. Vacher, prisonnier aux Saintes-Claires, est condamné à mort le 22 frimaire an II — 12 décembre 94. Plusieurs témoins de Sucé déposent contre lui, entre autres F. Morisson, charpentier au bourg, le même qui avait déjà chargé la famille de la Mulonnière. Le jugement est ainsi motivé : « Le tribunal déclare que Laurent Levacher (*sic*) étant maire de la commune de Sucé, a fait dire des messes en cachette dans sa maison, auxquelles il invitait ses métayers ; qu'au commencement de l'insurrection des campagnes les brigands allaient prendre ses conseils et qu'il leur distribuait des proclamations propres à les entretenir dans leur erreur ; que lors des élections il intriguait pour faire nommer aux places les aristocrates ; qu'il disait habituellement que les patriotes étaient de foutus gueux et d'avoir menacé quelqu'un des patriotes : l'a déclaré atteint et convaincu de ces faits, en conséquence d'être chef et instigateur d'émeutes contre-révolutionnaires, le condamne à la peine de mort ; a déclaré ses biens acquis et confisqués au profit de la Nation... ; lequel jugement sera exécuté dans les 24 heures de ce jour » (1).

Sur le registre d'écrou du Bouffay, à la date du 22 frimaire an II — 22 novembre 93, on lit : « Le nommé *Le Vacher*, transféré des Saintes-Claires au Bouffay, mort ce dit jour ».

Ainsi cet homme de bien qui avait tout fait à

----

(1) 12 décembre 1793-29 brumaire an II : sentence du tribunal révolutionnaire.

Sucé pour enrayer les progrès de la Révolution et maintenir l'ordre, tombe sous le couteau de la guillotine, comme s'il eut été un grand criminel. Faisons-le remarquer : il est le seul parmi les principaux propriétaires de Sucé qui se soit jeté dans la mêlée ; tous les autres et en particulier les anciens seigneurs se sont tenus à l'écart, et pourtant, eux aussi, ont été des victimes (1).

Les maisons de Nay et de Procé étaient désertes. Le de Soussay de la Maillère, les de Goyon de la Barbinière avaient quitté le pays, ainsi que les Moriceau de Logné. M. Prudhomme de Langle, resté au Bois-Mêlet, ne paraît nullement dans les affaires publiques. MM. Thomas, de la Turballière et Alexandre, de Jaille, s'effacent aussi.

Pendant ces mois de terreur, chacun tremblait pour sa vie : la délation sournoise menaçait tout le monde, amis et ennemis. On se terre chez soi, ou bien, pour sauver ses jours et ses biens, on dissimule ses opinions et même on passe dans le camp de ceux qui détiennent le pouvoir, par peur et par lâcheté. Ceux-ci, eux-mêmes, s'épient, se jalousent, se dénoncent mutuellement. Quel triste temps ! Plus de religion, plus de culte public. L'église est dévastée, dépouillée de tous ses ornements : on a vendu chaises, confessionnaux, autels, statues ; les vases sacrés, les cloches ont été envoyés à la Monnaie. Le presbytère sert de caserne aux troupes de passage. Les croix des chemins sont abattues... Serait-ce donc que la Foi aurait disparu totalement ? Non : le plus

---

(1) Quelques autres, comme ceux de la Guillonnière, de la Papinière, de Logné, de la Baraudière, du Bois-Mêlet, se sont tenus ignorés autant qu'ils le pouvaient.

grand nombre la garde secrètement, mais n'ose l'afficher ; quelques-uns, plus courageux, offrent des abris aux prêtres fidèles qui sont traqués comme des bêtes nuisibles à la société et qui se blotissent ici ou là ; ils ont recours à leur ministère, faisant bénir leurs mariages, baptiser leurs enfants et les appelant de nuit auprès de leurs moribonds.

Sucé, quoique privé de ses prêtres légitimes, n'a pas été complètement abandonné de ces autres qui, au risque de leur vie, passaient d'un village à l'autre, sous des déguisements et de faux noms, pour éclairer et consoler les pauvres gens.

Au Bois-Mêlet, dans l'honorable famille de Langle, on fournit longtemps un asile à un prêtre et à un sous-diacre. Ce dernier, M. Sévère Bertaudeau, était originaire de Saint-Julien-de-Concelles ; la guerre civile qui faisait rage dans la région du Loroux l'avait forcé à passer la Loire et à se réfugier là où il courait moins de dangers. Ordonné prêtre après la Révolution, il mourut vicaire à Savenay en 1810 (1). Nous ignorons le nom du prêtre.

M. Mercerais, vicaire à la Chapelle-sur-Erdre, fit plusieurs séjours à Moulines, au Vivier et à la Bâchellerie, où il trouvait asile dans la famille Maisonneuve, de même qu'un autre qu'on nomme Cartaud, mais ce n'était que son surnom. M. Mercerais, né à Assérac, était à la Chapelle depuis 1771 ; il en devint curé au rétablissement du culte et y mourut en 1816. Il a fait dans notre paroisse, surtout dans le fief de Nay, beaucoup de baptêmes. On peut en dire autant de M. Renondineau, vicaire à la Trinité de Machecoul ; il s'était réfugié dans la famille Hervé de la Bauche, à laquelle appartenait son curé. Caché plus

---

(1) Il est le grand oncle de l'auteur de ces lignes.

tard, après l'arrestation de ses protecteurs, à Saint-Mars-de-Coutais, il fut arrêté le 11 décembre 95 et fusillé au lieu du Pâtis, où il se retirait le plus souvent. On tint caché à Nay un autre prêtre connu sous le surnom de Grand-Bâton ; il se déguisait en mendiant ; nous ne pouvons reconstituer son identité.

Les marais de l'Onglette et de Launay ont servi de retraites à plusieurs. Ces terrains, coupés de flaques d'eau et de douves, semblaient impraticables pour qui ne les connaissait pas. Piraud de Launay et Miché de l'Onglette et les métayers de la Barbinière se sont montrés dévoués à ces prêtres errants.

Ils trouvèrent aussi des asiles dans les villages de la Demanchère, de Jaille, de la Papinière, de Logné. Celui qui célébrait la messe dans une grange à Jaille fut un jour mis en joue par un républicain de Nort, raconte la tradition.

Au Blanc-Verger, sur la lisière du bois de la Havardière, entre ce village et la Miletière, on fit une exécution sanglante : les victimes furent inhumées au lieu même de leur mort. Les uns disent qu'on fusilla un prêtre et sept laïcs ; d'autres, qu'ils étaient tous prêtres — ce qui n'est pas vraisemblable. On a montré longtemps le lieu de leur sépulture.

La maison de l'Ertaudière donna l'hospitalité à un prêtre qui venait de Saint-Mars-du-Désert, se dirigeant vers la Chapelle-sur-Erdre. Peut-être est-il un de ceux dont il est question dans le rapport que nous allons citer, ou bien encore le curé de Ligné, M. Massonnet, qui se cacha longtemps à la Barbinière, ou encore M. Livinic, vicaire à Chantenay (1). Ce der-

---

(1) Ce sont pour nous des souvenirs d'enfance et de famille. — On montre encore à la Barbinière la cachette des prêtres.

nier, nous le pensons du moins, dut être l'hôte du Bois-Mêlet qu'assistait le sous-diacre Berthaudeau : il devint curé de Saint-Julien-de-Concelles après la Révolution.

On rapporte qu'un prêtre qui avait sa retraite dans la maison abandonnée des de Soussay, à la Maillère, échappa à ceux qui le poursuivaient en se hissant dans une cheminée, au haut de laquelle il se tint tout le temps du danger.

Le 20 germinal an II — 12 avril 94, du Comité de surveillance de Sucé, on envoya la note suivante à l'agent-général du District :

« Sucé vient de faire arrêter deux prêtres réfractaires, l'un nommé Dougé, de Saint-Mars, et l'autre nommé Denis Henry... Nous avons fait conduire *c'est messieurs* (*sic*) au Bouffay avec le nommé Jacques Coquet qui a recélé le premier ».

François-Joseph Dougé était né à Saint-Mars-du-Désert ; âgé de 44 ans, il habitait le Tertre depuis qu'il avait été forcé de quitter sa cure de Girouard (Vendée). Il fut condamné à mort et exécuté quatre jours après son arrestation. Denis Henry, du district de Mortain (Normandie), avait eu le malheur de prêter serment et de récidiver à Fontenay et à Nantes ; mais, s'étant repenti et rétracté de sa triple faiblesse, il reprit son ministère dans les paroisses de Héric, Doulon et Carquefou, en se faisant colporteur de beurre et de lait. On lui appliqua la loi du 28 mars 93, et il fut exécuté le 25 germinal.

Le dénonciateur qui signalait ces prêtres et les vouait à la mort, est Yvelin, et signent après lui J. Ploteau et P. Bernardeau, tous membres du Conseil local. (1)

---

(1) Arch. dép. L, 1166.

Le pauvre Coquet, après jugement, fut envoyé au bagne de Brest et ne rentra au pays qu'en 1802 (1).

Pour gagner nos populations rurales aux principes de la Révolution, pour leur faire admettre les lois impies qu'elle édictait, un commissaire du Gouvernement, en mission dans le District, date de Nort une proclamation dans laquelle il fait l'apologie du divorce des époux et du mariage des prêtres, ainsi que du serment constitutionnel. « Les douze apôtres de N. S. étaient mariés, écrit-il ; les prêtres se mariaient encore 400 ans après J.-C. Est-ce le serment qu'on exige d'eux ? est-ce leur expulsion ? Mais, citoyens, pouvait-on conserver quelque confiance pour des hommes qui n'ont pas voulu promettre de ne rien faire contre les lois par lesquelles vous êtes exempts des dîmes, exempts de payer la taxe féodale, exempts d'aller faire des soumissions à des procureurs avides de rapacité, contre des lois enfin par lesquelles vous êtes libres ? Nous pensons trop de bien de vous pour croire que vous resterez dans votre aveuglement. Venez à nous, nous vous instruirons. Vous pouvez nous donner votre confiance : nous ne vous tromperons jamais » (2).

Ces bons apôtres ne convertissaient point nos braves gens campagnards qui, malgré leur ignorance, mais dans la simplicité de leur foi, entendaient rester attachés à la religion de leurs ancêtres.

------

(1) Le même jour que Pinard comparaissait devant le tribunal révolutionnaire, d'où il fut renvoyé jusqu'à plus ample informé, Coquet, Jacques, âgé de 52 ans, étant convaincu d'avoir recélé le prêtre Dougé et en conséquence condamné à la déportation à vie, 20 avril 1794.

(2) Arch. dép. L, 236.

CHAPITRE VIII

*Condamnation de Pinard. — Les patriotes se dénon-
cent entre eux. — La fête de la déesse Raison. —
L'église et le presbytère. — Vente des biens des
Emigrés et de la cure.*

De même que les Conventionnels se déchiraient
entre eux et se poussaient à la guillotine, nos petits
tyrans de village se jalousaient, se dénonçaient et les
dissensions éclataient dans le sein de leurs Comités.

Carrier, Grandmaison et tous leurs valets sangui-
naires, à Nantes, nous en donnent un exemple.
Après leurs crimes et leurs forfaits, ils sont appelés
à Paris et là, en pleine Convention, ils sont con-
vaincus des atrocités commises et condamnés à leur
tour à monter sur cet échafaud où ils avaient fait
périr tant de leurs concitoyens. Les deux monstres
nantais tombent sous le couteau fatal, le 10 décembre
94, et, avec eux, le trop fameux Pinard, le terroriste
de Sucé, qui tuait sans pitié femmes et enfants, qui
incendiait fermes et châteaux, violait, volait. (1)
Dans son procès, il a été convaincu d'avoir pris à
Launay plus de 4.000 livres et l'on n'a jamais pu
savoir le montant des sommes qu'il trouva sur les

______

(1) Un témoin du drame — *Mémoires de Samson* —
nous a rapporté que, par trois fois, le bourreau fut
obligé d'abattre le couteau vengeur sur le cou de Pinard
qui, lâche devant la mort, se débattait dans la rage du
désespoir. Ce qui est confirmé par le comte Fleury dans
son livre *Carrier à Nantes.*

membres de la famille de la Mulonnière et Hervé
de la Bauche ; d'avoir incendié deux fois Launay
et tenté d'en faire autant à Chavagne, dont la
maison aurait été complètement détruite sans le
dévouement des Monnier et des Rivron. Une de
ses dernières opérations avait dû être celle de la
Mulonnière, car, en nivôse an II, « le District
recommande aux Comités de mettre fin aux exac-
tions de Pinard ». (1). Mais il continua pourtant
ses brigandages. Dans un rapport du Comité de
surveillance de Sucé, 4 avril 94, on fait passer au
District l'état des individus incarcérés et l'on
s'excuse de son inexactitude parce que, écrit-on,
Pinard, tantôt avec quelques nègres, tantôt avec des
volontaires, opère sans déclarer ses arrestations.
Yvelin, qui dresse cet état, compte 17 individus
emprisonnés, dont deux jugés. (2) Ces deux derniers
sont probablement MM. de la Mulonnière et Vacher.

Le Comité sucéen avait été rétabli ou renouvelé
le 18 janvier 94 et il se composait, selon la loi, de
12 membres, dont Yvelin, président. Au 11 mars
suivant, c'est toujours Yvelin le chef de la bande.

A cette date où la Terreur fait mourir de misère
et de faim tant de malheureux, gisant sur la paille
des prisons, dévorés par la vermine, respirant un
air pestilentiel ; fait guillotiner, noyer ou fusiller tant
d'innocents ; répand dans nos campagnes des bandes
d'assassins, d'incendiaires et de voleurs, qui pour-

____

(1) Arch. dép. L, 1132.

(2) Dans la séance du 10 mai 1794, le tribunal révolutionnaire relâche un nommé Filoleau, de Sucé, jusqu'à
plus complète information : il faut donc le compter
parmi les détenus.

rait s'étonner de ce qu'il y eut des défections chez
ceux qui, jusque-là, étaient restés fidèles à leurs principes ? On tremblait devant une menace, une dénon-
ciation et, sous l'empire de cette peur, non seulement on cachait ses sentiments mais, plus que cela,
on pactisait avec ceux qui détenaient le Pouvoir et
se donnaient sur quiconque le droit de vie ou de
mort.

Nous le constatons par la lecture de ce procès-
verbal au bas duquel nous voyons figurer des noms
qui nous surprennent. Dans sa séance du 19 floréal
an II, 6 mai 94, la municipalité de Sucé, le comité
de surveillance et quelques notables acceptent, accla-
ment la Constitution républicaine, suivant l'arrêté du
District du 13 précédent. On compte dans cette réunion
30 hommes. Le rapporteur s'excuse de n'avoir pas
fait « cette cérémonie l'année dernière, parce que le
canton ne marchait pas, mais les habitants de Sucé
ont toujours été à la hauteur de la Révolution ». Il
ment et sciemment ; lui-même n'a pas toujours eu les
opinions qu'il professe et bientôt il les reniera. Nous
ne saurions donner les noms des signataires (1). La
condamnation à mort de M. Vacher, les excès de
Pinard avaient jeté l'épouvante dans la paroisse.

Les meneurs qui apeuraient le peuple commençaient déjà à se dévorer entre eux. G. Marquier, lui-
même, est dénoncé au Comité et même un mandat
d'arrêt a été lancé contre lui. Bernardeau est accusé
d'avoir fait des fraudes, en s'appropriant des barriques de vin confisquées par les commissaires,
13 mai 94 : Yvelin, le grand ouvrier de la Révolution
à Sucé, a dû être arrêté, car nous lisons dans un

---

(1) Arch. dép. L, 1066.

procès-verbal de séance du comité révolutionnaire :
« Ordre à Pinard de se saisir du nommé Yvelin,
chirurgien à Sucé, et de F. Fonteneau, de la même
commune » (1). Nous voyons Chambert qui sort de
son engourdissement pour accuser G. Marquer d'incivisme : « Le bonnet de la Liberté lui parait insoutenable ». Fr. Bonraisin, l'agent national, connut, lui
aussi, le régime du Bouffay : il avait été prévenu de
faux témoignages dans l'affaire Luzeau de la Mulonnière ; mais ses amis obtinrent son élargissement au
bout de quelques jours, 13 février 94. Un autre,
pourtant un des purs, Julien Ploteau, « ayant trempé,
dit-on, dans les manœuvres de Pinard, âgé de 35 ans,
habitant Sucé », demeura en détention du 14 floréal
au 25 vendémiaire an II.

L'on voit que, sous ce règne des délations, personne ne vivait en sûreté, pas même les plus ardents
patriotes.

Il y eut à Sucé, pendant les mois de Terreur, bien
des atrocités et quelques meurtres. Ce serait nous
attarder dans notre récit que de les rappeler.
Encore tant de choses nous restent à dire de cette
triste époque.

Nous ne devons pas cependant passer sous
silence ces insanités impies, par lesquelles on essaya
de remplacer le culte catholique. A la Convention,
15 mars 94, on avait déclaré toutes les églises de
France temples de la Raison. C'est Paris qui inaugura la nouvelle religion dans la cathédrale Notre-
Dame, et, à Nantes, le 24 octobre, on reproduisit
cette mise en scène scandaleuse : une prostituée, à
peine vêtue, promenée en triomphe et assise sur un

____

(1) Arch. dép. L, 1066.

autel pour recevoir des adorations. On voulut aussi,
à Sucé, avoir la fête de la Raison. La misérable
créature qui fut choisie pour parader s'appelait vul-
gairement *Jenny*. Elle était une étrangère, mais qui
était-elle ? La tradition n'a pas conservé son vrai
nom. Une fois choisie et tout le programme de la
fête arrêté, la Jenny, vêtue de quelques loques
enrubannées et transparentes, est assise sur un
brancard pavoisé aux trois couleurs et on la pro-
mène dans le bourg ; un groupe de jeunes
citoyennes l'escortent, habillées de blanc et cou-
ronnées de roses. La déesse est enfin introduite dans
notre vieille église, d'où tous les hochets de la super-
stition avaient disparu, suivant l'expression du temps.
Montée sur l'autel, elle attend ses adorateurs. Qui
sont-ils ? Pourquoi les nommer ? Nous les connaissons tous : leurs noms, tant de fois déjà, ont passé
sons notre plume. Mais c'étaient ceux qui avaient
servi d'acolythes aux intrus, qui organiseront les
fêtes républicaines dont nous parlerons plus loin,
qui rentreront parmi les premiers à l'église rendue
au vrai Dieu et qui entoureront M. Bucaille quand il
reviendra d'exil pour rétablir la religion ancienne.

Quel vent de folie soufflait donc alors sur notre
pauvre France !

Notre église fut ainsi odieusement profanée ;
d'ailleurs elle avait été dépouillée de tous ses ornements. Le presbytère était, avons-nous dit, devenu
une caserne. Pinard et ses noirs y durent loger.
D'ignobles traces, de sales et dégoûtantes figures
qui grimaçaient sur les murs ont témoigné assez
longtemps du passage de ces bandits.

Rien ne reste, dans nos archives départementales
et communales de ces faits que nous venons de

mentionner. Ce sont des traditions perdues aujourd'hui, mais que nous avons nous-même recueillies il y a un demi-siècle, de la bouche des plus anciens de la paroisse.

Que cette page que nous venons d'écrire à regret inspire à tous l'horreur de ces jours de folie et d'impiété.

C'est à l'époque où nous sommes rendu dans notre histoire que les biens des Emigrés furent vendus. Le 4 août 93, la Convention avait déjà décrété de mettre sur leurs maisons et tous leurs immeubles un écriteau : A vendre ou à louer.

Voici les ventes que nous avons pu relever :

1° Les biens de Pierre Auray (ce nom, quoique porté à Sucé, ou Hauray, nous est inconnu), une maison avec terres près de la Haie, adjugée à Soret pour 1.125 livres ; une autre au même lieu, pour 1.000 ; un pâtureau acheté par Dupuy.

2° Les biens de M. Richard d'Audierne, propriétaire du Port-Hubert : la maison d'habitation et la ferme, estimées à 11.689 l.; la Trématière, 3.869 l.; la Perruche, 8.286 l.; le Pas, 8.184 l.; maison et terres au bourg, 9.605 l. En tout : 41.633 l. (1).

3° Les biens de MM. Lelou, recteurs de Sucé et de Chantenay, déportés, mais pris pour émigrés : Une maison et dépendance, appelée la Barbardrie, sise rue du Port, vendue pour 6.000 l., à Lacour, dit Labigne. Une autre voisine de la première, vendue à Gaullier pour autant (ancienne maison Potier-Hauray). Un jardin situé sur le chemin de Saint-

____

(1) Ces biens ne durent pas être vendus, quoique estimés.

Michel, vendu à Ouary, de Sucé, pour 3.400 l. (1).
Le pré du Pied-Punais, au même, pour 3.350 l. La
métairie du Lavoir (12 journaux, 20 cordes), achetée
15.000 l., par Galiot, de Nantes. Une borderie au
même lieu, vendue au même.

4° Les biens de M. Luzeau de la Mulonnière :
Chavagne, l'Ongle, les Fresnes, la Bodinière, la Paîtrière, la Crubraye et l'auditoire de la juridiction
dans le bourg. Ces biens furent rachetés pour le
compte des membres survivants de la famille.

5° Les biens de M. Moriceau, de Logné, et ceux de
M. Boux, désignés sous les noms de Gicquelière,
Tortinière, Procé et Bêche-Loup. Ces propriétés
revinrent à leurs anciens maîtres.

La cure de Sucé ne fut vendue que l'an V à un
plombier de Nantes, nommé Ernest, pour la somme
minime de 2.670 l. Il n'y eut pas d'enchérisseurs à
la vente.

Comme vous le voyez la Révolution n'a pas été
simplement persécutrice de la Religion, mais aussi
spoliatrice des biens de l'Eglise et des particuliers :
Cela ne l'a pas préservée de la banqueroute. Le bien
volé ne profite jamais, ni aux citoyens ni aux Etats :
on l'a constaté en tous les temps.

---

(1) On appelait cette maison la Pivardrie, qui est
encore debout.

CHAPITRE IX

Vu l'absence des documents de l'époque, il nous est impossible de fixer des dates précises aux changements qui se sont produits dans la composition de la municipalité de Sucé, au cours des dernières années de la Révolution. Fr. Bonraisin, comme agent national, gouverna la commune depuis nivôse, an II, jusqu'à thermidor, an IV. Yvelin dut lui succéder, puis J.-B. Chesneau qui se dit provisoirement fonctionnaire public à cette date.

Il reste également peu de traces écrites pour la période qui s'étend de la chute de Robespierre au Consulat. Il y aura donc là une lacune dans notre histoire. Nous sommes, en conséquence, forcé de ne mentionner que quelques faits, en particulier, ce que nous apprendront les rapports du commissaire cantonal et ce qui nous a été transmis de la célébration des fêtes républicaines : tel sera l'objet de ces deux derniers chapitres.

Nous savons qu'en 1795 les émigrés d'Angleterre, débarquant à Quiberon pour soutenir l'armée royaliste de la Vendée, furent cernés et désarmés par le général Hoche. Sur la foi de celui-ci ils se livrèrent à l'ennemi, confiants dans la parole du chef. Mais les troupes républicaines se couvrirent de honte en les fusillant presque tous. Cet ordre barbare, a déclaré Hoche, était venu du Comité de salut public.

Or, dans la contrée de Carquefou, on apprend qu'un convoi, chargé de sommes importantes en assignats et en numéraire, de farines et d'eau-de-vie, sortant de Nantes, se dirige sur Châteaubriant. Il est escorté par 1.800 hommes du bataillon d'Arras qui avait coopéré au massacre de Quiberon. Les gens de Carquefou, sous la conduite de leur capitaine Blandin, se mettent en embuscade sur la route, près de la côte de la Cerizerais : c'était le 12 août et la chaleur était accablante. Ces soldats qu'on disait invincibles, surpris par les royalistes bien plus nombreux qu'ils pensaient, sont obligés de fuir éperdus et en grande partie, sont tués sur place ou dans les champs voisins. Représailles de Quiberon ! Quelques chouans de ce pays d'outre-Erdre que nous appelons chez nous la *Petite-Vendée*, sous le commandement de MM. de Langle et J.-M. de Carheil, prirent part à ce combat qui fut plutôt une boucherie. Ce dernier avait à venger la mort de son frère, Joseph, une des victimes de Hoche. Les royalistes de Sucé rentrèrent dans leurs foyers, riches de butin et fiers de la victoire (1).

Plusieurs échauffourées suivirent cette déroute des Bleus et l'on n'eût pu dire que le pays était tranquille, même après la prise de Charette (23 mai 96) et la soumission forcée des communes qui avaient pris part à l'insurrection. Il y avait toujours à craindre

---

(1) *La Paroisse de Carquefou*, par M. J. de Goué, pp. 21-23.

quelques surprises et d'ailleurs le recommencement de
la persécution religieuse, sous le Directoire, surexcita
les esprits. Les habitants de nos campagnes étaient
las de toutes ces guerres et de toutes ces querelles
intestines et encore plus de cette chasse aux prêtres
cachés ou rentrés trop tôt, qu'on emprisonnait au
Bon-Pasteur de Nantes pour les déporter à la Guyane,
ou les faire mourir de misère sur les pontons de
Rochefort.

Sans doute Sucé fut plus calme que Carquefou où
l'on abattit neuf fois l'arbre de la Liberté ; mais les
rapports de L. Marquer nous feront bien voir que
nos Sucéens ne pouvaient s'habituer à vivre sans
pratiques religieuses.

D'après la nouvelle Constitution, il y avait dans
chaque canton un fonctionnaire principal, représentant du Gouvernement et correspondant de l'Administration centrale ; on l'appelait le commissaire du
Directoire exécutif du canton. Celui qui avait eu
d'abord cette fonction était Renaut, ancien juge de
Paix. En l'an V il fut mis en demeure de céder la
place et Jean-Michel Rolland lui succéda, préféré à
Guillaume Marquer sur lequel de mauvais renseignements avaient été donnés au ministre de l'Intérieur.
L'année suivante M. Rolland fut, à son tour, l'objet de
plaintes sérieuses : « on le regardait comme un royaliste prononcé et connu depuis longtemps pour tel ;
il serait l'un des plus fermes appuis de l'aristocratie ».
On l'accuse même d'avoir vendu des poudres aux
Brigands (1). C'était encore trop tôt pour que des
hommes d'ordre pussent se mêler à la politique.
M. Rolland, que son étude notariale retenait à Nantes

____

(1) Arch. dép. L, 208.

et qui avait, outre la Baraudière, la propriété du Bois-Hue, près Portrict, faisait de fréquentes absences de Sucé. Précédemment il avait été regardé comme suspect, fait quelques jours de prison et bientôt relâché. Cette fois il fut maintenu dans sa charge jusqu'à sa destitution définitive, 10 nivôse, an VI.

Yvelin, lui-même, l'ardent patriote, ne fut pas à l'abri des dénonciations. On lui reproche d'avoir décacheté quatre fois la correspondance adressée à la municipalité de Sucé. Le District, ayant à délibérer sur cette accusation, déféra le cas au Département (1).

Au mois de fructidor de l'an V, Léon Marquer, le secrétaire de l'Administration communale, apprécie l'esprit de la population sucéenne en ces termes :

« L'esprit en général est bon, aimant à s'acquitter de ses obligations envers le Gouvernement. Elle y est attachée naturellement et plus qu'on ne le pense et elle y serait invariablement et pour toujours s'il était possible de décider les prêtres réfractaires à l'obéissance aux lois. Ce peuple si bon est malheureusement facile à égarer, quand il s'agit de la religion de ses pères » (2).

Voilà un aveu sous la plume de Marquer qui fait honneur à Sucé : aussi l'enregistrons-nous avec bonheur.

Dans un autre rapport, il donne les noms de ceux qu'on appelle *Capitaines des Chouans* et c'était les dénoncer. Donnons-les, nous aussi, pour honorer leurs descendants : Bodin, Bourget, Bonraisin qu'il ne faut pas confondre avec son homonyme François, l'agent national de la commune.

____

(1) Arch. dép. L., 1060.
(2) Arch. dép. L., 285.

On s'occupait, en ce temps-là, de créer les gardes-champêtres ; mais c'était difficile à trouver et fort périlleux d'accepter. Le 12 ventôse an VI, quoique chaque commune eût dû avoir le sien, on en nomme un pour la Chapelle, Grandchamp et Sucé ensemble, appelé Thibaud. On avait fixé le traitement à 400 livres au *maximum*.

Dès le début de l'an VII, le 10 vendémiaire, Léon Marquer écrit à l'Administration centrale que « tout est tranquille ; cependant, ajoute-t-il, il faut craindre que l'on relève l'étendard de la révolte ». Et il demande une surveillance active.

Quelques mois après, 30 messidor, parlant de ses concitoyens, il porte sur eux ce jugement : « Tous sont un peu fanatisés et tiennent aux préjugés de la *religion de leurs pères* — (il aime particulièrement cette expression). — Ce seul motif les empêche d'aimer la République. Il n'est pas possible d'avoir de la confiance dans le républicanisme de quelques-uns. On ne peut les apaiser qu'en leur promettant, à la paix générale, le rétablissement de la religion catholique dans toute sa pureté ». (1)

Pendant que Léon Marquer est l'homme écouté des Administrations, Guillaume qui a pourtant donné, depuis quelques années, des preuves de son civisme, est obligé de se défendre de certaines accusations portées contre lui par de faux camarades, envieux peut-être de son crédit. Dénoncé, il répond donc aux renseignements qu'on lui demande de haut lieu sur sa propre personne :

« Je me nomme Guillaume Marquer. J'aurai 39 ans le premier messidor prochain, étant né le

____

(1) Arch. dép. L, 285.

19 juin 1760. J'étais notaire et procureur à Sucé avant la Révolution. J'ai occupé différents postes dans la Municipalité selon le choix pour la confiance que voient en moi les habitants, surtout les partisans de la Révolution. J'ai été greffier de la justice de paix, n'ayant pas voulu accepter d'être juge avec mon état de notaire. Enfin réfugié à Nantes pendant la guerre civile, j'étais employé comme commis au Département. Je suis marié, père de 3 enfants vivants et il m'en est mort autant. J'ai l'espoir d'en avoir bien d'autres. Pour fortune actuelle je n'ai environ que 300 l. de rentes ».

Se prévalant de son républicanisme, il ajoute : « Ne jugez pas de moi d'après les rapports des ennemis de la République, non des plus ultra-révolutionnaires. Je déteste les extrêmes. Je suis et j'ai toujours été, grâce à la Providence, dans l'esprit du Gouvernement républicain, vertueux et sans reproches ».

« Telle a été et sera toujours ma conduite : ma conscience en est garant. — Guillaume Marquer » (1).

Il y eut, au canton, une assemblée, 30 germinal an VII. On avait à nommer 3 électeurs et un juge de paix. Léon Marquer fut maintenu dans ses fonctions, désormais plus en faveur que son cousin qui, comme on l'a vu, paraît disgracié et, pour un des électeurs, on choisit le propriétaire de la Papinière, M. Legros. C'est la première fois que nous rencontrons ce nom : il nous rappelle un homme honorable qui est destiné à relever, le premier, les ruines

____

(1) Arch. dép. L, 297.

accumulées à Sucé par la Révolution. Il avait épousé une demoiselle Prudhomme.

Nous ne saurions dire si le président de l'Administration municipale du canton, élu en l'an VII (16 nivôse), Arthur Thomas, était l'habitant de la Turballière, dont nous avons déjà parlé, comme ayant donné asile aux deux bénédictins de Saint-Gildas. Dans cette élection, on lui donnait deux adjoints pour Sucé : J.-B. Chesneau et Michel Bernardeau.

Mais Léon Marquer paraît sauver la situation : « Je maintiendrai le bon ordre, écrit-il, je surveillerai les voyageurs et les passe-port ». Dans une autre lettre, car sa correspondance est très suivie, il promet son concours actif, en particulier, pour serrer de près « les rebelles à la loi sublime de conscription militaire qui les appelle au champ d'honneur ! » Voilà un échantillon du ton emphatique que cet ardent patriote prend dans ses communications officielles et administratives (1).

En même temps que le crédit de Guillaume s'amoindrit, celui de Léon ne fait que grandir. Celui-ci, voulant le bien-être matériel du pays, fait demander la création d'un marché hebdomadaire et de trois foires annuelles : on baptiserait ces foires des noms pompeux de *Liberté, Fraternité, Union*. Mais c'était encore prématuré, car il avoue, dès le premier essai, « qu'il n'y avait presque personne et encore moins de bestiaux et autres marchandises ». On sollicite aussi — et cela probablement sous la poussée de Guillaume — le rétablissement de l'étude notariale, comme

----

(1) Arch. dép. L, 297.

cela a été donné à Sucé jusqu'à la fin de l'ancien Régime. Ce fut sans succès.

Dans cette même lettre, dont nous venons de citer quelques lignes, L. Marquer touche à une autre question qui nous parait intéressante. Lisez : Je n'ai point à requérir, fort heureusement pour moi, que les signes extérieurs du culte soient enlevés, puisqu'il n'en existe plus à ma connaissance. Je dis *fort heureusement,* parce que le fanatisme n'est point éteint dans les campagnes, non plus l'ignorance qui s'y propage, faute d'institutions républicaines, maisons d'éducation et d'enseignement ».

Chez nous, à cette époque toutes les croix de chemins étaient donc abattues, les portes de chapelles pattefichées, celle de Saint-Michel dépouillée de tout, ne servant qu'aux réunions politiques ; notre église était devenue une écurie pour les chevaux de la République. Le *fort heureusement* de L. Marquer nous fait voir qu'il aurait passé un mauvais quart d'heure s'il s'était avisé de se faire lui-même iconoclaste.

Nous voilà en l'an VII, c'est-à-dire en 1799, presque à la fin de la Révolution violente et le calme n'est pas encore rétabli. La correspondance du commissaire cantonal, Léon, ce pur entre les purs, nous le prouve. Au 10 thermidor il écrit : « Rien de nouveau dans le canton. Cependant il faut veiller ; cet esprit apathique et inconscient peut se réveiller tout à coup ». Puis il nous parle de cet autre « esprit républicain et philosophique qui n'a pu vaincre celui religionnaire ou plutôt irréligionnaire ». Et encore : « Les campagnes sont aussi fanatisées qu'elles l'étaient pendant la guerre... Cependant ils s'attacheraient à la République avec facilité, aussitôt qu'elle sera en paix ;

mais, jusque-là, il n'est pas possible d'avoir confiance dans leur républicanisme » (1).

La paix ! nous n'y sommes pas encore. Ces guerres incessantes qui ensanglantaient l'Europe avaient lassé nos campagnes : les lauriers de Napoléon et des autres généraux coûtaient trop cher à la France pour qu'on pût applaudir à leurs brillantes victoires. Puis les dissensions intestines continuaient. Le 27 vendémiaire, an VIII, 14 octobre 1799, l'Administration cantonale fut obligée, pour la seconde fois, de se retirer à Nantes, car 3.000 chouans, dit-on, parcouraient le pays. Ils venaient de Carquefou, ayant passé l'Erdre à la Dennerie et à la Gâcherie ; une bande de Grandchamp, venant de camper à Sucé, avait désarmé les citoyens et pillé les maisons.

La réaction n'était donc pas vaincue, pas plus que le fanatisme, comme dit L. Marquer.

Mais c'en est assez, de tous ces extraits que nous avons empruntés aux communiqués officiels. Nous ne saurions pourtant le regretter, malgré le décousu de ces citations : elles sont des pages de notre histoire.

Cela nous a montré en effet que Sucé n'a jamais trempé dans la Révolution et qu'il s'est toujours opposé aux institutions religieuses et politiques du nouveau Régime. Les étrangers qui ont tenté de les faire prévaloir n'étaient pas de notre race.

---

(1) Arch. dép. L, 297.

CHAPITRE X

*Au pied de l'arbre de la Liberté. — Rapport de
L. Marquer sur les fêtes républicaines. — La stérilité de ses harangues pour convertir le peuple
à la Révolution. — Baptême laïc du fils d'Yvelin.
— Deux prêtres reparaissent à Sucé.*

Pour achever de montrer combien sont justes les
conclusions qui terminent le précédent chapitre,
nous nous donnons pour tâche, en celui-ci, de rappeler le souvenir de ces fêtes aussi impopulaires
que grotesques, inventées par le Directoire, pour
tenir lieu de nos belles solennités catholiques, et
pour lesquelles Sucé montra la plus complète indifférence.

Il faut d'abord se reporter en arrière : une première fête, toute politique celle-là et qui devait
préluder aux autres, ce fut celle de la plantation et
de la bénédiction de l'arbre de la Liberté. On doit
se souvenir que chez nous elle ne manqua pas d'être
célébrée avec le concours du troisième intrus.

On l'avait donc érigé, cet arbre menteur, sur le
port, devant la maison du Bac. Dans la suite, il
reçut bien des insultes et même une nuit, on l'avait
décoiffé du bonnet phrygien pour y faire flotter le
drapeau blanc.

Racontons ici une scène ou plutôt un drame
entier qui s'était déroulé au pied de cet arbre pendant l'un des jours de l'insurrection de mars 93, et

dont nos Archives départementales gardent le souvenir (1). La femme d'un des principaux patriotes qui avaient fui à Nantes pour mettre leurs vies en sûreté, fait la déclaration suivante devant le Conseil du District, où elle est appelée pour déposer :

« ... Je déclare que le vendredi 16 mars, étant chez moi, au bourg de Sucé, et ayant descendu dans le jardin, la domestique du citoyen Chambert se serait portée deux fois à la maison successivement pour mener avec elle plusieurs autres femmes abattre l'arbre de la Liberté. Répugnant à cet acte de violence, contraire aux principes de la Constitution, dont, à l'instar de mon époux, je me suis toujours glorifiée, je me cachai pour m'y soustraire. Mais à la fin, la crainte d'être assaillie par la populace et par les Brigands dont on menaçait tous ceux qui n'auraient pas fait les récalcitrants, je me rendis au bord de l'eau, à l'endroit où l'arbre était planté, où toutes les femmes et filles du bourg s'étaient rassemblées pour l'abattre. A peine arrivée, la domestique de Chambert apporta une hache pour frapper le premier coup. Je me refusai fermement. Elle le fit, elle-même, et, successivement, plus d'une douzaine avant moi. A la fin, forcée par la foule, je fus obligée de donner deux coups et je me retirai aussitôt.

« Le lendemain, on fit descendre le bonnet de la Liberté. Pour éviter d'entendre trois d'entre elles journellement et la populace, on envoya un de mes frères me demander un mouchoir blanc pour mettre à sa place, disant que c'était pour servir de signal de paix. Etant bien aise qu'on parlait de paix, j'en

____

(1) Arch. dép. L, 350.

donnais un, dans cette croyance et n'en sachant pas
davantage.

» Telle est ma déclaration que j'affirme sincère et
véritable.

» A Nantes, le 13 avril 93 ».

Voilà un fait curieux que nous ne devions pas
manquer de faire connaître à nos lecteurs. Dans ces
jours-là, les hommes étaient partis pour prendre part
au soulèvement ; d'un autre côté, Chambert et tous
les patriotes, Yvelin et les autres, avaient fui au chef-
lieu (1). Les femmes seules étaient restées dans le
bourg et, de leur propre mouvement, avaient monté
le coup. Ce à quoi elles avaient tenu, c'était de faire
participer les personnes de leur sexe, dites patriotes,
et, des premières, à cet acte inconstitutionnel. La
chose était grave pour la coupable et, vous l'avez
constaté, elle s'en excuse devant les Autorités du District. La peur l'a fait agir, elle et la domestique de
Chambert ; mais les Sucéennes ont dû bien en rire.
De toutes les fêtes républicaines, quoique celle-là n'en
fut pas une, préparée et dans le programme, elle
devait avoir plus de succès que toutes les autres,
organisées dans la suite.

Cette révolte féminine en l'an 93, en plein bourg
de Sucé, a quelque chose de bien suggestif.

Venons-en maintenant aux fêtes républicaines proprement dites. Les premières qui suivirent celle de
la plantation de l'arbre de la Liberté ont été des
fêtes patriotiques. On institua, par exemple, celle du
14 juillet, du 10 août, plus tard du 9 fructidor, du

---

(1) L'Administration alloua la somme de 1.000 livres
aux réfugiés de Sucé. L, 851.

1er vendémiaire et du 9 thermidor, en souvenir des grands événements de la Révolution. Elles eurent, chez nous, peu de renom, et même on ne le célébra qu'au chef-lieu de canton et les Administrateurs seuls y prirent part. Jusqu'à l'an V, nous n'avons trouvé aucun rapport de L. Marquer sur ces solennités. En nivôse de l'an VI, à la Chapelle-sur-Erdre, on érigea un nouvel arbre qu'on appela cette fois l'arbre de la Paix ; mais Sucé n'eut pas sa fête locale (1). Marquer est là, au chef-lieu de canton, président du Directoire exécutif, avec son secrétaire, 2 pluviôse de l'année suivante, pour célébrer la mémoire « de la juste punition du dernier tyran des Français » — de la mort criminelle du bon Louis XVI. Dans le procès-verbal on lit que la plantation de l'arbre républicain a été remise à un temps plus propice. A Sucé rien encore ne se passa et pourtant l'arbre coiffé du bonnet phrygien que les sucéennes avaient abattu et replanté avec le drapeau blanc, n'était point resté debout ; les patriotes de retour au pays avaient dû le coucher à terre et le jeter à l'eau.

Le seul rapport que nous ayons rencontré dans nos archives est celui de la fête de l'Agriculture, célébrée aussi à la Chapelle-sur-Erdre, sous la présidence de G. Marquer, 10 messidor, an VII. Le cortège, composé des Autorités en écharpe tricolore, de quelques laboureurs embrigadés et suivi d'un char que traînent des bœufs aux cornes dorées et qui porte les instruments aratoires, se rend à la lande du bourg, où l'on a élevé l'autel de la Patrie. Marquer prononce un de ses plus beaux discours aux applaudissements frénétiques de la foule, puis se font entendre

----

(1) Arch. dép. L, 350.

des hymnes à la Liberté. Ensuite on se rend dans le champ voisin, où le président trace un sillon, tant bien que mal, avec la charrue, et les paysans, au lieu de rire, l'ont couvert de *vivat*. On élit, car les Administrateurs gardent tout leur sérieux, un lauréat, le citoyen Renaudin, auquel Marquer donne l'accolade fraternelle et la couronne civique. Enfin le Cincinnatus républicain donne le signal du retour à la maison commune : là on banquette joyeusement, pendant qu'au dehors le bal bat son plein au son du violon.

Le 20 suivant, Marquer fait un rapport sur cette fête qu'il a organisée lui-même, dans lequel il écrit : « Rien de nouveau, tout respire la paix et la tranquillité dans le canton. Nous venons de célébrer en Administration cantonale la fête de l'Agriculture, autant que les moyens de la localité nous l'ont permis. Beaucoup de personnes s'y sont trouvées pour cinq ou six mariages qui s'y faisaient ce jour-là ; ils ont participé à cette fête avec plaisir et ont applaudi avec intérêt au discours prononcé à cette occasion par un membre de l'Administration municipale ». — Le sien (1).

A Sucé on ne célébra ni la fête de la Jeunesse ou de la Vieillesse, ni celle de la Liberté ou de l'abolition de la royauté. Le silence de Marquer le prouve suffisamment. Voici d'ailleurs un document authentique qui nous donne raison. L. Marquer écrit aux Administrateurs du Département : « Il n'est rien à ajouter au développement que vous faites si avantageusement de l'institution de ces fêtes républicaines ; j'en sens et admire comme vous, citoyens, la création ;

Arch. dép. L, 356.

le but en est superbe, grand, magnifique pour l'homme philosophe, pensant et républicain. Mais malheureusement l'homme de peine, le cultivateur, le campagnard ne s'occupe que de ses travaux, maîtrisés par leurs anciennes habitudes, dans lesquelles le fanatisme les nourrit de son poison. Ils ne veulent pas entendre parler d'aucune fête où il n'y a pas de messe, sermon, vêpres, etc. Ils sacrifieraient tout pour la paix et la gloire de leur pays, s'ils étaient sûrs qu'on rétablit leur ancien culte, leurs mômeries superstitieuses, auxquelles ils attachent le plaisir de leur existence, sans avoir égard à leurs peines et à leur malheur.

» On ne peut rien gagner, malgré toute l'éloquence possible : c'est en vain que je fais tout ce qui dépend de moi pour y parvenir. Aussi nos fêtes ne sont-elles composées que des membres de l'Administration municipale, du juge de Paix et de son greffier. Nos facultés ne nous permettent pas d'y attirer le peuple par une dépense qui pourrait le flatter et l'y amener par curiosité.

» Le fanatisme est vaincu, sans être converti. Il peut rallumer ses torches incendiaires. Ne nous y fions pas ; veillons attentivement jusqu'à la paix générale. Salut et fraternité. L. Marquer » (1).

L'apôtre de la religion laïque, vous l'entendez, confesse à regret et malgré toute son éloquence, l'impossibilité où il se voit d'amener le peuple à la Révolution. La stérilité de son ministère décourage tellement ce pontife national de Sucé qu'il abandonne le temple de la Raison où il venait d'établir des réunions publiques les jours de décades. Il avait

---

Arch. dép. L, 356.

essayé en effet de remplacer les prêtres absents, en
chantant les psaumes de vêpres et en faisant des
lectures ou des sermons de son cru. Les auditeurs et
les admirateurs se faisaient de plus en plus rares.

Ce dut être une fête d'autre genre que la cérémonie du baptême d'un fils d'Yvelin, né à Sucé le
17 février 1794 (vieux style comme on disait alors).
Ce jour-là, 22 pluviôse, an II (nouveau style), Dieu
venait de donner à notre chirurgien patriote un troisième enfant. Il y eut un baptême laïc, car le frère
et la sœur du nouveau-né eurent le précoce honneur
d'être parrain et marraine. Qui fut l'officiant? L'acte
que nous avons sous les yeux ne le dit point. On
donna à l'enfant le nom d'*Humanité,* un nom tout
républicain et bien choisi pour celui qui devait, dans
l'avenir, donner comme le père ses soins à l'humanité
souffrante. Signe au registre toute l'aristocratie républicaine de la localité : Fr. Bonraisin, maire ; G.
Marquer, L. Marquer, P. Guillet, P. Haugmard, Jean
Ploteau, M. Mathelier, Jos. Renaut, Michel Rivron,
Jul. Lelou, Colas, J. Niel, Jul. Ploteau, officier de
l'état-civil (1).

En ce temps-là les patriotes donnaient volontiers
aux enfants des noms de circonstance qui ne se
trouvent point au calendrier des Saints. Ainsi nous
avons relevé dans nos registres qu'un enfant de
l'hospice en nourrice à Sucé fut appelé *Liberté.* Le

---

(1) Nous l'avons connu cet enfant, devenu grand et
officier de santé, au visage rubicond ; c'est lui qui nous
arracha notre première dent de lait. Il mourut dans la
maison que son père avait fait bâtir, longtemps appelée
de son nom, aujourd'hui au coin et en saillie de la
rue du Pont. Ses restes reposent dans notre cimetière.

petit Humanité Yvelin eut une sœur du nom de Désirée, et un frère, Valentin.

Avant l'année 1800, les prêtres catholiques, ceux surtout qui ne s'étaient pas exilés ou n'avaient pas été déportés, commençaient à se montrer au grand jour, la persécution paraissant enfin finie. Le Gouvernement, moins tracassier, tolérait leur retour. Sucé a eu l'avantage à cette époque de donner l'hospitalité à deux d'entre eux : M. Cadou, ancien recteur de Saint-Ouen-des-Alleux (Ille-et-Vilaine) avait trouvé asile à la Papinière, chez M. Legros, et l'on dit qu'il venait chaque matin célébrer sa messe à l'église, ce qui n'est pas vraisemblable, l'église n'ayant pas été réhabilitée et d'ailleurs manquant de tout. L'autre, appelé Couëdic, d'après la tradition, logeait chez M. Angebault, à la Hautière. Ce nom nous est parfaitement inconnu et ne figure dans aucun dossier de l'époque révolutionnaire ni sur aucune liste des prêtres de notre diocèse : il était donc étranger.

Il fallait encore attendre deux ans pour voir reparaître ceux que la persécution avait rejetés au-delà de nos frontières.

C'en était fait de la théophilanthropie, du culte décadaire et même du culte constitutionnel, quoique ce dernier essayât de survivre. Seul le catholicisme intégral avait l'espoir de renaître sur les ruines de la Révolution.

Pourtant les mesures rigoureuses, prises par le Directoire, restaient toujours en vigueur et les thermidoriens veillaient. Le pape Pie VI, arraché de Rome, était traîné de ville en ville et allait mourir à Valence, 29 août 1799.

Dieu est patient parce qu'il est éternel, disent nos

saints Livres: ses volontés s'accompliront malgré la perversité des hommes. L'aurore de jours meilleurs semble éclairer l'horizon. Le peuple des campagnes, plus que celui des villes, attend le retour de ses prêtres et la réouverture de ses églises. Encore un peu de temps et l'homme, suscité par la Providence, couvert des lauriers de la victoire, relèvera les autels pour y appuyer son trône.

CINQUIÈME PARTIE

Les derniers Temps

CHAPITRE PREMIER

*Période de transition : une lacune. — Aspect de
Sucé au commencement du XIX° siècle. — Les
abords, les chemins, les fontaines publiques. —
Communications avec Nantes. — Les différents
métiers des habitants. — Les principaux personnages. — Châteaux et manoirs.*

La dernière année du XVIII° siècle, qui finit en
France la Révolution violente, et la première du
XIX° qui ouvre les temps modernes, forment une
période de transition entre deux Gouvernements
dont l'un fut surtout destructeur et l'autre restaurateur : elle fut indécise, mais relativement calme,
malgré les batailles qu'on se livrait de tous côtés
en dehors de nos frontières. Sortant comme d'une
fournaise, le peuple semblait respirer un air plus
tempéré ; il entrevoyait un avenir meilleur que le
passé. Rien n'était encore bien établi, mais les

cœurs s'ouvraient à l'espérance : pour ceux qui avaient tant souffert, c'était déjà un bonheur relatif.

Ces temps préparatoires au nouvel état de choses n'ont laissé chez nous aucun souvenir écrit. Il nous faut donc, pour ainsi dire, traverser un espace vide et désert pour passer d'une époque à l'autre. L'ancien Régime s'effondre et le nouveau s'élève, mais entre les deux ce sera une lacune dans nos annales sucéennes.

Nous devons tout d'abord nous représenter notre petite bourgade au lendemain des secousses qui l'avaient agitée et ébranlée, qui y avaient fait bien des transformations et aussi amassé bien des ruines.

On ne pouvait pas dire que Sucé était un village perdu au fond des campagnes, inaccessible et presque inconnu. La rivière était le chemin toujours ouvert, qui le mettait en communication journalière avec la grande ville voisine. On n'y voyait point, sans doute, les pyroscaphes et les bateaux automobiles sillonnant nos eaux tranquilles, mais les grands chalands plats à voile carrée et les petites barques à rames ou à la godille. Notre pays, si pittoresque et si proche de Nantes, avait toujours été un point attrayant. Vous vous figurez bien qu'en ce temps-là c'était absence complète de villas, de guinguettes, de restaurants, de rendez-vous de pêcheurs à la ligne et de promeneurs désœuvrés : rien de tout cela encore ; mais quelques vieilles maisons \seigneuriales, quelques gentilhommières entourées de bois et de cultures, où les châtelains et maîtres vivaient obscurément au milieu de leurs métayers et partageaient avec eux une vie simple et frugale ; quelques marchands et négociants de la grande ville, vers la seconde moitié du XVIIIe siècle, y étaient venus goûter quelques mois de repos, mais en petit nombre. Ceux qui habitaient les manoirs se comptaient parmi ces nobles sans fortune, retirés au milieu de quelques journaux de terres, dans une demeure très modeste et même délabrée, d'où on ne pouvait sortir que dans une charrette à bœufs, à travers des chemins aux profondes ornières : pour eux c'était la vie uniforme et calme, la vie rurale qu'on goûtait autrefois sans ambitions et sans rêves de déplacements : ni tourisme, ni sport à cette époque.

Le bourg, assis à mi-côte de la colline dont le sommet est occupé par le presbytère et la Hautière, ne bordant la rivière que par deux ou trois maisons, ne présentait pas l'aspect d'aujourd'hui. Pour le reconstituer en imagination, nous mettons sous nos yeux une aquarelle, faite en 1822, par un frère du chirurgien Yvelin, que nous avons appelé Valentin, trouvée dans une certaine famille, il y a une trentaine d'années, aujourd'hui sortie de la paroisse et partie nous ne savons où : heureusement qu'alors nous en avions pris une copie que nous possédons encore aujourd'hui.

L'agglomération ne consistait que dans ce groupe encerclant l'église et quelques maisons bordant la rue du Port, et celle qui descend de la place de la cure à Saint-Michel. Entre ce groupe et la rivière, on ne voyait que des jardins, l'habitation du passeur, celle d'un batelier, puis une vieille maison entre ces deux dernières et tout à l'extrémité sud, la gentilhommière du Pin. Cependant, à l'autre bout, il venait de se construire un assez vaste immeuble, appelé alors des *Quatre-Nations*. De l'église on accédait à la rivière par la rue du Port, la plus fréquentée et par trois mauvais petits chemins, ceux du Pin, du Ruisseau et de Biguené.

Toute la vie sucéenne se déroulait autour de l'église ou plutôt du cimetière qui entourait celle-ci, dans ce pâté d'habitations isolé par des rues, lequel se voit encore, et la voie bâtie qui conduisait au presbytère ancien. Au-delà de l'église, en montant vers le nouveau presbytère, on voyait quelques habitations fort simples, parmi lesquelles il n'y avait à remarquer que celle qui sert depuis longtemps d'école libre de filles.

Voilà tout Sucé, au commencement du siècle dernier. Les maisons les plus en évidence étaient d'abord le presbytère, de construction récente, et, sur le même plan, la Hautière, sans les deux ailes qui y ont été ajoutées plus tard ; l'école libre que nous venons de nommer et que nous croyons avoir appartenu à la famille Rivron qui en céda une partie pour être la première mairie ; au chevet de l'église, le manoir transformé alors en auberge et boucherie (1) ; plus bas, à gauche un grand bâtiment avec cour au-devant et jardin derrière ; à droite, à quelques pas plus loin, la construction la plus remarquable, l'hôtel des Régaires avec son escalier tournant, ses lucarnes sculptées, son cadran solaire, et le pressoir privilégié de l'évêque ; à la suite immédiate, la Pivardrie qui fait l'angle du chemin du Ruisseau ; enfin, mais complètement séparé par des jardins, l'ancien quartier des Huguenots, composé de trois ou quatre bâtiments d'une certaine apparence. Dans la rue du Port, il

----

(1) On pourrait aussi citer la maison de la chapellenie des Richard, presque au-devant de la grand'porte de l'église.

n'y avait que la Barbardrie, propriété des Lelou, que de notre temps on a appelée des Hauray-Potier ; puis tout au bas, entre cette rue et le chemin du Ruisseau, la demeure des Marquer. Ici il faut rappeler la maison isolée sur le port, près de celle du Bac, nommée dans la suite maison Paré et aujourd'hui presque méconnaissable.

La large voie, ouverte au milieu du siècle dernier, n'était que des jardins. Les deux constructions que l'on remarque aux extrémités, maison Yvelin et maison des Quatre-Nations, venaient de surgir de terre. Toutes les autres, comme la Mairie, sont de date récente,

De la rivière le bourg présentait une face dont nous n'avons plus la vision de nos jours. Au-dessus d'un rideau de verdure se dressait la masse de la vieille église avec sa flèche en aiguille, et se laissaient voir quelques toits d'ardoises. A droite, des champs et des arbres jusqu'aux Herces ; à gauche, le vieux manoir du Pin, au-dessus duquel on apercevait la chapelle Saint-Michel, mais sans le moulin qui est de construction moderne. Les deux maisons qui dominaient, c'étaient le presbytère et la Hautière, entre lesquelles se dressait une haute croix de bois, plantée à l'entrée du chemin de Jaille.

Les abords du bourg étaient restés dans l'état primitif. Au nord : 1° le chemin de Casson, s'ouvrant entre le presbytère et la Hautière, traversait un marécage, appelé la Chaussée, parce qu'on y avait jeté quelques pierres pour faciliter le passage, et, à quelques pas de là, il se bifurquait à droite, pour atteindre la Touche, Chavagne et tous les villages de cette contrée ; 2° le Chemin-creux, qui partait du Bas-du-Bourg et conduisait à la Haie et à Procé ; 3° enfin, celui des Vignes qui longeait le cimetière et conduisait jusqu'à la Mahère.

A l'Ouest, c'était le chemin de Nay, qui desservait à gauche la Turballière et le Port-Hubert et qui avait plusieurs embranchements à droite pour pénétrer dans les villages.

A l'Est, deux sentiers très courts qui finissaient à l'Angleterre et aux Herces.

Au Sud, sur l'autre rive, deux voies partaient du bas du Château : l'une à droite, desservant la Havardière, la Papinière et Logné ; l'autre, à gauche, conduisant à toutes les gentilhommières et aux métairies de cette partie de la paroisse, principalement à Launay, au Chêne-Creux, à la Motte-Suzière, à l'Ertaudière, à la Baraudière, au Bois-Mêlet, à la Barbinière, à l'Omglette et à Saint-Jacques.

Les landes couvraient encore une notable portion du territoire : elles s'étendaient surtout aux alentours de Perdrier (la Carlière), sur le plateau Nord et entre la Filonnière et le Chêne-Creux. Les marais, sillonnés de douves, sont encore ce qu'ils étaient à cette époque à laquelle nous nous reportons.

Deux fontaines publiques alimentaient les habitants du bourg : celle du Presbytère et celle de Biguené. Dans les saisons de grande sécheresse, on allait avec des cruches et des bues puiser à une source très fraîche et intarissable, au fond du parc de la Hautière, lieu nommé la Dibottière.

On ne pouvait se rendre à Nantes, du moins commodément, qu'en barque, et il y avait au bourg des mariniers qui faisaient régulièrement le service chaque vendredi soir pour rentrer dans la nuit du samedi au dimanche : on y transportait personnes et marchandises. Si l'on voulait prendre la voie de terre, à cheval ou en voiture, il n'y avait que celle qui conduisait à Carquefou ; encore fallait-il cahoter sur les gués de Hupierre et de Charbonneau. Le ruisseau d'Hocmard coupait le chemin de la Chapelle-sur-Erdre et l'on ne pouvait le passer qu'en bateau.

Demandons-nous maintenant quelles étaient les occupations et les industries des habitants du bourg, aux temps que nous essayons de décrire. La plupart cultivaient la terre, même plusieurs de ceux qui demeuraient dans le bourg. On voyait des barges de paille appuyées au côté Nord de l'église. Des métiers, il n'y en avait que peu : deux tailleurs d'habits ; plusieurs couturières qui couraient les villages et gagnaient six sous par jour ; des tisserands de grosse toile et de belinge ; au moins deux boulangers, puis des ouvriers de bâtisse et de charronnage ; trois ou quatre sabotiers, point de cordonniers ; des batelliers et un pêcheur qui était le maître du Bac ; un aubergiste qui détaillait de la viande ; deux marchands de bois. Pour suppléer aux ouvriers qui faisaient défaut, on avait recours aux colporteurs et aux ambulants, très nombreux dans nos campagnes, raccommodeurs de chaussures, cardeurs de laine, boisseliers, merciers.

Les principaux acteurs du drame révolutionnaire survivaient pour être témoins des restaurations : les deux Marquer, Yvelin, le chirurgien qui eut un concurrent, appelé Jeanniard ; Bellanger qui perdit une fille en 1809 et sa femme en 1812 ; un sieur Pâris, nouvellement venu au pays, qui se fit maître d'école pour les jeunes garçons, en même temps que deux anciennes religieuses, M{mou} de Carheil et de

Beaumont, — celle-ci de Casson, — ouvraient une classe pour les filles ; Bernardeau, l'ancien syndic et procureur ; Jahan, le sacristain ; Michel Rivron, Jean et Julien Ploteau, Pierre Guillet, qui avait été commandant de la Garde nationale ; Math. Mathelier, P. Chesnet et les frères Chesneau ; mais le plus en évidence était Guillaume Marquer : par son instruction et son influence il s'était fait une place à Sucé.

La Révolution avait fait déserter la Barbinière, le Port-Hubert, Logné, l'Onglette. Depuis plusieurs années les maisons de Nay, de l'Ongle, de la Touche, de Procé, de la Haie étaient vides de leurs maîtres. Chavagne, Launay, Jaille, la Turballière, la Maillère, le Bois-Mêlet, la Papinière venaient de rouvrir leurs portes. La Baraudière ne les avait pas fermées. A la Hautière, M. Angebault venait passer la belle saison. Le Pin avait dû changer de propriétaires. (1). M. Garreau était resté à la Guillonnière.

Les seuls lettrés que nous connaissions au début du XIXe siècle à Sucé, en dehors des châtelains, de quelques bourgeois, des MM. Marquer, de M. Rolland, du chirurgien, de Jeanniard, de Pâris et de Bellanger ; nous voyons dans le peuple, J.-B. Chesneau, Pierre Chesnet dont l'écriture atteste une certaine instruction. Qu'était devenu Chambert ? Nous ne rencontrons son nom nulle part (2).

---

(1) En 1808 se produisit le décès de Louis de Becdelièvre, né à Guémené et mort au Pin, âgé de 35 ans ; sa famille continua d'y habiter. M. Guillon, qui possédait cette vieille maison, quitta Sucé dès le commencement des troubles.

(2) Il ne dut pas finir ses jours à Sucé. Quant à G. Marquer, il vécut jusqu'en 1835, âgé de 76 ans ; son étude de notaire n'ayant pas été rétablie, il exerça les

Que les temps sont changés ! Grand étonnement pour nos trisaïeuls s'ils se levaient aujourd'hui de leurs tombes nivelées (puisque leur cimetière n'est plus qu'une place publique) et revenaient parmi nous, leurs arrière-petits fils. Ils pourraient se convaincre que, si eux sont dans l'immobilité du temps, leurs descendants sont dans le progrès et le changement des choses. Ainsi les générations se succèdent en se transformant ; ainsi va le monde à travers les vicissitudes vers l'éternité où il sombrera pour toujours.

------

fonctions de juge de paix et, à une certaine époque, entra dans le Conseil municipal. Son fils, qui avait alors 34 ans, professait la médecine concurremment avec Humanité Yvelin ; il habitait la maison, sur le Port, celle qui a été la demeure des médecins à Sucé jusqu'à M. Chevreuil. Le cousin de Guillaume, quoique plus jeune que lui, mourut dès 1803.

CHAPITRE II

*Retour de M. Bucaille. — Les deux frères Lelou. —
Dénuement du nouveau pasteur. — Bénédiction
d'une cloche. — Le Conseil de Fabrique. —
Inventaire des objets du culte. — Quelques dons
faits à l'église. — M. Legros, maire, cède sa place
à M. de Carheil. — Composition du Conseil
municipal. — Vente des Communs remise. —
Travaux à l'église. — Translation de reliques.*

Si les ruines matérielles s'étaient entassées sous
les coups de la Révolution, que dirions-nous des
ruines morales ? Le scandale de trois intrus consé-
cutifs, les harangues impies de leurs grotesques
successeurs, les fêtes ridicules des décades et des
anniversaires, tout cela joint à la suspension du
culte catholique et aux crimes commis pendant ces
dix années de Révolution dut opérer dans les
esprits de regrettables changements. Puis la politique avait détruit la concorde et fait naître des
haines, non encore apaisées, au sein de la paroisse
et des familles.

C'est dans ces circonstances défavorables qu'il
fallait alors tenter une restauration de toutes
choses ; la tâche était ardue et de longue durée. Il
n'y avait qu'un moyen, le seul efficace, pour mener
à bonne fin cette louable entreprise : le retour définitif à la Religion.

En l'automne de l'année 1802 (1), un matin, le bourg de Sucé paraît en grand émoi : on sort des maisons, on forme des groupes, on se parle. Quelle nouvelle circule de bouche en bouche ? Que vient-il de se passer ? Si certains s'entretiennent à voix basse, la plupart exultent de joie. C'est un troupeau, abandonné depuis dix ans à des mercenaires et à des loups ravisseurs, qui retrouve enfin son vrai pasteur. Monsieur Bucaille est revenu ! Monsieur Bucaille est revenu !! Cette exclamation s'entend partout et chacun veut revoir le prêtre du miracle : c'est bien lui avec sa taille imposante, son doux regard ; les misères endurées là-bas ont bien creusé quelques rides sur son front et blanchi un peu sa tête ; mais tous le reconnaissent, même ceux qui sont chagrins de son retour. Avide de le toucher, de le voir de près, de l'entendre, chacun l'approche, l'attire chez soi. On voudrait même le porter en triomphe. Après l'orage ce fut un jour serein pour Sucé, un jour qui présageait des temps meilleurs.

Embarqué avec son vénéré recteur et celui de Chantenay, sur le *Jeune-Charles*, un bateau de Hambourg, il venait de rentrer en France, profitant de la liberté qui lui était rendue par le décret du 5 messidor an X — 24 juin 1802. Dès son débarquement, il avait déclaré devant les Autorités du Département qu'il entendait fixer sa résidence à Sucé et bientôt il adhérait au sénatus-consulte qui régularisait sa situation. Nous ne savons s'il retrouva, en arrivant à Nantes, sa vieille mère ; il ne fit d'ailleurs que passer en cette ville, tant il avait hâte de revoir

____

(1) Dans les registres de l'Etat-civil, au **28** octobre 1802, on rencontre la signature de M. Bucaille à côté de celle de M. Legros.

cette paroisse qui avait eu les prémices de son ministère sacerdotal et dont il avait gardé le souvenir en la meilleure place de son cœur.

M. Gabriel Lelou, déjà avancé en âge et vieilli par les épreuves de l'exil, fit les mêmes démarches que son vicaire pour rentrer à Sucé ; mais, cédant aux instances de son frère, il se retira à Nantes, sous le même toit que celui-ci avait choisi pour eux deux. Quelque temps après, le nouvel évêque, Monseigneur Duvoisin, voulut récompenser ces deux vaillants confesseurs de la Foi, en les nommant chanoines honoraires de sa cathédrale. Gabriel, notre ancien pasteur, mourut le premier, 25 décembre 1812, et celui de Chantenay, Julien, lui survécut de cinq années. C'est ainsi que M. Bucaille fut officiellement pourvu de la succursale de Sucé, au rétablissement du culte, 26 janvier 1805.

Ce pauvre exilé, de retour en sa paroisse, arrivait chez nous dans un dénuement complet : il n'avait rien que les mauvais habits laïcs dont il était encore revêtu. Malgré le bon accueil qu'il reçut à Sucé, il ne put, sans pleurer, revoir sa chère église, aussi pauvre que lui. Il monta, les yeux pleins de larmes, et le cœur gros de chagrin, vers ce presbytère qu'il avait vu bâtir et où autrefois il avait passé de si beaux jours. Mais hélas ! quel désert que cette maison ! Il parcourt les diverses pièces qui la composent, la chambre qu'il avait habitée, et il voit partout les traces des profanateurs qui y sont venus camper. Là du reste il n'était plus chez lui : la Nation avait confisqué et vendu tout le domaine curial. Il lui fallut trouver une demeure hospitalière pour l'abriter jusqu'à ce qu'il pût rentrer en possession du presbytère. Où habitat-il ? Probablement à la Hautière, où vivait Mᵐᵉ Vacher depuis son cruel veuvage.

M. Bucaille commença son œuvre restauratrice, sans découragement, fort de la grâce divine et confiant dans la bonne Providence. Il s'occupa tout d'abord de réconcilier et de meubler l'église des choses nécessaires au culte. Un de ses premiers soins fut de donner une voix à la tour sacrée que les spoliateurs de 1793 avaient rendue muette. Cette cloche sonne encore sur nos têtes les joies et les deuils de la paroisse. Les parrain et marraine ont été M. J.-M. de Carheil et dame Modeste de Soussay (1) : elle fut fondue à Nantes par Galard. Durant toute l'année 1803, on s'était servi provisoirement d'une clochette, prêtée par la famille Legros, de la Papinière.

Quel bonheur pour les fidèles de se retrouver priant et chantant au pied de l'autel ! Tous n'y revinrent pas. Ces ennemis de Dieu, — ils n'étaient que quatre, dit la tradition — qui n'avaient point cru au retour des choses anciennes, composèrent une espèce de comité de résistance. Ils eurent beau siffler sur ceux qui se rendaient aux offices de l'Eglise, Dieu se vengea un jour : ils moururent ou surpris ou impénitents...

Dans les premiers mois de 1804, le conseil de Fabrique se constitua suivant l'ordonnance épiscopale du 11 octobre précédent. Voici comment il fut composé : J.-M. de Carheil, président ; secrétaire-trésorier, M. le Curé ; Fr. Rivron, J. David, J. Foucaud et G. Benâteau, membres délibérants.

D'après l'inventaire que le Bureau dressa de tous

---

(1) Modeste de Soussay était la femme de M. P. Luzeau de la Mulonnière, de Chavagne.

les objets du culte, on peut constater le dénuement extrême de la paroisse. La nomenclature de ces objets n'étant pas longue, nous pouvons la donner ici :

« Un encensoir et sa navette en cuivre argenté ; un ostensoir argenté et deux custodes d'argent ; une croix processionnelle en cuivre ; une lampe et deux chandeliers de même ; cinq chasubles et une étole blanche ; un dais en damas rouge ; une bannière de même ; trois nappes d'autel, deux nappes de communion ; deux rochets et autant d'aubes de toile avec leurs cordons ; deux fanaux en fer blanc, huit chandeliers de bois, six bouquets d'autel, trois corporaux et quatre purificatoires ». Ajoutez à cela une valeur de 200 à 300 francs en caisse.

Ce triste état de choses, grâce au zèle du pasteur et à la générosité des fidèles, se changea bientôt en un meilleur. Si vous parcourez les registres de la Fabrique, vous verrez le temple du Seigneur s'enrichir de jour en jour. Ainsi, pendant cette année 1804 on fit plusieurs acquisitions et certaines personnes rendaient à l'église des objets qu'elles avaient achetés autrefois dans cette intention. Cependant les urgentes réparations que demandaient l'église et le clocher devaient épuiser le petit trésor paroissial. Cette restauration ne se fit que peu à peu et même ne devait se terminer que sous le successeur de M. Bucaille. L'église était telle qu'on formait déjà le projet de la rebâtir ; mais, les ressources ne le permettant pas, cette grande œuvre se fit attendre quarante ans ; l'homme que la Providence destinait pour l'entreprendre et la conduire à bonne fin, venait de naître à Montrelais.

L'année 1807 commençant, les conseils municipaux

et paroissiaux se renouvelèrent presque simultanément.

M. Legros, avancé en âge (1) et sollicité par
d'autres soins, se faisait depuis quelque temps suppléer dans ses fonctions par un ancien chirurgien
de marine, retiré à Sucé, M. Jeanniard, qui rédigea
les actes de l'état civil, de 1803 à 1805.

Quelque temps après, il proposa de se démettre de
sa charge, devenue pour lui trop onéreuse. La municipalité, rendant un juste hommage à M. Legros « très
digne maire », agréa avec bonheur le choix que fit
le Préfet pour remplacer le démissionnaire. M. J.-M.
de Carheil lui succéda. Issu d'une des familles les
plus anciennes et les plus honorables de Sucé, l'élu
était un homme d'expérience, de sagesse et de modération ; il avait connu l'ancien état de choses, il
avait assisté aux horreurs de la Révolution dont les
siens avaient été les victimes ; mais, semblant oublier
ce passé, il veut travailler, lui aussi, à l'œuvre des
réparations, autant que cela lui paraîtra opportun et
possible. Dès lors il s'empresse de résigner sa charge
de président de la Fabrique, charge incompatible
avec celle de maire, et M. Legros, permutant avec
lui, le remplaça dans le conseil paroissial. Voici donc
la composition de la municipalité : MM. de Carheil,
maire ; Luzeau de la Mulonnière, Garreau, G. Marquer,
juge de paix, P. Clouet, M. Mathelier, J. Ploteau, M.
Benâteau, Jac. Foucaud, M. Rivron et un autre Mathelier ; comme adjoints, M. Rivron et M. Garreau.
Celui-ci, mort en 1809, fut remplacé par M. Pâris,
instituteur et greffier. Au mois de janvier, les élec-

____

(1) Il mourut en 1830, venant de perdre sa fille, Sophie,
à l'âge de 28 ans, mariée à M. Arondel de Hayes.

tions furent confirmées par la Préfecture ; cependant, M. Rivron s'effaça devant M. Ertault, du Bois-Mêlet (1).

Le premier vœu, émis par ce conseil, fut la réparation de l'église et la vente des biens communaux pour réaliser quelque argent. Cette question des Communs, soulevée dès cette époque, ne sera résolue qu'après de longues années, embrouillée qu'elle fut par les querelles des particuliers et surtout par M. Saulnier de la Pinelais, propriétaire de la Turballière, qui prétendait à la concession personnelle de la lande de la Carlière. Après avoir été débouté, à Nantes, de ses prétentions, il obtint gain de cause en Cour d'appel (1827) (2).

A l'occasion de ces partages la commune entière était dans une certaine surexcitation : on s'arrachait les terres des mains et l'on protestait de tous côtés. Ce qui fit avorter le projet de vente et le remettre à une date ultérieure.

Quant à la réparation de l'église, les affaires semblent en bon train : le 27 juin 1807, un arrêté de la Préfecture soumet au conseil municipal deux projets étudiés par M. Nau, architecte : l'un monte à 5.730 fr. et l'autre à 5.000 francs seulement. Dans ce dernier en particulier, on substitue un autel en bois à un autre de marbre. Le mois suivant on met les travaux en adjudication. M. Gilée les prend à sa charge, en

---

(1) M. P. Ertault de la Bretonnière était venu au Bois-Mêlet par son mariage avec Mlle Prud'homme de Langle ; celle-ci, appelée Anne, décéda en 1847, à l'âge de 78 ans.

(2) La famille Saulnier de la Pinelais revint habiter la Turballière dès la fin de la Révolution.

même temps que les ponceaux de **Hupière** et de Truzeau.

Pendant l'exécution de ces travaux, M. Bucaille, dont le zèle ne se refroidissait pas, dotait l'église d'une lampe argentée. Chaque année d'ailleurs apportait un nouvel ornement : en 1811, c'est un calice d'argent échangé contre un autre moins précieux ; en 1812, une chasuble blanche ; en 1815, un second calice. Le tableau représentant notre saint Patron a été réparé et placé au fond du sanctuaire ; cette toile est conservée.

Ce n'était pas assez d'avoir les images des Saints ; M. Bucaille voulait se procurer de leurs reliques. Aussi lisons-nous dans nos Annales paroissiales que M. l'abbé de la Bourdonnays, vicaire-général d'Angers, fait don à l'église de Sucé des reliques des S.S. Marcel et Marcellin, martyrs ; l'acte d'authenticité est signé et daté de la Varenne, où résidait le donateur et dont était curé M. Vacher, le frère de Mme Angebault.

CHAPITRE III

Acquisition du presbytère : négociations longues et difficiles. — Les Cent-Jours. — M. Ertault de la Bretonnière remplace M. de Carheil, comme maire. — Abandon du cimetière de l'église. — Foire et assemblée de Saint-Michel. — Projets pour le bourg.

M. Bucaille, qui dépensait ses forces et son argent à embellir la maison de Dieu, ne songeait point à la sienne : on y songea pour lui. M. de Carheil proposa à son Conseil le rachat du presbytère, car le curé n'était plus propriétaire, mais simple locataire de cette demeure que la Nation avait prise et aliénée. Tous les ans il fallait allouer 200 francs pour les frais de location. Dès le 9 mai 1808, le Conseil municipal avait délibéré sur ce sujet, et trois ans après, devant les offres, pourtant exagérées, des acquéreurs qui voulaient bien céder l'immeuble pour 6.000 francs, on proposa de vendre une partie des Communs jusqu'à la concurrence de 12.000 francs, somme nécessaire pour racheter le presbytère, faire les réparations les plus urgentes à l'église et murer le cimetière. Le projet n'eut pas de suites immédiates et l'on signa avec M. Ernest, plombier à Nantes, propriétaire de la cure, un nouveau bail. Elle resta également sans réponse, cette requête d'un groupe de paroissiens adressée au Préfet, dans laquelle on demandait au Gouvernement à aider la commune dans la circonstance. Enfin M. de la

Mulonnière mit un terme à cette affaire. On était menacé de voir la maison mise en adjudication, si la commune ne l'achetait pas. Il était donc nécessaire de s'exécuter. L'on put réaliser une somme de 5.045 francs ; quelques rentes sur l'Etat furent liquidées et une collecte faite dans la paroisse rapporta 2.663 fr. 60 c. Les principaux souscripteurs sont les suivants : MM. Lelièvre de la Touche ; Guichard, de Nay ; abbé Vacher ; Garreau, de la Guillonnière ; Luzeau de la Mulonnière ; Urvoy de Saint-Bédan ; V⁰ de Becdelièvre, du Pin ; Richard de la Pervenchère ; Foucaud, etc. (1). En 1820, le bail étant fini et le contrat de vente n'étant pas encore passé, M. de la Mulonnière avança ce qui manquait, « afin d'éviter le malheur de voir le respectable recteur évacuer son presbytère ». Le 23 janvier de l'année suivante la vente était effectuée par une ordonnance royale.

C'est vrai, le pasteur avait un toit pour s'abriter, mais ses ressources pour vivre étaient si insuffisantes qu'on devait lui porter secours. La succursale de Sucé ne comptant point encore parmi celles pensionnées de l'Etat, il restait à la charge de la paroisse de pourvoir en quelque sorte à l'entretien des prêtres. Pour cet objet, le Conseil municipal, en 1816, avait voté une somme de 1.200 francs qui allait à l'un et à l'autre des desservants de la paroisse. On ne put faire davantage.

En 1814, à l'époque de la restauration de la royauté, le Conseil municipal de Sucé se trouve ainsi composé : le maire, M. J.-M. de Carheil ; adjoints, MM. Ertault, du Bois-Mêlet et Pâris ;

____

(1) Arch. dép. Série O, 1.

comme membres délibérants, 12 cultivateurs, honnêtes et pratiquants. Tous heureux de revoir un Bourbon remonter sur le trône de France, ils prêtent solennellement serment de fidélité à Louis XVIII. Un peu après, ils se firent un honneur de porter la décoration du lis : c'était renier la Révolution passée. Mais, quand tout à coup, la fortune de la France changeant, la royauté fut encore interrompue par le retour de l'Empereur, nos municipaux, pour protester contre ce qu'on devait appeler, dans l'histoire, les *Cent-Jours*, eurent à cœur de ne point se réunir en conseil, durant cet espace de temps. Ce ne fut qu'au milieu de janvier 1816, après la rentrée du roi, qu'on rouvrit les portes de la Mairie.

M. de Carheil, qui était à la tête de la Municipalité depuis neuf ans, donne sa démission : la nécessité le forçait à abandonner ce poste d'honneur ; mais il ne dut s'y résigner qu'en prévoyant qu'il serait dignement remplacé (1). Le premier adjoint, M. Ertault de la Bretonnière, propriétaire au Bois-Mêlet, devint maire de Sucé. Le 15 janvier étant choisi pour l'installation, elle se fit avec solennité sous la présidence de M. Leger de Boussineau, maire d'Orvault, et en présence des ecclésiastiques de la paroisse. On nomma le même jour M. Denion, comme adjoint. Celui-ci est un nouveau venu, que nous ne connaissons point.

Cette Administration continua avec zèle et prudence l'œuvre de M. de Carheil. Ce qu'il faut d'abord lui attribuer, c'est l'abandon du cimetière qui entourait l'église. A Sucé, comme dans tous les bourgs et

---

(1) M. J.-M. de Carheil mourut à Launay en 1835.

hameaux de ce temps-là, les morts reposaient à l'ombre de l'église paroissiale. Au milieu de ce champ sacré, le vieux temple élevait sa tour couronnée d'une toiture moussue ; des sentiers battus traversaient l'enclos bénit et conduisaient aux deux portes latérales ; une pierre debout, en forme de margelle, fermait les entrées et une petite muraille d'un mètre de hauteur laissait apercevoir la tête des croix, blanches et noires, et les ifs ou ormeaux qui les ombrageaient. Là, sous les regards de leurs proches et attendant la bienheureuse résurrection, les chers défunts dormaient leur dernier sommeil. Cette vue consolait nos ancêtres, bien loin de les contrister. On pense bien autrement aujourd'hui.

Depuis quelques années on avait cessé, il est vrai, de faire des inhumations dans ce vieux cimetière, mais on le conservait pieusement.

On reprit, aux portes du bourg, un lieu vénéré et bien connu qui entourait l'antique chapelle Saint-Michel et où l'on enterrait depuis longtemps. Les murs furent relevés, et l'on garda la chapelle, comme un souvenir du passé, pour quelques années du moins. Le cimetière Saint-Michel, qui porte encore ce nom, devint donc le lieu exclusif des sépultures, à partir de 1816.

En détruisant celui du bourg, malheureusement on laissa vendre et emporter le fond de terre. Mais cette terre qu'était-elle ? Chaque grain de poussière était un de ceux qui, en leur vivant, avaient foulé le même sol que nous foulons : nos pères, nos mères, nos parents et nos amis. Nous ne pouvons nous expliquer comment on put voir cela sans protestation et encore moins que cela se soit reproduit à l'époque de la reconstruction de l'église. On ne savait donc pas que,

dans les villes comme dans les campagnes, les premières sépultures des fidèles ont été pratiquées dans
l'enceinte même des églises et que ce n'est qu'à l'époque où il n'y eut plus de place qu'on eut l'idée de
creuser des tombes à l'extérieur, d'abord tout près
des murs et ensuite, autour. Tout fut enlevé sans
distinction, les cendres et les ossements de nos prêtres
avec ce qui restait des plus humbles. Voilà une faute
irréparable.

De cet ancien cimetière on fit une place où devait
se tenir le marché du vendredi. Pour favoriser le
commerce et l'agriculture, M. le Maire demanda l'établissement d'une foire pour le 12 avril de chaque
année ; mais la Préfecture ne crut pas bon de l'accorder cette fois. Nous ne savons quand commença la
tenue du marché hebdomadaire. L'assemblée de Saint-
Michel, malgré la disparition de la chapelle, aux
abords de laquelle elle avait lieu de temps immémorial, se perpétua, fixée d'abord au dimanche qui suit
le 29 septembre, puis avancée ; aujourd'hui elle n'est
plus qu'une fête profane et locale.

La sollicitude de M. Ertault de la Bretonnière allait
se porter sur l'assainissement du bourg, dont les
abords étaient presque impraticables et les rues fort
mal alignées. Peu de choses furent faites à cette
époque et nous sommes encore à les désirer aujour-
d'hui. Le maire avait pourtant en l'esprit plusieurs
projets : les obstacles à l'encontre des réalisations
trompèrent ses espérances. Quelques-unes de ces améliorations sont en partie réservées à son successeur. Il
eût fallu, dès cette époque, dresser et faire approu-
ver un plan du bourg et nous n'aurions pas aujour-
d'hui à regretter ces rues tortueuses et sans régularité.

CHAPITRE IV

Le 21 février 1819, devant le Conseil municipal
assemblé, M. Luzeau de la Mulonnière, choisi comme
maire de Sucé par le Préfet, prêtait serment à la
Charte et à la Légitimité, en prononçant un discours
de circonstance, où il protestait de son dévouement
et de sa fidélité au Gouvernement et de l'intérêt qu'il
se proposait de porter aux affaires de la commune.
Il s'adjoignit M. Louis Salmon, résidant au bourg, et
devait administrer Sucé jusqu'en 1830, avec un zèle
au-dessus de tout éloge. Sa fortune, sa probité, sa
bienfaisance, son nom inspiraient à tous autant de
respect que de confiance. On se souvient avec quelle
ardeur il s'était employé pour le rachat du presbytère ; il mit toute sa sollicitude à maintenir le bon
ordre et fit tout pour conserver la moralité de ses
administrés. En parfait accord avec le curé, il
n'entreprenait rien sans le consulter et le mettre de
la partie.

Cependant, malgré l'intégrité de sa vie et la
justice de ses procédés, il ne put rester à l'abri des
calomnies, inspirées par la politique qui irrite et

sépare les esprits : un ancien membre du Conseil, mécontent d'avoir été évincé, devait l'accuser de détournements de fonds, ce dont M. de la Mulonnière se justifiera publiquement en rendant les comptes de sa gestion.

Cet homme, aussi fidèle à son Dieu qu'à son roi, donna toujours les plus beaux exemples en conservant pour la cause de la Légitimité l'amour et le dévouement qu'il avait reçus de ses pères en héritage. Lorsqu'on apprit à Sucé l'assassinat de Mgr le duc de Berry, il avait réuni aussitôt ses collègues pour leur donner communication du récit du drame et pour formuler une lettre de condoléances au représentant départemental du Gouvernement. L'année suivante il avait inauguré, sous le nom du *Duc de Bordeaux*, la place de la cure, pour perpétuer le souvenir du jeune prince qu'on appela alors l'Enfant du Miracle.

C'est, en effet, vers la fin de l'année 1820 qu'on changea un peu la direction du chemin de Casson au sortir du bourg. Avant ce détournement, le chemin en question effleurait le logis de la Hautière et laissait intact le jardin du presbytère avec son rideau de charmilles. Cette concession de terrain, à droite, tout à l'avantage de M. Angebault qui se ménageait un parterre devant son habitation, avait reçu l'approbation préfectorale le 11 février de l'année précédente.

La place ainsi formée devait servir de champ de foire et aussi d'aire commune aux bordiers du bourg. La foire ne fut pas encore accordée ; mais, à partir de cette époque, on cessa d'élever des barges de paille, près des murs de l'église et d'y battre le blé : ce qui était fort disgracieux et inconvenant.

D'ailleurs les lieux qui sont à l'usage du public ne doivent jamais être occupés par les particuliers, ni rues, ni places.

Cependant, le vieux curé, presque septuagénaire, continuait son ministère pastoral, entouré de l'estime et de l'affection des paroissiens. Mais les années et les infirmités qui d'ordinaire les accompagnent se faisaient lourdes sur sa tête blanchie ; il commençait à plier sous ce fardeau. Les misères de l'exil faisaient sur son corps un pernicieux retour qui devait le conduire au tombeau dans un court délai. Les attaques de goutte, dont il avait déjà souffert, étaient devenues si fréquentes et si vives qu'il n'était plus permis au vieillard de visiter les fidèles confiés à ses soins. La maladie le cloua sur le lit, comme sur une croix, pendant deux années, les dernières de sa vie. Encore en possession de toutes ses facultés intellectuelles, il semblait de sa chambre présider à la paroisse entière. Un vicaire lui avait été donné à partir de 1812 : successivement MM. Grégoire, Mathelier, Lemasson et Fricaud. Assis sur son lit, le vieux curé entendait encore les confessions. Il faisait même des rêves d'embellissement pour son église ; l'année qui précéda son décès, il la dota d'une bannière en velours cramoisi, brodée d'or et fleurdelisée aux quatre angles avec l'image de la croix et de la Sainte Vierge ; nous l'avons conservée, quoique un peu défigurée.

Pourtant se sentant désormais incapable de remplir ses graves fonctions comme il l'entendait, il se détermina à donner sa démission de curé au mois de juillet 1823. Après sa disparition, on se rappela longtemps ce vénérable vieillard présidant les processions de Rogations en chevauchant à travers chemins et sentiers. Aux grandes fêtes, il se faisait porter à l'église et, de sa stalle, il adressait la parole à son peuple et se donnait le plaisir de le bénir.

Enfin, l'heure dernière allait sonner pour lui. Durant sa longue maladie et spécialement pendant les semaines qui précédèrent sa mort, il montra l'exemple d'une patience admirable. Tenant entre ses mains le Crucifix qui ne le quittait plus, il le présentait à ceux qui venaient le visiter : Voilà mon modèle et mon consolateur, disait-il !

Il se prenait aussi à certains moments, de désirs du bonheur qui l'attendait en l'autre monde : « Oh ! la céleste Jérusalem, quand la verrai-je ? » Il quitta la terre pour entrer dans son éternité le 3 avril 1823, un dimanche soir, vers 6 heures, dans la soixante-septième année de son âge. Au moment même où le cher pasteur agonisait, une foule compacte entourait le presbytère. Quand du haut de la fenêtre on laissa tomber ces mots : *M. le curé est mort !* la foule se retira en sanglotant et priant. Le deuil était général pour la paroisse : les riches perdaient un ami et les pauvres, un père .

Deux jours après, on conduisait au cimetière Saint-Michel, celui qui fut Messire honorable et discret J.-Ch. Bucaille, recteur de cette paroisse, comme cela est écrit dans l'acte de sépulture, au registre de l'Etat-Civil. M. l'abbé Angebault, fils du propriétaire de la Hautière, nouvellement ordonné prêtre et secrétaire de l'évêché, présida la cérémonie, assisté de son oncle M. Vacher, curé de Thouaré, et de plusieurs autres prêtres. L'oraison funèbre du défunt fut prononcée par M. Herbert, curé de Casson, confesseur et autrefois compagnon d'exil de celui qui n'était plus. (1)

D'une taille élevée, d'une figure régulière et fortement accentuée, M. Bucaille avait de la distinction et de la dignité dans toute sa personne. Une blanche chevelure, dans les derniers temps de sa vie, encadrait gracieusement son visage, tout empreint de douceur et d'aménité et en même temps de sérieux et de gravité. Nos vieillards, ceux que nous avons connus nous-même, se rappelaient avec bonheur la facilité, l'onction et la simplicité qu'il apportait en chaire ou en conversation et sa piété au saint autel quand il officiait.

S'il était un homme aimable et courtois, avant tout c'était un saint prêtre. La régularité de sa vie, l'austérité de ses mœurs aussi bien que la pauvreté de sa personne et de sa maison, sont restées dans la mémoire de la génération qui l'avait connu. Dès trois heures du matin il était debout ; avant le jour il se rendait au confessionnal. Son déjeuner consistait en un peu de chocolat que lui apportait à la sacristie la vieille servante. A midi il prenait un potage et un œuf dur ; le soir, un second potage, ordinairement à l'oseille : régime très frugal dont il avait contracté l'habitude en Espagne. Il usait très rarement de chair. Après sa réfection du milieu du jour, s'il n'avait point un malade à visiter, on le voyait régulièrement faire sa promenade vers le moulin de la

(1) Nous tenons tous ces détails de personnes témoins des faits que nous venons de raconter, et notre enfance a été bercée par ces pieux récits. On nous a rapporté que les deux vieux recteurs se donnaient rendez-vous, à jour et heure fixes, à mi-distance entre Casson et Sucé, et là se confessaient et s'entretenaient mutuellement : c'était convenu pour toutes les quinzaines.

Touche, toujours avec ses deux *vade-mecum*, son bréviaire et sa canne. Il paraît qu'il n'avait pu se remettre à porter l'habit long des ecclésiastiques français, à cause des restrictions que les décrets du Gouvernement avaient apportées dans les premières années du siècle à la liberté d'autrefois et de l'habitude qu'il avait prise en exil ; il ne revêtait la soutane qu'à l'église et chaque dimanche et fête. Son costume se composait d'une tunique fermant sur la poitrine et tombant jusqu'aux genoux, d'un tricorne aux larges bords et d'une culotte à jarretières. L'ameublement de sa maison était d'une extrême pauvreté : un tonneau servant de buffet, une armoire vermoulue et un pauvre lit monté sur quatre pieux : voilà sa modeste chambre. Cette chambre, où il expira, est à l'Est du presbytère, occupée depuis longtemps par le vicaire. C'est là que plus tard devait vivre ses dernières années et mourir saintement M. Th. Angebault, père, qui s'était retiré simplement à la cure de 1829 à 1840.

Que dirons-nous du détachement et de la charité de M. Bucaille ? La bourse du bon curé était ouverte à tous. Quand on venait lui demander l'aumône : Voyez, disait-il, s'il reste encore quelque argent, en montrant le tiroir où il déposait sa réserve. A la sacristie, on puisait à même dans la caisse des honoraires qu'il recevait des paroissiens. Un jour il vint trouver M. Angebault en lui avouant humblement qu'il n'avait plus que douze sous chez lui. Si, par hasard, il rencontrait quelque mendiant, sur son chemin, ayant besoin de vêtements, il se dépouillait pour couvrir le pauvre qu'il regardait comme un membre de son divin Sauveur. La servante était au désespoir quand elle voyait ainsi revenir son maître.

à la maison, manquant de bas ou de chemise. En quelque lieu qu'on le trouvait, c'était toujours récitant son office ou son chapelet.

Cet homme, si simple et si pauvre, presque négligé, était pourtant le conseiller et le directeur des personnes du grand monde. Des gens de qualité, même habitant en dehors de la paroisse, l'avaient pris pour confident des secrets de leur conscience.

Tel est le portrait de ce saint curé. Nous l'avons tracé d'après ce que nous avons recueilli de la bouche de ceux qui l'avaient connu.

Les restes vénérés de M. Bucaille reposent dans le cimetière actuel. L'épitaphe que l'on a gravée sur la pierre du tombeau résume sa vie toute pleine de tribulations, d'œuvres et de mérites. On a exhumé ses ossements, comme on l'a fait en même temps pour son successeur immédiat, en les transportant au pied de la croix centrale, en 1893. (1)

---

(1) Nous avons, nous-même, procédé à cette opération, en ayant reçu le mandat exprès. Tout autour de la première fosse, nous avons trouvé beaucoup de petites pièces de cuivre, des *liards*, preuve qu'on y venait prier celui dont on avait reconnu la sainteté. Le chapelet qui ne le quittait pas en sa vie était presque intact, entrelacé aux phalanges de ses doigts : nous le gardons comme une relique.

CHAPITRE V

Dès que l'état de santé de M. Bucaille ne laissa plus d'espoir et que lui-même eut donné sa démission, on s'occupa de demander à l'autorité épiscopale un homme digne de succéder à celui qui allait disparaître. Il y eut des désirs exprimés de la part des habitants. Pour continuer les traditions, semblait-il, eût bien fait un prêtre qui avait vécu dans l'intimité de l'ancien pasteur, qui l'avait connu et apprécié. Aussi le choix se porta-t-il d'abord sur M. Fricaud, vicaire. Quoique celui-ci fût présenté par M. le maire, l'évêque jugea meilleur de nous donner un autre ecclésiastique, qui, lui aussi, avait été précédemment vicaire : M. Guillaume Mathelier, né à Nantes le 27 août 1780, ordonné en 1813. Au sortir de Sucé il avait été nommé curé de Montrelais et c'est de cette paroisse qu'on le ramena à Sucé. Le lendemain des funérailles de M. Bucaille, il fut officiellement promu à la succursale de Sucé. Tout le monde, dans la localité, applaudit à ce choix que l'on devait sûrement à M. l'abbé Angebault.

La cérémonie de prise de possession et d'installation se fit le dimanche suivant, 10 août. Bientôt le nouveau curé, dont on connaissait déjà le zèle et la piété, conquit l'estime de tous les habitants. Il sut concilier les esprits encore aigris les uns contre les autres ; ceux-là même qui s'étaient opposés à sa nomination, rendirent hommage à ses qualités.

Son premier soin à Sucé fut de rétablir l'ancienne Confrérie du Rosaire que la Révolution avait fait disparaître : il obtint des lettres d'érection canonique le 12 juillet 1825, sous le sceau de Mgr de Guérines, et le contre-seing de M. Angebault. C'est ce dernier lui-même qui voulut inaugurer la Confrérie, au dimanche qui suivit la réception des lettres. En même temps, le vicaire-général Bodinier imposait un règlement à la nouvelle association de prières. Dès cette première année, 156 membres donnèrent leurs noms pour se grouper sous la bannière de Marie. Cette institution devait être rajeunie en 1838. Chaque premier dimanche du mois, il se fait une procession en l'église.

De son côté, la municipalité faisait des projets de réparations pour notre pauvre église qui, de plus en plus menaçait ruine ; la tour particulièrement semblait ne plus pouvoir résister aux tempêtes et la flèche s'inclinait déjà. On soumit le plan à la Préfecture qui alloua la modique somme de 1.000 francs, pour les consolidations les plus pressantes. Afin d'agrandir l'église sans trop de frais, on trouva un moyen très simple et peu dispendieux, mais aussi peu artistique : recouvrir le chapiteau Sud et abriter en saillie la porte de la chapelle aux Morau ; de plus construire auprès une nouvelle chapelle, dans laquelle on transporterait l'autel de la Vierge. Ces travaux furent mis à exécution sous la direction de M. Gilée, architecte. Quant à la tour, on lui enleva sa flèche et même on diminua sa base de quelques pieds, en la couronnant d'un toit à quatre pans, fort disgracieux.

Voici la composition du Conseil de Fabrique à l'époque de ces travaux : Le curé, le maire, M. Ertault de la Bretonnière, du Bois-Mêlet, trésorier, Foucaud et Libault ; marguillers d'honneur, Bodin, Grégoire, Lecoq.

La municipalité rivalisait de zèle et d'activité avec la Fabrique. Elle nomma un premier garde-champêtre, dont le traitement fut d'abord fixé à 175 fr., puis, dans la suite, porté à 200 fr.

Elle s'occupa aussi de l'importante question des écoles, question qu'on avait de tout temps trop négligée à Sucé. Les enfants croissaient dans l'ignorance la plus complète. M. Pâris, le greffier du juge de paix, apprenait à quelques jeunes gaçons à lire, écrire et compter ; mais c'était peu. De leur côté, M⁽ᵉˢ⁾ de Carheil et de Beaumont, anciennes religieuses de Sainte-Madeleine de Nantes, faisaient une classe régulière aux petites filles dans une des maisons de la cour Gaillard : déjà nous en avons rappelé le pieux souvenir, M⁽ᵉ⁾ de Beaumont, originaire de Casson, mourut en 1830, à l'âge de 76 ans, et nous croyons que sa compagne l'avait précédée dans la tombe. En même temps une demoiselle Gaullier, de la famille qui avait acheté nationalement la Barbardrie, donnait aux enfants quelque instruction.

M. de la Mulonnière voulut établir une école régulière de filles ; mais à ce moment les événements de 1830 changèrent subitement la face des affaires, et la chose en resta là.

Deux ans avant la chûte de Charles X, Mme la
duchesse de Berry était venue visiter la ville de
Nantes ; or, le lendemain de la belle réception qu'on
lui fit, 30 juin 1828, elle alla à l'abbaye de Melleray,
où les religieux Cisterciens s'étaient rétablis en 1817,
et, à son retour qui s'effectua sur un yacht de la
marine royale, *La Giraffe*, elle passa devant le bourg
de Sucé, avec une flottille pavoisée, qui lui faisait
escorte. Au milieu de la rivière, reposant sur deux
chalands ancrés, un arc de triomphe s'offrit à la
princesse qui passa dessous, en répondant aux accla-
mations des habitants massés sur les deux rives.

Avant de poursuivre notre récit, jetons un regard
rétrospectif sur ces trente années dont nous venons
de rappeler quelques faits intéressants pour notre
localité. En cet espace de temps, notre humble pays
semblait sortir de son obscurité. On y abordait plus
facilement, soit par Carquefou, soit surtout par
l'Erdre. Un bateau à manège, c'est-à-dire mu par
un cheval qui tournait sur lui-même et agitait deux
roues à palettes, prenait les voyageurs à Nantes et les
transportait à Sucé. Ce n'est qu'en 1829 que les pyroscaphes, la *Ville de Nantes* et la *Ville de Nort*, comme
on les appelait alors, commencèrent un service régulier.

La population sucéenne s'était sensiblement
accrue : en 1792 on ne comptait que 1704 habitants ;
au lendemain de la Révolution, un peu moins, 1661 ;
mais en 1830, le recensement s'élevait à près de
2.000. Le bourg avait pris quelque accroissement :
on avait bâti deux maisons importantes dans les
jardins qui s'étendaient entre l'église et la rivière,
puis toute une bordure dans la rue du presbytère.

Dans les campagnes on relevait de leurs ruines

certaines maisons de maître, ou l'on en créait de
nouvelles. Un certain Magouët, peut-être le premier
sous-préfet de Savenay (1), qui avait acquis, en
1808, des époux Nuaud, la terre du Port-Hubert, dut
rebâtir la vieille maison des Richard d'Audierne ; il
voulut l'appeler la Magouëttière, mais il emporta ce
nom avec lui, 1827. M. Dupont, un artiste peintre
et musicien, qui nous venait de Normandie, avec sa
jeune femme, et qui s'était d'abord établi à Jaille,
dans la seconde maison, celle des Alexandre, tandis
que la famille Lelièvre se contentait de l'antique
manoir cartésien, acheta bientôt la Perruche où
M. Barreau venait de mourir, et de là créa la villa de
Bel-Air, qu'il vint habiter. La Hautière s'agrandissait
de deux pavillons accolés au corps principal du
vieux bâtiment. M. Claveau, avec les pierres des
ruines de l'Onglette, construisait la Claverie. Le
manoir de Nay, depuis longtemps abandonné par la
châtelaine du Pé d'Orvault et occupé par M. Guichard, négociant à Nantes, d'abord comme locataire,
puis en 1827 propriétaire, fut remplacé par une élégante construction. M. Arondel de Hayes, de la
famille des Moriceau de Logné et des Legros, de la
Papinière, éleva une autre maison de campagne sur
la roche de Montretraict. A la Barandière, M. Rolland,
allait bientôt (vers 1843) rebâtir sa demeure, en

---

(1) Les Magouët, dans les dernières années de l'ancien
Régime, formaient une très nombreuse lignée dans la
région de Savenay. Ils occupaient des charges dans les
différentes juridictions féodales et, pour se distinguer,
prenaient les noms de leurs maisons : du Vigneau, du
Mont-des-Ormes, des Beaux-Lieux, de la Trocardrie, de
Maupertuis, et même de la Magouërie. Le sous-préfet de
Savenay (1800-1809) se faisait appeler de la Trémélotrie.

même temps que sa sœur, Mlle Aimée, se faisait construire un chalet qu'elle appela les Rochettes.

Ainsi, en ce temps-là, il y eut à Sucé une véritable émulation pour réparer et édifier.

Les de Soussay gardaient leur vieille demeure de la Maillère telle qu'ils l'avaient habitée avant la Révolution ; d'ailleurs ils la désertèrent bientôt. On avait fait quelques réparations à Chavagne, et surtout à Launay que Pinard avait autrefois incendié. Jaille, habité par la famille Lelièvre, restait aussi dans le même état, sans changement depuis les Descartes. On peut en dire autant de la Turballière possédée et habitée par les Saulnier de la Pinelais. La Haie ne revit point ses anciens maîtres, aussi bien que la Barbinière. Saint-Denis depuis très longtemps n'était encore qu'une solitude et resta ainsi jusqu'à ce que M. de l'Aubépin en fit acquisition et y éleva un chalet suisse, nous ne savons à quelle date précise. L'Onglette et Procé n'offraient aux yeux qu'un amas de ruines. A Logné habitait encore la famille Moriceau (1) ; au Bois-Melêt, M. Ertault de la Bretonnière (2) ; à la Papinière, M. Arondel de Hayes, qui venait de voir mourir sa jeune femme à l'âge de 28 ans, et en cette même année, son beau-père, M. Legros.

Dans le bourg, les Dupuy, qui avaient acheté l'ancien presbytère, s'étaient bâti la maison qu'on voit

---

(1) M. Théodore Moriceau mourut en 1831 ; sa veuve devait lui survivre jusqu'en 1851 ; cette dame était née Desbordes ; elle perdit sa vieille mère, âgée de 87 ans, en 1843 ; on dit celle-ci née à Saint-Domingue et appelée Coste.

(2) Il avait épousé Mlle Anne Luzeau de la Mulonnière qui lui donna trois enfants, Léon, Charles et Mathilde ; celle-ci mourut au Bois-Mêlet, âgée de 21 ans, en 1849.

aujourd'hui ; M. Bellanger continuait d'habiter la Cour Gaillard ; M. Guillaume Marquer, faisant les fonctions de juge de paix depuis déjà de longues années, habitait le vieil hôtel des Régaires, au haut de la rue du Port, comme avant la Révolution. Le fils de l'ancien concurrent de M. Vacher et président du Comité de surveillance aux jours mauvais, Humanité Yvelin, celui dont nous avons mentionné le baptême tout laïc, allait succéder à son père ; il se maria et eut une fille, en 1827, qu'il nomma Hermine, selon la tradition de la famille. Le fils de M. G. Marquer, lui-même, prit la même profession, et demeurait au bas de la rue du Port, maison qui resta l'habitation des médecins jusqu'à ces derniers temps. Les Gaullier qui avaient acheté nationalement les biens de Messieurs Lelou, dans le bourg, occupaient la vieille gentilhommière, depuis longtemps appelée maison Hauray-Potier. (1)

M. Thomas Angebault qui avait épousé une demoiselle Vacher, faisait de la Hautière sa résidence habituelle, du moins pendant la belle saison. Il perdit sa femme en 1825. Elle lui avait donné trois fils : Laurent, Guillaume et Jean-Baptiste. L'aîné mourut en bas âge, Guillaume était entré dans les Ordres et avait reçu la prêtrise en 1813 ; après un court vicariat à Saint-Donatien, il était devenu secrétaire de l'Evêché, en attendant les honneurs de l'épiscopat auxquels le destinait la Providence. Jean-Baptiste suivit la carrière de son père et se fit inscrire au barreau de Nantes. Tous trois étaient nés à Rennes, mais se sont toujours regardés comme des enfants de Sucé.

---

(1) M. Jean Gaullier, qui est dit agriculteur, était mort en 1814.

M. Angebault, père, après la mort de sa femme,. laissa la Hautière à son fils Jean-Baptiste (1), et lui se retira au presbytère, comme nous l'avons mentionné plus haut ; là il devait mourir en prédestiné, vers 1840. C'est alors que M. Jean-Baptiste agrandit sa maison de la Hautière, où il venait avec sa jeune épouse passer la belle saison ; l'abbé, son frère, y faisait de fréquents séjours.

Celui-ci s'était intéressé à un petit Auvergnat qu'avec M. de Courson, grand-vicaire, il avait un jour rencontré sur le pavé de Nantes. L'enfant était un ramoneur. Voyant en lui des signes de vocation ecclésiastique, il le prit dès ce moment sous sa protection et lui fit faire ses études au Petit-Séminaire. Comme ses supérieurs remarquaient dans le jeune homme beaucoup de légèreté, il dut longtemps attendre avant d'être appelé aux Ordres, et voilà que lui, las de ces retards, se dirige vers Rome, en mendiant son pain et à pied. Il devint enfin prêtre et même dans la suite, le Souverain Pontife l'honora de la charge de premier Pénitencier en langue française. Lui furent même confiées plusieurs missions délicates en Angleterre et ailleurs ; c'est en revenant d'un de ces voyages qu'il contracta le choléra à Marseille et en mourut. On l'a bien connu à Rome, très affable pour les pèlerins français, sous le nom de Père Vaures, camérier de Grégoire XVI et de Pie IX. Durant ses études à Nantes, il venait passer ses vacances à la Hautière, et c'est à ce titre qu'il doit figurer dans notre histoire.

En même temps que lui, un enfant de Sucé, Fran-

---

(1) Celui-ci, devenu veuf en 1836, épousa une demoiselle du Rostu.

çois Chesnet, né en 1806, faisait ses humanités au Petit-Séminaire de Nantes. Il devait être ordonné en 1833. Cet aîné de la famille sacerdotale à Sucé depuis le rétablissement du culte, lui aussi, était un protégé de la Hautière ; plus tard il associa sa vie à celle de l'abbé Angebault, devenu évêque d'Angers. Plusieurs fois le nom de ce prêtre vénéré reviendra sous notre plume, dans les pages qui vont suivre .

Déjà nous avons cité la maisonnette des Herces, située sur le bord même de l'Erdre, au bas de la butte du Moulin-à-vent ou de l'Angleterre. Ce lieu, absorbé par la Claverie et dont on ne parle plus, nous rappelle un étranger au pays, qui habita là pendant quelques années de l'époque que nous étudions. Sa célébrité relative dans notre région Nantaise fait que nous devons lui consacrer quelques lignes.

Edouard Richer, né à Noirmoutier le 11 juin 1792, fit de premières études au collège de la Flèche, tenta l'école Saint-Cyr, puis fut placé à Nantes, dans un pensionnat d'où il s'échappa. Original et indiscipliné, il n'arrivait à rien et faisait le désespoir de sa mère. A vingt ans, il s'éprit pour Bernardin de Saint-Pierre, un des créateurs du romantisme, et enfin s'appliqua à l'étude de la nature et de l'histoire : c'était sa voie. En 1816, il publia un petit poème dans le genre érotique, *Victor et Amédée*, puis des *Voyages pittoresques* dans la Loire-Inférieure, de 1820 à 1823. C'est vers cette époque qu'il vint goûter les plaisirs de la solitude aux Herces, aux bords de cette rivière qu'il sut si bien décrire, après avoir fait station à Orvault, à Clisson, au Gâvre, à la Coutancière où l'on brûla ses notes et ses manuscrits, et à Treillières, partout où les beautés de la nature l'attiraient. En arrivant chez nous, il écrivait à un de ses amis : « Je n'ai plus rien à désirer, je l'ai enfin trouvé, ce port tranquille, où je puis me reposer des agitations de la vie. J'éprouve un bien-être que je ne voudrais pas échanger pour tout ce que l'imagination peut suggérer de plus désirable... Je m'abîme dans le repos... »

Heureux donc pour le moment dans ce nid d'ombre et de verdure, il s'en fit le propriétaire. En 1826 il demanda à la commune un petit lopin de terre sur la butte voisine ; mais on le lui refusa. C'est là qu'il composa son meilleur ouvrage, *Précis de l'histoire de Bretagne*.

En quittant ce Paradis terrestre qu'il devait laisser à un M. de Farcy, un rêveur comme lui, il regagna son île natale, puis revint à Nantes pour loger rue de Bel-Air où il finit sa vie aventureuse et agitée, le 24 janvier 1834.

Il attacha son nom à celui d'une espèce de sorcière qu'il appelle Mme de Saint-Amour, qu'il reçut aux Herces et protégea surtout quand il vint habiter Nantes. Elle se faisait passer pour une sainte et faisait, disait-on, des cures miraculeuses. Tous deux allaient bien ensemble. Ce théosophe, chantre enthousiaste de la nature, esprit faux et halluciné, s'est peint lui-même en prétendant, sans nous convaincre, qu'il n'était pas « hypocrite, fanatique, visionnaire, fou, hérétique, imposteur » (1). Au fond ce n'est qu'une pâle gloire pour notre pays de Sucé.

La Révolution de juillet, comme on appelle ce coup d'Etat qui renversa à nouveau la monarchie légitime, trouva à Sucé des protestataires. Notre

______

(1) Cfr *Edouard Richer*, par M. G. Merland, 1906, et *Seconde Restauration*, par M. Libaudière.

municipalité se fit un devoir de se dissoudre après le
départ de Charles X. Son chef, M. de la Mulonnière,
se hâta de donner sa démission et se retira complètement des affaires publiques. Le Préfet nomma,
pour maire de Sucé, un homme qui accepta avec enthousiasme une charge qu'il briguait depuis plusieurs
années, M. Guichard, propriétaire à Nay, dont nous
avons fait déjà mention plus haut (1). Le 5 septembre
1830, il prêtait serment à Louis-Philippe, roi des
Français. Ses deux adjoints furent maintenus : G.
Marquer et L. Salmon. Parmi les membres du Conseil,
nous remarquons M. Dupont et J. Durand. Ce dernier
est un nouveau venu dans le pays (2).

Le maire, par esprit de parti, se déclara aussitôt
hostile à l'ancienne Administration municipale.

Quoiqu'il ne fût ni impie, ni irréligieux, mais
honorable d'ailleurs, il ne paraissait pas être à sa
place, dans une commune où il ne résidait que depuis
quelques années seulement. M. de la Mulonnière, mis
en cause, se vit obligé de se justifier de sa gestion :
ce qu'il fit sans réplique et en plein Conseil (3).

C'est la municipalité Guichard qui loua un local
au haut de la rue du Presbytère, pour y tenir ses
séances, ayant été mise dans la nécessité de quitter
l'ancienne maison Rivron, propriété de M. de la
Mulonnière. Nous pensons qu'elle remit en question
l'affaire de l'école. La classe des garçons se tenait
au-dessous de la chambre commune. Qui instruisait

---

(1) C'était un marchand de Nantes que les charme. de
la rivière avaient attiré à Sucé.

(2) Il était expert-géomètre et habitait à l'angle de
la rue de l'Eglise et du chemin d'Angleterre, depuis
maison Gibé.

(3) Il mourut à Nantes, le 24 juin 1845.

les enfants ? Il y a eu à Sucé, pendant quelques années seulement, un religieux de l'Institut de Ploërmel qui, logeant à la cure, faisait l'école. Nous n'avons trouvé aucune trace de son passage ; mais la tradition a conservé son souvenir, et il y a toujours au presbytère une pièce qu'on appelle encore la chambre du Frère. C'est un nommé Letain qui dut lui succéder.

L'enthousiasme pour le nouveau Gouvernement se manifestait sous toutes les formes par l'instigation de M. Guichard. On célébra le premier anniversaire des journées de juillet, puis, le 5 août suivant, la fête du roi. On y fit même intervenir la religion en commandant un service solennel pour les victimes de la dernière Révolution à Paris.

Pour comprimer le commencement d'insurrection que provoqua la folle tentative de la duchesse de Berry, on prit des mesures sévères. Le comte d'Erlon, chef de la 2ᵉ Division militaire à Nantes, envoyait des garnisons à Launay, au Bois-Mêlet et à Chavagne: dans ces paisibles maisons, on a gardé le souvenir de cette soldatesque arrogante qui mettait son devoir de consigne à vexer les respectables hôtes qui voulaient bien les souffrir chez eux.

Au milieu de ces troubles politiques qui divisaient la paroisse, le curé, par son esprit de conciliation, avait su ménager les susceptibilités de l'un et l'autre parti. En cela il avait été fidèle aux exemples donnés par son vénérable prédécesseur. L'agitation calmée, la faveur lui fut accordée de revoir la paix après la guerre.

Mais une maladie inattendue l'emporta en quelques jours, au milieu de l'année 1832. Etant en visite au Bois-Mêlet, il fut appelé en hâte pour assister un mourant. N'écoutant que son devoir, il s'arrache, sans hésiter à l'honorable compagnie et se rend avec précipitation au Bac. Là, par malheur, il fut obligé d'attendre trop longtemps le passeur. Il eut froid. Sans prendre aucune précaution, il court au chevet du malade qui réclamait son ministère ; mais, dès le lendemain, il est forcé de s'aliter avec une fièvre violente et tous les prodromes d'une pneumonie très grave. Le mal fait de rapides progrès : sept jours après il expire, victime de son zèle, le 3 mars à 10 h. du matin, dans la 52e année de son âge. Sa constitution pourtant, sans être très robuste, eût pu faire espérer une plus longue vie.

Depuis le 4 septembre précédent il était seul dans la paroisse : M. Chenel, son vicaire, n'avait point eu de successeur immédiat, vu la pénurie des prêtres. Ainsi, pendant les quelques jours de sa maladie, la paroisse fut desservie par M. l'abbé Augebault, lui-même, alors pourtant vicaire-général. Ce fut donc à lui que revint l'honneur de présider la cérémonie des funérailles de M. le curé. Quelques mois après, la municipalité, pour témoigner sa reconnaissance au défunt, lui fit élever un tombeau au côté de celui de M. Bucaille. « Ses qualités surent concilier tous les esprits aux événements de juillet et ses principes étaient en harmonie avec les progrès du jour » : c'est en ces termes qu'on fit son éloge au Conseil municipal délibérant à son sujet. Ce tombeau a été transféré, avec celui de M. Bucaille, comme nous l'avons dit précédemment. Mais — et nous le regrettons — on n'a pas cru bon de conserver la longue épitaphe qui était à la louange du pasteur, ravi prématurément à l'affection de son troupeau.

M. Mathelier était gai de caractère et plein d'amabilité. Homme de goût et d'ordre, il exécuta au presbytère des travaux d'améliorations. Ainsi c'est à lui que nous devons les ménageries, le four, le cellier, la remise ; le magnolia qui occupe le milieu du jardin garde son souvenir ; il construisit aussi la murette en fer-à-cheval, séparant la cour d'honneur du verger. Après sa mort, on trouva dans un meuble, vendu au successeur, une somme de 1.500 fr. Quoiqu'il fût probable que cet argent lui appartenait en propre, les héritiers eurent la générosité de l'abandonner à la paroisse.

CHAPITRE VI

M. René-Marie Gerfaud fut choisi pour la cure de Sucé, sur la recommandation de M. l'abbé Angebault. Celui-ci avait pu, en effet, apprécier les qualités remarquables de ce jeune prêtre, quand il le voyait passant ses vacances de séminariste sous le toit de M. Mathelier, l'ancien curé de la paroisse natale de M. Gerfaud.

Né le 20 octobre 1803, il fut élevé à l'honneur de la cléricature dans sa vingtième année et reçut la prêtrise en 1826. A la suite de son ordination, il alla exercer son ministère dans la belle paroisse de Guérande, où il devait laisser le meilleur souvenir. C'est de là qu'il fut appelé à la cure de Sucé, vacante par le décès de celui à qui il devait sans doute sa vocation ecclésiastique. Pour les fidèles c'était une figure connue, dont ils se rappelaient agréablement les traits : ils l'avaient vu autrefois, ce jeune clerc, alerte et gai, accompagnant M. le curé dans ses promenades à travers la campagne et assistant aux offices de l'église.

Depuis le rétablissement du culte. M. Gerfaud était le troisième pasteur de Sucé ; or, aucun d'eux n'était arrivé au milieu de leur troupeau comme étranger. Avant la Révolution même, M. Lelou, étant presque un enfant de la paroisse, avait pendant quelques années vicarié à Casson, à côté de nous. Ainsi, pendant près d'un siècle, nous avons eu le bonheur d'être dirigés par des prêtres qui, connaissant d'avance la paroisse, ont su conserver les traditions locales, surtout celles de ce meilleur temps, dont la Révolution nous sépare à jamais. Voilà une chaîne d'or dont les anneaux ont été enlacés providentiellement : c'est une grâce toute spéciale du ciel, dont nous devons être reconnaissants, nous, paroissiens de Sucé.

Ce fut le 6 mars 1832 que M. Gerfaud quitta Guérande, et dix jours après il prit possession de sa cure, en présence de M. l'abbé Angebault luimême, qui l'avait choisi pour nous et qui eut la joie de nous le présenter. L'intérim avait été court, puisqu'il n'y avait plus de vicaire. Pendant les quelques jours qui précédèrent l'arrivée du nouveau curé, un vicaire de la Chapelle-sur-Erdre vint résider à Sucé.

Avec M. Gerfaud, nous entrons dans une ère de restauration complète à Sucé. Le zèle de ce prêtre, joint à ses qualités natives et acquises, va rajeunir la paroisse en créant et édifiant. Secondé par l'autorité civile, il achèvera son œuvre avant de nous quitter. De tous ceux qui ont exercé le ministère à Sucé il est, sans contredit, un de ceux qui ont laissé le plus ineffaçable souvenir.

D'une figure sympathique et distinguée, d'une stature imposante, d'un port digne et grave, il respirait ce qui attire et captive. C'était le type du gentilhomme : franc, généreux, affable, spirituel et courtois, aimable enfin. Si, dans la société, il avait du succès par le charme de ses manières et de sa conversation, on ne l'aimait pas moins à l'autel, à l'église, où il paraissait toujours avec grâce et piété. Doué d'un bel organe, il exécutait bien les chants liturgiques, il parlait avec onction, il priait publiquement avec un ton qui pénétrait les cœurs. Ami de Dieu et ami des hommes, tous l'estimaient, l'aimaient, pauvres comme riches. Aussi fallait-il le voir visitant indistinctement la ferme et le château, sachant converser simplement avec le laboureur et l'ouvrier, comme avec le châtelain et le bourgeois : telle est la peinture que nous pouvons faire de ce prêtre accompli, dont on nous a tant parlé dans notre enfance.

Dès son arrivée à Sucé, il sut s'attirer l'estime des dirigeants de la commune : ceux-ci, d'ailleurs, ne désiraient rien tant que d'entrer dans les vues du curé, parce qu'ils savaient que l'union fait la force.

Soyons justes et reconnaissants en remerciant M. Guichard pour l'établissement définitif d'une école communale de garçons. M. Letain, avons-nous dit, instituteur à Grandchamp, fut agréé pour enseigner à Sucé avec le minime traitement supplémentaire de 200 francs. Nous ignorons si le Frère qui le précéda fut regardé comme instituteur public et subventionné comme tel. Nos petites filles n'avaient plus d'éducatrices : ce fut là l'objet de la sollicitude de M. Gerfaud. En quelque temps, il parvint à fonder une école libre, tenue par les religieuses de

Saint-Gildas, dont M. l'abbé Angebault était le supérieur ecclésiastique. Le local, affecté d'abord à
l'œuvre naissante, fut la maison Bellanger, à l'angle
sud de la cour Gaillard. Bientôt après la famille
Angebault offrit l'ancienne maison Rivron, atte-
nante au parc de la Hautière.

En 1834, on composa un comité d'instruction primaire : MM. Guichard, Gerfaud, Rivron en furent
les premiers membres ; mais il ne dura pas.

Après quatre années d'administration, M. Guichard, sur sa demande, obtint de se démettre de la
mairie, malgré les difficultés qu'on lui opposa. Le
motif, ou plutôt le prétexte, était une absence mo-
mentanée. Pour le remplacer, mais non pour lui
succéder, on délégua un de ses adjoints, M. L. Salmon, qui resta en charge jusqu'au 15 août 1837,
c'est-à-dire jusqu'au retour de M. Guichard. M. Salmon reprit simplement ses anciennes fonctions ;
mais, au bout de deux ans, il les passa à un jeune
étranger, déjà depuis un certain temps acclimaté
chez nous, M. J.-B. Dupont. Jeune et ardent, artiste
et laborieux, il s'était lié d'amitié avec M. Gerfaud :
tous deux semblaient bien faits pour construire et
inaugurer.

M. Guichard donc, forcé de reprendre le fardeau
qui semblait lui peser, ne tarda pas à s'en décharger
complètement, fin de l'année 1839. Il quitta même
sa belle résidence de Nay qu'il s'était faite ; il la
vendit, avec les terres qui en dépendent, à M. le
comte Théodore de Cornulier-Lucinière, de la noble
et antique famille du nom. Né à Nort, il avait
épousé, à Orléans, une demoiselle de Sailly. C'est
lui qui devait agrandir la maison de Nay en y ajoutant deux ailes importantes qui lui donnent ce
grand air qu'on lui reconnaît aujourd'hui.

Rendu à cette date, notons en passant, que la maison du Port-Hubert, voisine de Nay, qui avait été vendue en 1827 par Magouët aux époux Boyrie, passait entre les mains d'une famille protestante, les Plessor-Walsh, en 1836 ; celle-ci, représentée plus tard par M. Dobrée qui avait épousé une demoiselle Walsh, posséda le Port-Hubert jusqu'à la mort de ce dernier.

Quand M. Dupont devint maire de Sucé, les rêves de M. le curé, ses désirs légitimes, allaient se réaliser. Aussi, fort de l'appui de l'autorité civile, prit-il bientôt l'initiative de la reconstruction de l'église paroissiale. L'on sait que l'œuvre se faisait urgente depuis longtemps.

Le vieux bâtiment tombait en ruine ; la décence et même la sécurité publique en réclamaient instamment un nouveau. Mgr de Hercé, en cours de visite pastorale, 17 juin 1840, présidant le Conseil de Fabrique, reconnut la nécessité où se trouvaient les habitants de Sucé d'élever prochainement un temple plus digne de Dieu et d'eux-mêmes. L'année suivante, le Préfet applaudissait à ces projets ; mais la grande difficulté pour le réaliser venait du côté des ressources pécuniaires. Dans une séance du Conseil, on s'accorda à vendre une rente de 80 fr. sur l'Etat, à faire une souscription générale dans la paroisse et à demander un secours au Département. On fut aussi d'avis de se conformer au désir du Préfet : relever d'abord la partie de l'église la plus chancelante, c'est-à-dire construire d'abord le chevet et la moitié de la nef, en démolissant le pignon, la tour et les chapelles en appentis.

Le 7 octobre les travaux sont mis en adjudication.

M. le Curé et M. le Maire, tous deux, se mirent en campagne pour recueillir les souscriptions, qui s'élevèrent au beau total de 18.000 francs. Dès lors on commença l'entreprise et la première pierre fut bénite au jour de l'Annonciation, le 25 mars de l'année suivante. Le 10 juillet, la cérémonie de la première Communion put se faire dans la nouvelle enceinte, quoique inachevée encore. La messe de Noël de 1842 fut le premier office solennel célébré à l'intérieur de l'église. Cette partie faite et livrée au culte, on suspendit les travaux jusqu'au mois de mai 1843.

Cette grande œuvre n'occupait pas exclusivement nos chefs. De son côté, M. Gerfaud enrichissait sa chère paroisse de faveurs spirituelles. Déjà il avait obtenu l'autorisation de donner le salut de la Vraie-Croix tous les premiers vendredis du mois, tous les vendredis de carême et aux fêtes de l'Invention et de l'Exaltation. La précieuse relique avait été fournie à l'église par l'entremise de M. Mathelier en son vivant (18 février 1829). Pour encourager la dévotion du S. Rosaire, M. le curé établissait (avril 1838) une procession mensuelle, avec autorisation épiscopale. Son zèle lui inspira aussi l'heureuse pensée d'introduire chez nous l'œuvre admirable de la Propagation de la Foi (1er juin 1840).

En même temps, M. le Maire travaillait avec ardeur aux intérêts matériels de la commune. A peine arrivé à la Mairie, il avait demandé à l'Administration des Postes un service journalier pour Sucé ; il manifestait également le désir qu'une foire fût concédée pour le 8 avril et qu'il se tînt au bourg un marché chaque vendredi, depuis si longtemps sollicité. C'est à lui que nous devons l'initiative de la construction d'un pont sur l'Erdre, pour relier les deux parties du territoire communal et remplacer le bac, si incommode et si insuffisant. En achevant celui de Truzeau, on mettait à l'étude celui de Nay, d'une importance majeure après celui de Sucé. C'est en 1840 et 1841 qu'on dressa le plan cadastral de la commune et qu'on effectua le partage des grands marais, dépendant autrefois du fief des Régaires. Tous les inféodés eurent une part proportionnelle.

Le 30 juillet de l'année 1842, M. l'abbé Angebault est promu à l'évêché d'Angers. C'était un grand honneur pour notre paroisse qui regardait cet éminent ecclésiastique pour un des siens. Une fois préconisé, il vint séjourner à la Hautière et se préparer à son sacre qui eut lieu dans sa ville épiscopale le 10 août. Il prit avec lui, comme économe de sa maison, M. Chesnet qui était alors aumônier au collège Saint-Stanislas, à Nantes.

Mais l'église paroissiale n'était pas encore terminée : il fallait y mettre la dernière main. La vieille construction accolée à la nouvelle faisait un contraste bien propre à inspirer à tous le désir d'un achèvement. La partie qui reste à construire est évaluée à 18.000 francs. Pour arriver à cette somme, on décide de faire d'abord un emprunt de 10.000 fr. dont l'amortissement se fera par le produit des chaises pendant dix années. Le 1ᵉʳ mai 1843 les travaux sont repris avec activité et, le 1ᵉʳ août de l'année suivante, les trois nefs de l'église sont construites, ainsi que les bases du clocher.

Elevée sur un plan fort simple, notre église, il est vrai, n'est point un monument architectural ; cependant l'ensemble n'offre rien de choquant. Elle est spacieuse et éclairée. Si du reste on ne peut louer les paroissiens de Sucé du temple qu'ils ont donné à Dieu, ils doivent se féliciter d'avoir été parmi les premiers dans le diocèse à reconstruire les vieilles églises. Il eut fallu attendre dix ans pour que nos architectes modernes reprissent le grand style des XIII° et XIV° siècles. En 1840 on n'en avait pas encore l'idée.

M. Gerfaud voulut, dès le commencement, mettre sous la protection de Notre-Dame l'édifice qu'il venait de bénir, et dresser un trône de reine à Celle que nos pères invoquaient sous le titre de Notre-Dame de Lorette et la Blanche. Le 24 avril 1844, 3° dimanche après Pâques, on fit l'inauguration et la bénédiction d'une statue de la Mère de Dieu : elle fut placée dans la chapelle, côté de l'évangile, et on lui donna le vocable de l'Immaculée-Conception, et cela était bien avant la définition du dogme catholique. La statue avait été offerte à la Reine des Vierges par quelques jeunes filles de la paroisse.

« Tout le monde, dit la Chronique paroissiale, était réuni au pied de l'autel de Marie. Il y eut bien des larmes répandues. Ce fut dans ce jour que se convertit un jeune médecin ?...

Quelques mois après, le pasteur éprouva une grande consolation. Le prédicateur de la Communion des enfants toucha si bien son auditoire que l'on vit tous les fidèles se lever spontanément pour répondre, eux aussi, aux questions sur le renouvellement des promesses du baptême.

Deux ans plus tard, à l'occasion de la visite épiscopale, 1er juin 1846, le lundi de la Pentecôte, il se fit à Sucé une belle cérémonie, dont le souvenir doit être gardé dans nos annales paroissiales.

Ce jour, si vivement attendu, avait été choisi pour la bénédiction rituelle de la nouvelle église. Mgr de Hercé, qui, à son dernier passage, avait approuvé l'entreprise, se faisait un bonheur de la voir achevée : il avait voulu se réserver l'honneur d'en faire l'inauguration. Dès le matin, arrivée au pied de Montretraict, Sa Grandeur se dispose à passer la rivière dans une barque pavoisée et enguirlandée ; plusieurs autres se groupent autour. Le coup d'œil est ravissant : cette flottille en fête avait un charme tout local. Des deux rives on se fait écho en chantant des hymnes et des cantiques ; quelques salves d'artillerie se mêlent aux voix et au joyeux carillon de notre unique cloche, perchée dans un campanile provisoire. Après avoir mis pied à terre et s'être rendu à la porte de notre nouvelle église, Monseigneur reçoit les compliments de M. le Curé et de M. le Maire, les deux principaux ouvriers de la construction. Ensuite il procède à la bénédiction, suivie de la messe et de la cérémonie de Confirmation. L'auguste visiteur ne peut se défendre de manifester aux paroissiens de Sucé la joie qu'il ressent dans ce temple, si beau de simplicité ; il adresse spécialement ses félicitations à M. Gerfaud et à M. Dupont, à l'honneur ce jour-là comme ils avaient été à la peine pour mener leur œuvre à bonne fin.

Quelques mois après cette belle fête, pour entretenir la ferveur dans les âmes, une mission fut donnée à la paroisse par trois Pères de Saint-François de Nantes : ces exercices spirituels firent beaucoup de bien. On compta 1.900 communiants à la clôture, ce qui montre que les voisins y avaient pris part. Le jour final, on fit la translation des reliques de saint Etienne, patron de la paroisse. C'est dans cette circonstance que M. Pergeline, un des missionnaires, composa et fit chanter pour la première fois un cantique qui fut chez nous populaire pendant plusieurs années, mais aujourd'hui complètement oublié.

Au soir de ce même jour on érigea le Chemin de Croix sous la présidence de Mgr Angebault, qui avait tenu à venir partager la joie de sa chère paroisse de Sucé. C'était la première fois qu'il se montrait chez nous avec ses insignes épiscopaux.

La piété et le zèle du pasteur sont inlassables. Pour confirmer les paroissiens dans les bonnes dispositions dans lesquelles il les voyait alors, M. le Curé établit canoniquement la Confrérie du *Saint-Nom de Marie* pour la conversion des pécheurs. Les lettres d'autorisation sont datées du 25 juillet 1847, et celles d'agrégation à Notre-Dame des Victoires de Paris, du 7 septembre suivant.

CHAPITRE VII

Après 1835, il y eut un arrêt dans les constructions à Sucé : l'église seule semblait occuper les
ouvriers. D'ailleurs on avait déjà beaucoup édifié
sous le règne de Charles X. Quelques-unes des
vieilles gentilhommières de la paroisse avaient été
relevées de leurs ruines ; certaines autres maisons
venaient de surgir de terre là où il n'y en avait
point eu auparavant, comme Montretraict, Bel-Air
et la Claverie. Peut-être devrions-nous ajouter à
celles-ci la Gamotrie qu'édifia M. Suser, et Saint-
Denis, où M. de l'Aubépin éleva son chalet suisse.
Il en est une, plus importante et aussi bien située,
la Châtaigneraie, œuvre de M. Leray, qui ne se
montra que vers 1860. M. Hardouin dut, aussi lui,
se créer un petit pied-à-terre à Malabry, aux alen-

tours de 1840 (1). Les moulins à vent, si nous
devons ici les mentionner, de Saint-Michel, de l'Angleterre et de la Guillonnière, pourraient être de
cette époque ; le dernier, dont se voit encore la
masse imposante, ne travailla que peu de temps,
malgré son aménagement plus soigné : il fut arrêté
par un incendie.

Cependant on fit quelques constructions dans
notre bourg, principalement rue du Port et rue du
Presbytère. Mais ce qui devait lui donner du jour
et changer son aspect, ce sont les améliorations
dues à M. Dupont : le percement de la Grand'rue
et la construction de la Mairie. Voilà une grosse
affaire qui ne se fit pas sans difficultés et sans oppositions.

Il faut tout d'abord rendre justice à cet homme
entreprenant qui, au risque de perdre sa popula-
rité, employa tous ses efforts à rendre meilleures
les conditions matérielles de Sucé. Le plus ardent
de ses désirs avait été l'établissement d'un pont sur
l'Erdre, si utile à la population, surtout à celle de
la rive gauche. Mais des plans successifs, soumis à
la Préfecture, restèrent pour le moment dans les
cartons. Toutefois c'était en prévision de cet établissement et même pour en hâter la réalisation
que M. Dupont fit décider par son Conseil que l'on
percerait une nouvelle voie qui devait accéder au
pont projeté.

---

(1) De 1840 à 1850, nous relevons dans les registres
la mort de Mme veuve Desbordes, âgée de 87 ans, à
Logné ; de Mme Ertault, âgée de 78 ans, au Bois-Mêlet ;
de Dlle Jane Walsh, belle-sœur de M. Dobrée ; cette
dernière, irlandaise d'origine et protestante de religion,
fut transportée à Nantes pour y être inhumée. La famille Dobrée-Walsh avait acquis le Port-Hubert et la
Trématière, comme nous l'avons insinué déjà.

En ce temps-là, le Conseil était ainsi composé : J.-B. Dupont, maire ; J. Durand, adjoint ; Angebault, de la Pinière, Rolland, de Carheil, Yvelin, Lebrun, Savary, Chartier, J. Foucaud, P. Bourget, Deniaud, J. Libault, L. Burot et J. Moreau. Parmi ces membres nous remarquons de nouveaux noms : Durand, établi depuis quelques années à Sucé ; de la Pinière, gendre de M. Legros, et propriétaire de la Papinière ; Lebrun, jeune médecin exerçant concurremment avec Yvelin ; il habitait au haut de la rue du Port, maison Lelou ; il ne résida qu'une dizaine d'années à Sucé et alla s'établir à Héric.

La rue fut ouverte sur les terrains Yvelin et Frémond, après des expropriations laborieuses, vers 1846. Ceux qui s'étaient opposés à ces travaux n'avaient en vue que la dépréciation qui allait en résulter pour la rue du Port, où l'on venait de construire toute une rangée de maisons, à gauche en la descendant.

La percée étant faite, le maire voulut construire une mairie et une école. Dans la délibération du Conseil municipal du 2 avril 1849, on arrêta le projet ; mais on attendit deux ans pour commencer les travaux qui durèrent autant de temps. Malheureusement l'argent manquait en caisse et les expropriés et vendeurs des terrains demandaient à être payés. En 1857, la veuve Frémond n'avait pas encore reçu satisfaction et le sieur Yvelin sollicitait le versement d'une somme de 2.222 francs (1).

La maison commune se composait de la salle des séances, d'un cabinet d'archives, des appartements

---

(1) Arch. dép. Série O, 1.

de l'instituteur et d'une vaste classe pour les garçons. On quitta donc la rue du Presbytère, où le dernier bail avait été renouvelé en 1835.

C'est en ce temps-là que pour rectifier l'alignement des rues du bourg l'agent-voyer Pinson dressa un plan qui dut être présenté à l'examen et à l'approbation du Préfet, et que l'on concéda au sieur Bataille, propriétaire de la place de l'ancienne cure, pour construire un puits public, au bas du chemin de la Fontaine, une parcelle de terrain.

Afin de créer des ressources pécuniaires à la commune qui en avait grand besoin, l'autorité communale aliéna des terrains pour une somme de 644 fr. 75 et en réserva d'autres qui devaient être exploités comme carrières sur la butte du Moulin-à-Vent. Sur cette éminence rocheuse, il n'y avait alors qu'une humble cabane, faite de bois et de roseaux, concédée à de pauvres gens et que l'on appelait par ironie le château des Mille-tuyaux. Il fut soumis également au Département une requête qui malheureusement ne fut pas écoutée : on avait eu l'idée de prélever quelque argent sur l'emplacement occupé par les marchandises et matériaux qui encombraient les quais.

M. le Maire sollicita la création de plusieurs foires annuelles ; mais ce fut encore sans succès pour le moment. L'assemblée, dite de Saint-Michel, fut avancée au premier dimanche de septembre.

Quelque temps avant les faits que nous venons d'enregistrer, s'était éteint à Sucé un saint prêtre que toute la paroisse vénérait, M. l'abbé J.-M. Vacher, dont le nom est déjà apparu plusieurs fois dans ces pages. Après son retour d'exil, il avait été appelé à diriger la petite paroisse de la Varenne par M. de la Bourdonnays, vicaire-général d'Angers et compagnon de M. Vacher en Espagne. Celui-ci y resta pendant 18 ans et y laissa le souvenir d'un prêtre pieux, charitable et zélé. Des difficultés avec quelques-uns de ses paroissiens le déterminèrent à rentrer dans son diocèse d'origine, car la Varenne n'en faisait plus partie depuis la Révolution, et il accepta la cure de Thouaré que l'évêque de Nantes lui offrit, en 1819. Il y exerça le ministère pendant 13 années. Mais, au bout de ce temps, les infirmités le mirent dans l'obligation de se retirer et c'est à Sucé qu'il prit sa retraite, dans la maison bien humble et bien modeste qui fait face à l'entrée de la cour Gaillard. Jusqu'en 1845 il dut venir célébrer chaque jour à l'église ; ne pouvant alors que difficilement marcher, il obtint la permission d'un oratoire particulier. Il mourut à l'âge de 85 ans. Ayant toujours favorisé les vocations ecclésiastiques, il eut le bonheur de voir monter à l'autel un de ses protégés, M. F. Lelou, né à Sucé en 1816 et prêtre en 1843. Celui-ci est le second prêtre de Sucé après le rétablissement du culte : il remplacera ainsi un vénérable survivant de la Révolution, M. P. Clouet, directeur au Grand-Séminaire de Nantes, que la mort devait frapper trois ans plus tard, en 1846 (1).

Nous ne saurions omettre de noter ici un fait qui ne manque pas d'intérêt pour notre commune. A la fin de 1849, les habitants du village de Procé, l'ancien chef-lieu du fief des Rohan, présentèrent, sur l'instigation de la Municipalité, une requête à

---

(1) En cette année-là et en 1849, la Providence faisait naître, dans la rue du Port, deux enfants destinés à continuer la chaîne sacerdotale à Sucé, l'auteur de cet ouvrage et le fils de M. Lebrun, le médecin.

l'autorité préfectorale au sujet de la situation anormale du lieu. Etant d'un côté paroissiens de Sucé et de l'autre citoyens de Grandchamp, ils demandaient, comme cela avait toujours été autrefois, à se détacher de cette dernière commune. La supplique, pourtant bien fondée, n'apporta aucun changement à cette anomalie. La meilleure raison qu'on pouvait alléguer était celle-ci : un ruisseau, limite naturelle des deux paroisses, devrait, ce semble, séparer les deux territoires et non une ligne arbitraire passant au milieu du groupe d'habitations. L'affaire mériterait d'être reprise pour mettre fin à tous les inconvénients qu'elle cause aux habitants de Procé.

Si M. le Maire avait tant à cœur les intérêts communaux, M. le Curé voulait enfin mettre la dernière main à sa grande œuvre paroissiale, nous voulons dire donner un digne couronnement à son église : c'était là son désir le plus ardent. Le principal obstacle à la réalisation du rêve venait du défaut de ressources en argent. Mais voilà que la généreuse offrande de M. Urvoy de Saint-Bédan, châtelain de Casson, gros propriétaire à Sucé, détermina tout le monde à s'imposer de nouveaux sacrifices. Aux 8.000 francs offerts par cet insigne bienfaiteur, la paroisse, par sa souscription, ajouta environ 3.000 francs, somme prévue pour la dépense selon le devis de l'architecte Chenantais. Ce fut le 21 juin 1850 que les travaux avaient été adjugés et pris par M. Moussié, entrepreneur. Tout fut terminé en quelques mois : nous avions enfin un clocher pour nous montrer le ciel de son doigt de pierre !

Heureux le pasteur quand il bénit le symbole de la vigilance qui devait surmonter la flèche d'ardoises de la tour sacrée ! Sa tâche semble accomplie à Sucé ; mais non, la Providence veut encore le maintenir parmi nous quelque temps pour compléter son ouvrage d'une autre manière : rajeunir et embellir ces autres temples, plus précieux et plus agréables à Dieu, les âmes chrétiennes.

Le 14 septembre 1851, à l'issue de la messe, Mgr Angebault, qui aimait à partager toutes nos joies paroissiales, inaugurait solennellement une croix en fonte dorée, due à la libéralité de la famille du prélat. Cette croix, élevée à l'entrée du petit chemin de Jaille, en remplaçait une autre de bois, datant des premières années du siècle et ayant remplacé, elle-même, celle du XVIIe, souvenir de la mission après le départ des protestants et que la Révolution avait abattue.

Cette fête n'était que le prélude de celles que devaient amener les exercices mémorables du grand Jubilé. Le 1er février, M. Huguet, curé de Ligné, prêcha l'ouverture. Selon la relation de M. Gerfaud, les confessionnaux furent réellement assiégés. Pendant les instructions, les villages restaient déserts et les portes fermées. Quelques personnes seulement se chargeaient de la garde des petits enfants. Le chemin fait quatre fois par jour ne paraissait pas trop long à ceux qui habitaient aux extrémités du territoire, comme au Lavoir et à la Grande-Bodinière. Trois endurcis résistèrent seuls à la grâce divine. A la clôture des exercices, la paroisse reconnaissante délégua plusieurs représentants pour témoigner de sa gratitude aux missionnaires infatigables et zélés qui avaient été à la peine.

Vingt années s'étaient alors écoulées depuis le jour heureux où la Providence avait envoyé au milieu de nous le très digne abbé Gerfaud, vingt années, pleines d'œuvres et de mérites, entièrement passées au service et à la gloire de Dieu ! Un avenir encore plus beau semblait sourire au pasteur bien-aimé : n'était-il pas juste d'ailleurs qu'il pût recueillir dans le repos ce qu'il avait semé dans le labeur ? Mais voilà que, comme un coup de foudre, il reçoit l'ordre d'une séparation cruelle, lui qui s'était bercé de l'espoir de reposer à l'ombre du temple qu'il avait élevé. M. Gerfaud est appelé par son évêque, à l'importante cure de Nort. Cette nouvelle inattendue bouleversa la paroisse entière : on eut dit qu'on lui arrachait le cœur. A tout prix on veut le retenir, mais, pour lui, la volonté épiscopale, c'est la volonté divine. Comme témoignage de l'affection que les habitants de Sucé lui portaient, ils lui offrirent un magnifique calice en argent, artistement ciselé ; au pied du vase sacré, on lit : « A M. Gerfaud, la paroisse de Sucé reconnaissante ». Ce présent est rentré au trésor de l'église de Sucé, qui le recouvra à la mort du regretté pasteur, selon la dernière volonté de celui-ci.

Hélas ! la Providence ne lui accorda pas de longues années à Nort : au bout de deux ans, une maladie d'intestins l'emporta dans la tombe, le 5 août 1854. Depuis son départ de Sucé, il garda toujours, dit-on, sur son visage l'empreinte de la tristesse. Quand nous le revîmes parmi nous, dans une circonstance que nous raconterons plus loin, il nous parut méconnaissable : ce ne fut qu'à travers ses larmes qu'il put nous bénir, et nous en avons été témoin. C'était la dernière fois qu'il paraissait à Sucé : quelques mois après, en effet, il succombait à son mal.

Si son nom reste gravé sur la pierre, son souvenir l'est encore plus profondément dans les cœurs de ceux qui l'ont connu ou appris à connaître sur les genoux de leurs mères. *Justi autem in perpetuum vivent* (1).

----

(1) Sa dernière année à Sucé fut marquée par une mortalité dont le souvenir n'est point perdu. On enregistra en 1851, à Sucé, 125 décès. Mme veuve Moriceau, de Logné, née Desbordes, fut une des victimes de l'épidémie.

CHAPITRE VIII

Louis-Napoléon Bonaparte, comme président et
comme empereur, fut accueilli à Sucé avec un égal
enthousiasme ; le Conseil municipal se déclara
chaudement pour sa cause et se réjouit de son avé-
nement. En l'honneur du prince, on distribua,
9 août 1852, du pain aux pauvres de la commune
et, quelques jours après cette démonstration, le
Conseil ou plutôt le maire prêtait solennellement
serment au nouveau souverain, en formulant cette
adresse emphatique : « Nous, membres du Conseil
municipal de Sucé, venons aujourd'hui vous offrir
le serment de notre fidélité ; ce serment n'a rien
qui gêne notre conscience, parce que, Français
avant tout, nous comprenons que la fidélité à
Louis-Napoléon, l'élu de la France, veut dire fidélité à la France. Prince, vous nous avez sauvés de
l'anarchie ; tout cœur vraiment français doit se

rallier autour de vous et désirer que vous formiez un gouvernement fort et durable... » (1) Cette adresse est signée de celui qui l'avait formulée et de quelques conseillers. Lors de la naissance du prince impérial, il y eut des salves d'artillerie et des illuminations (2).

Depuis quelques mois nous avions un nouveau pasteur pour tenir la place de celui que Nort venait de nous ravir : M. René Bertho, né à Saint-André-des-Eaux en 1803 et ordonné prêtre en 1828. Il avait d'abord exercé les fonctions de vicaire à Legé, pendant une dizaine d'années, et de là était passé à la tête de la petite paroisse de Saint-Jean-de-Corcoué. Il prit possession de la cure de Sucé le 9 mai 1852, en présence de M. l'abbé F. Fournier, curé de Saint-Nicolas de Nantes, lequel devait plus tard devenir notre évêque.

En succédant à M. Gerfaud, le nouveau curé de Sucé s'était promis de continuer les œuvres du prédécesseur. Fidèle à ses engagements, le 11 septembre de l'année suivante, il faisait consacrer le maître-autel par les mains de Sa Grandeur Mgr Angebault. Dès son arrivée, il s'était occupé de l'achèvement de notre église ; cependant le plan n'avait été arrêté définitivement que le 15 février de cette année 1853. L'autel, dont le devis devait monter à 2.000 francs, fut exécuté dans les ateliers d'Angers, sous la direction de M. l'abbé Choyer. On avait d'abord choisi du marbre, mais bientôt on se

---

(1) Arch. municipales. *Registre des délibérations.*

(2) La pièce de canon, qui servit pour la première fois dans cette circonstance, avait été achetée par M. Dupont.

décida pour une matière moins chère, la pierre de
Tonnerre.

M. le curé se fit un devoir d'appeler M. Gerfaud
pour la circonstance et c'était justice, puisque
celui-ci, avant son départ, avait pris l'initiative du
travail (1). C'est lui qui célébra le premier à cet
autel qu'il avait rêvé de faire construire un jour ;
mais en se voyant dans l'église qui était son œuvre,
au milieu de ses chers paroissiens d'autrefois, il ne
put maîtriser son émotion et l'on vit de grosses
larmes briller dans ses yeux. C'était, hélas ! la dernière fois qu'il se montrait à Sucé. Au jour de la
visite pastorale du 30 mai de cette année, l'évêque
diocésain, Mgr Jacquemet, avait exprimé publiquement l'estime et l'affection qu'il portait, lui-même,
à M. Gerfaud et les profonds regrets que sa mort
lui avait causés.

Depuis 1812, un vicaire avait été donné au curé
de Sucé ; or, quand M. Bertho arriva dans la
paroisse, il y trouva, comme collaborateur, M. Joseph
Rialland qui lui resta jusqu'en 1856, époque où il
passa à Avessac (2) ; il fut remplacé par M. René
Douglas, du Croisic.

Le 25 août 1859, Mgr Angebault, accompagné du
clergé de Sucé et de M. l'abbé Chesnet, bénissait à
nouveau l'antique chapelle de Nay, réparée avec
goût par la pieuse famille de Cornulier, et mise

---

(1) Mgr Angebault fut le prélat consécrateur, comme
cela devait être.

(2) Après un vicariat de sept années, il fut choisi pour
fonder la paroisse de Saint-Joseph-du-Dresny en Plessé,
où il mourut en 1868.

sous le vocable de Notre-Dame de Bon-Secours (1).

Les rapports de bonne intelligence entre la Fabrique et la Municipalité se maintenaient à la satisfaction de tous. Ainsi la commune se montra bienveillante en déclarant comme faisant partie du domaine curial le petit marais de la Chaussée. On entoura cette portion de terrain de fossés pour l'assécher et l'on tenta de le mettre en labour.

L'année 1856 avait été marquée par une institution d'utilité : on créait un Bureau de bienfaisance, le 29 novembre. Les premiers membres qui le composèrent sont : MM. Dupont, maire ; Bertho, curé ; de Cornulier ; Angebault, avocat ; Duclos, médecin, et J. Foucaud, conseiller municipal. Là encore se montre l'union entre les deux Administrations. Ce qui avait provoqué cette œuvre charitable, c'est spécialement un legs fait aux pauvres du bourg et du village du Lavoir par M. Urvoy de Saint-Bédan, qui venait de mourir. Plus tard quelques personnes généreuses devront augmenter le trésor des indigents, en particulier Mme d'Orvault, l'ancienne châtelaine de Nay.

En même temps que l'on autorisait M. le receveur des Contributions directes à résider à Nantes, et non à la Chapelle, à cause de la proximité de la ville, l'Administration communale de Sucé sollicitait une Etude de notaire pour les raisons suivantes : Sucé est plus important que les autres loca-

____

(1) De toutes les chapelles domestiques que l'on voyait autrefois à Sucé, elle est la seule qui ait été restaurée et rendue au culte. Elle avait été construite en 1676. C'est un regret de constater que celle de Chavagne n'ait pas le même avantage, elle, la relique de pierres qui nous rappelle le martyr des Carmes.

lités du canton ; avant 1789 il y avait eu un notaire et cela depuis longtemps ; sous le régime nouveau, après M. G. Marquer, y avait demeuré quelques années M. Briaud-Martinière. Cette démarche n'eut aucun succès.

Dans la demande d'une foire, M. le Maire fut plus heureux : la première se tint le 1er septembre 1858. Pour encourager vendeurs et acheteurs, on eut l'idée d'accorder des primes aux plus beaux produits.

Si Sucé ne put conserver un notaire résidant, il ne manqua jamais de médecins, comme nous l'avons fait constater en plusieurs endroits de cet ouvrage. M. Yvelin, qui avait succédé à son père, venait de finir sa carrière, et M. Lebrun nous avait quittés précédemment ; bientôt arriva chez nous M. Duclos, originaire de Normandie, qui habita la maison Marquer, au bas de la rue du Port (1). Il eut même un collègue ou plutôt un concurrent, M. Leroy ; mais celui-ci ne fit que passer. A M. Duclos décédé succéda son gendre, M. Marre, qui devait exercer son art chez nous pendant longtemps.

La viabilité de la commune laissait encore beaucoup à désirer, malgré ce qu'on avait pu faire jusque-là. De 1841 à 1843, on s'était bien occupé de dresser un classement de chemins ruraux au nombre de 102 à 105, mais les routes de communication avec les bourgs voisins étaient encore à construire. Quelques-unes seulement étaient ouvertes à la cir-

---

(1) M. Marquer, le fils de M. Guillaume, habitant cette maison qui était sa propriété, exerça la profession de médecin pendant plusieurs années, avant l'arrivée de M. Lebrun.

culation : celle de Carquefou, la seule qui nous
reliait à Nantes ; celle de Saint-Mars-du-Désert,
approuvée en 1847 pour une longueur de 3.149
mètres ; celle de Casson, autorisée en même temps.
Il fallut attendre 1861 pour faire celle de Nort sur
une longueur seulement de 866 mètres ; on devait
la prolonger plus tard avec un embranchement qui
aboutissait à la Gamotrie, grâce à un don de 2.000
francs fait par M. Suser, le premier intéressé. Le
pont jeté sur le ruisseau d'Hocmard nous mit enfin
en communication directe avec le chef-lieu de canton et de là avec la ville. Cette voie, si désirable et
qui s'est laissée tant attendre, est due aux bons
offices du préfet, Maurice Duval, qui, dit-on, en
tournée de Conseil de revision, faillit se noyer au
passage du Petit-Nay ; une plaque commémorative,
scellée dans la pierre, rappelle ce nom et aussi les
travaux coûteux qu'il a fallu exécuter pour dresser
une route sur le flanc du coteau.

Celui qui, à la tête de la commune, avait été l'auteur de tant d'améliorations chez nous, actif et vigi-
lant, bon administrateur, venait de mourir en sa
modeste résidence de la Perruche, où il s'était retiré,
après avoir construit, habité et vendu la gracieuse
villa de Bel-Air. Le Conseil municipal, pour faire
preuve de sa reconnaissance à M. Dupont, concéda
gratuitement à ce maire regretté un terrain pour sa
sépulture, mars 1861.

Afin de combler le vide que faisait cette mort
dans la Municipalité, le Conseil délégua M. Pierre
Bossis, récemment nommé adjoint à la place de
M. Durand, démissionnaire. L'intérim dans la mairie dura environ deux mois. M. J.-B. Brault, acquéreur de Bel-Air, accepta les fonctions de maire. Cet

homme de bien était venu s'établir à Sucé depuis
quelques années seulement, pour y jouir d'un repos
bien mérité. Longtemps directeur du Mont-de-Piété
à Nantes, il avait eu une vie très occupée. Sous le
poids de l'âge et le pressentiment des infirmités que
la Providence réservait à sa vieillesse, il s'était
retiré dans cette paisible solitude. Son bon sens, sa
prudence, sa modération donnaient les garanties
suffisantes d'une sage administration. Il garda auprès de lui M. Bossis jusqu'au 12 Janvier 1863,
époque où celui-ci fut remplacé par M. Julien Foucaud, de la Marvillère, depuis déjà longtemps dans
le Conseil et qui devait y rester, au même titre,
jusqu'à une vieillesse avancée, jusqu'à sa mort.

Sur ces entrefaites, on exécutait les travaux de
réparations à l'église et spécialement au clocher,
qui avait été endommagé par l'effet de la foudre. Le
malheur était arrivé au matin du 27 janvier 1860,
à l'heure même où une messe était dite par le
vicaire, devant quelques personnes seulement. Un
bloc de pierre de 300 kilos se détacha du sommet
de la tour et vint s'abattre sur le toit de la nef centrale. Pour constater les dégâts, on fit descendre
l'architecte sur les lieux ; il y dressa aussitôt un
devis. Afin de subvenir à ces dépenses imprévues,
une collecte faite dans la paroisse rapporta 2.311
francs et une souscription 1.859 fr. 50. On dut
cependant faire appel à la bonne volonté du Département. L'on profita de cette occasion pour changer
en partie le dallage de l'église en substituant à la
brique des pavés de granit ; le sanctuaire fut par-
queté et quelques stalles placées dans le chœur.
C'est à la suite de cet accident que la Municipalité
signa un contrat d'assurance contre la foudre et
l'incendie.

Nous ne saurions ici omettre un fait regrettable qui se passa à l'époque où nous sommes arrivés au cours de notre récit : l'aliénation illégale de l'îlot de Mazerolles.

La rivière d'Erdre, qui appartenait anciennement aux évêques de Nantes, avait été déclarée navigable et propriété domaniale de l'Etat, en 1838 ; en conséquence l'îlot en question était propriété nationale, se trouvant dans le lit de la rivière. Les riverains, habitants de la Noue, qui, disaient-ils, avaient eu droit de pacage sur ces 35 ares de terrain et en avaient toujours payé les contributions, comme usufruitiers, eurent la prétention de protester quand on voulut vendre, mais sans obtenir gain de cause. D'un autre côté le Conseil municipal, dans sa réunion du 29 décembre 1845, avait dit que, si la commune n'a pas de titre de propriété sur cette petite portion de son territoire, elle ne pouvait renoncer à ses droits qui remontent à un temps immémorial. L'affaire en était restée là. Mais, en 1860, M. Suser, acquéreur de la Gamotrie et y habitant en la belle saison, proposa à la commune d'acheter l'îlot pour 500 francs et ainsi la question fut soumise de nouveau à M. de Bouteiller, directeur des Domaines. Celui-ci écrivit au maire de Sucé : « Le droit de l'Etat à la propriété de l'îlot de Mazerolles paraît ne faire l'objet d'aucun doute, se trouvant dans le lit d'une rivière navigable ». Ce qui en effet était incontestable. Malgré cela, le Conseil municipal, acceptant les offres de M. Suser, délibère à son avantage et enfin, sur les instances de l'Ingénieur en chef du Département, 25 octobre, l'Etat se désiste et la vente est effectuée au profit de la commune, 2 août 1862. Quoique l'acquéreur fît fixer à un des chênes séculaires, plantés au milieu de l'îlot, une petite grotte en bois avec une statuette de la Vierge, pour remplacer l'ancienne, nous devons, même encore aujourd'hui, protester contre cette aliénation d'un terrain regardé de temps immémorial comme sacré et ne pouvant devenir propriété privée (1).

La délicieuse villa de la Claverie qu'avait créée M. Claveau (de là son nom) était passée par succession à M. Allard de Grand'maison. Elle était alors occupée en location par Mᵐᵉ Guérin, née de la Rue du Can. Le 29 mai 1858, elle fut vendue à M. Jean Marion de Beaulieu, général du Génie en retraite ; il y vint bientôt s'établir avec son intéressante et nombreuse famille. La maison était restée telle, mais bien embellie par ces massifs d'arbres verts qui s'étaient vigoureusement développés. A côté d'elle demeurait déserte la bicoque des Lebreton, des Richer et des de Farcy ; un particulier l'avait masquée par une construction récente (2).

Ayant fourni une belle et longue carrière militaire, le vieux général venait goûter chez nous le repos et la paix. On aimait à le voir, à peine courbé sous le poids des années, dépenser les restes de son activité en bonnes œuvres et particulièrement pour la cause de l'instruction des enfants : il visitait volontiers les écoles. Tout son bonheur, en dehors

---

(1) Arch. dép. Série O. 1.

(2) J. Marion de Beaulieu naquit à Nantes en 1783. A l'âge de 20 ans, il fut breveté lieutenant de Génie. A Wagram, à Leipsick, il combattit vaillamment et il prit part aux campagnes d'Italie, de Russie et d'Espagne. En récompense de ses services et de sa bravoure, il reçut sous la Restauration des lettres de noblesse et le titre de baron.

de celui qu'il goûtait à son foyer familial, était de
condescendre aux petits et aux pauvres ; sa bourse
et son cœur n'étaient jamais fermés pour eux. Il
mourut subitement de passage au Pallet, le 18 octobre 1864. On ramena son corps à Sucé où, selon
son désir, il fut inhumé sans appareil militaire ;
mais la foule des malheureux qu'il avait soulagés
dut être pour lui plus honorable que les pompes du
monde. La belle épitaphe qu'on lit sur la tombe du
brave soldat, fidèle à son Dieu et à son roi, fait
éloquemment son éloge : *Il passa en faisant le bien.*
Après sa mort, les enfants se dispersèrent et seul
son fils continua d'habiter la Claverie jusqu'à son
décès.

M. le curé fut sensible à la perte de M. le baron
de Beaulieu et c'était avec tristesse qu'il voyait
ainsi lui manquer ceux sur lesquels il avait droit
de compter. Lui-même remarquant de jour en jour
les infirmités venir à lui, songeait à solliciter sa
démission. Mais, avant de quitter sa paroisse, il fit
donner des exercices spirituels par deux missionnaires diocésains, les PP. Gahier et Séjourné, et
reçut la visite épiscopale le 7 juin de l'année suivante. Du reste il avait accompli chez nous assez
d'œuvres de zèle et de charité pour que sa mémoire
ne pût périr. En 1860, il avait déposé au presbytère
une somme assez importante, dont la rente devait
être distribuée aux nécessiteux par les mains de
ses successeurs ; cinq ans après, il recevait au lit
de mort de Mme de Cornulier une large aumône
pour les pauvres honteux de la paroisse (1).

____

(1) Mme de Cornulier, née Caroline de Sailly, mourut
à Nantes en 1865, et son corps fut rapporté à Sucé. Elle

Ses soins s'étaient également tournés vers l'ornementation de l'église : c'est lui qui fit placer les deux autels latéraux, sculptés à jour, couronnés de gracieux rétables et décorés de statues ; c'est à lui aussi que revient l'honneur d'avoir fait poser les vitraux du chevet et des chapelles. En tout cela M. le curé était secondé par son vicaire, M. l'abbé Hémery, qui venait de succéder à M. Douglas et que la Providence destinait à revenir plus tard et à rester longtemps au milieu de nous (1).

Bien d'autres embellissements se firent à l'église sous l'administration de M. Bertho : une élégante chaire artistement travaillée, des boiseries dans la chapelle correspondante à celle du baptistère, une nouvelle bannière paroissiale, une croix de procession, une lampe suspensive, des lustres, des ornements sacerdotaux, plus riches et plus nombreux, et des costumes d'enfants de chœur.

Mais nous nous laissons entraîner aux charmes de la libéralité qui donne sans mesure, car beaucoup de ces choses que nous venons d'énumérer étaient des dons spontanés des fidèles. Cependant M. Bertho, le moment opportun arrivé, obtint sa démission au mois d'août 1866. Il quitta Sucé le 20 de ce

---

ne laissait qu'une fille, mariée à M. le vicomte Rogatien de Lambilly, lequel se fixa à Nay, vit grandir sa belle famille et devait y mourir, lui même, dans un âge fort avancé. M. de Cornulier finit sa vie, pleine d'œuvres charitables, à Nantes, en 1879 ; ses restes reposent en notre cimetière.

(1) M. Douglas, né au Croisic en 1817, prêtre en 1846, successivement vicaire à Saint-Sébastien de Nantes, à Gétigné, au Loroux, était à Sucé depuis 1856 ; de là, il fut nommé aumônier des Dames de l'Espérance ; retiré en 1870, il mourut deux ans après.

mois. Le dimanche soir, veille de son départ, une députation de paroissiens se rendit au presbytère pour exprimer à M. le curé le regret de le voir s'éloigner si tôt de nous et en même temps notre reconnaissance et la fidélité de notre souvenir (1). On a dit qu'à l'instant où il franchissait la limite paroissiale sur la route de Casson, il fit arrêter sa voiture, puis que, se tournant vers son clocher, il bénit une dernière fois cette chère paroisse, dont il ne se séparait qu'avec peine. Retiré d'abord auprès d'un parent, curé d'Assérac, pour trouver le repos que sa santé réclamait, il se fit ensuite construire une petite solitude, au bourg de Saint-André-des-Eaux, son pays natal, où il devait finir ses jours en 1883.

Entre tous les souvenirs que nous gardons de son pastorat, nous aimons à nous rappeler ses homélies, simples et pratiques, qu'il donnait lui-même chaque dimanche à l'office des vêpres. Sa sagesse, son bon jugement, sa simplicité lui faisaient pardonner un peu de rudesse dans le ton et les manières et aussi l'austérité de ses principes. Il fut un prêtre de vieille race que notre temps peut-être ne comprendrait plus.

----

(1) A la tête de cette députation était M. Poujade, l'instituteur, qui, ayant succédé à M. Touron, vers 1855, était, en ce vrai temps d'union sacrée, chantre titulaire à la paroisse.

CHAPITRE IX

Pour succéder à M. Bertho qui venait de quitter Sucé, Mgr Jacquemet porta ses vues sur un ecclésiastique bien digne à tous égards, M. l'abbé Pierre Cartron. Né à la Chapelle-sur-Erdre en 1819 et ordonné en 1843, il enseignait dans nos maisons d'éducation depuis une vingtaine d'années. Tout jeune enfant, il montra autant d'aptitudes pour s'instruire que de signes de vocation. C'est au presbytère de Grandchamp, sous la direction d'un saint prêtre qu'il fut initié aux éléments de la langue latine ; il termina ses humanités avec succès au Petit-Séminaire ; ses cours de philosophie et de théologie achevés, on l'envoya professer au collège de Guérande la quatrième et l'histoire naturelle ; de là il revint à Nantes, comme titulaire do la classe de seconde. Tous ceux qui se sont rangés autour de la chaire de ce maître de littérature, ont remarqué son érudition et particulièrement sa facilité à versifier dans les rythmes de Virgile et d'Horace. Plus

tard il fut élevé à la charge de préfet d'études et
de discipline. C'est de ce poste que la volonté de
son évêque vint l'arracher, pour le mettre sur un
théâtre tout nouveau, dont il n'avait point encore
fait l'expérience. A la fin de l'année scolaire 1866,
Monseigneur lui présenta la cure de Sucé qu'il
accepta, plus par obéissance que par attrait. M. Au-
neau, supérieur du Petit-Séminaire, et M. Cottineau,
ancien curé de la Chapelle-sur-Erdre, l'installèrent
solennellement le 26 août.

Selon le mandat qu'il en avait reçu, sa première
préoccupation fut de mettre la main à une réforme
urgente. La situation temporelle du curé de Sucé
était anormale depuis longtemps : il n'était plus
possible de reculer devant la difficulté. Ayant reçu
de l'Autorité diocésaine le tarif légal des oblations
en vigueur presque partout, M. Cartron dut l'imposer à ses paroissiens et ainsi assurer à lui et à
ses successeurs le bien-être exigé ; la Fabrique elle-
même, si pauvre jusqu'alors, perçut de plus larges
recettes, pour faire face aux dépenses que demandaient l'ornementation de l'église et la rétribution
raisonnable des employés.

Le début du ministère de M. Cartron est marqué
par le *Triduum* de prières publiques, faites à Sucé
pour le Saint-Siège menacé dans son indépendance.
Les exercices s'ouvrirent par un service solennel à
l'intention des braves tombés en défendant la cause
romaine. Notre temple paroissial était ce jour-là en
grands habits de deuil : tentures, écussons et
devises pendaient aux piliers et aux murs (1).

____

(1) Le journal *L'Espérance du Peuple* inséra dans ses
colonnes la relation de cette journée sucéenne.

L'année suivante (1868), M. le curé allait processionnellement bénir la croix du Tertre-Juin, élevée par la famille de Carheil. En traversant la rivière sur plusieurs barques, les fidèles chantèrent en chœur les strophes de l'*Ave maris stella*. Au pied du nouveau calvaire, M. le curé ne put se défendre d'exprimer ses remerciements à la famille, si digne d'éloges, pour sa fidélité et sa religion, et aussi il adressa quelques mots d'édification à la foule qui l'avait accompagné. Les dernières paroles de cette allocution se perdirent à travers les grondements du tonnerre, et l'orage menaçant qui montait à l'horizon força le cortège à se replier sur le bourg.

Quelques mois s'étaient à peine écoulés qu'une cérémonie semblable se renouvela pour une seconde croix, érigée, par les mêmes châtelains de Launay, près le Blanc-Verger.

La fête de la Nativité de la Très-Sainte Vierge apportait à Sucé, en 1869, une nouvelle joie : ce jour-là on montait à la tour sacrée, après leur baptême, deux cloches nouvellement fondues. Dès le commencement de cette année, le Conseil de Fabrique avait arrêté qu'un homme de l'art examinerait le clocher pour s'assurer de sa solidité, un peu compromise par le coup de foudre de 1860. Rassuré de ce côté, il commandait deux cloches à M. Guillaume, fondeur à Angers. Mgr Angebault s'était réservé l'honneur de présider la cérémonie de bénédiction ; mais sa santé, fort ébranlée déjà, déçut ses espérances et les nôtres. Il se fit représenter par M. l'abbé Chesnet et céda ses pouvoirs de consécration à celui qu'il aimait à appeler son curé, M. Cartron, car il s'est toujours regardé comme un paroissien de Sucé. Le sermon de circonstance fut donné par M. l'abbé Rousteau, ex-professeur au Petit-Séminaire et ancien collègue de M. Cartron.

La première de ces cloches, du poids de 889 kilos, nommée Baptistine-Caroline-Henriette, eut pour parrain et marraine M. J.-B. Lelièvre de la Touche, habitant Jaille, et Mme la vicomtesse de Lambilly, née de Cornulier, de Nay ; la seconde, pesant 411 kilos, Léandrine-Eugénie, a été présentée par M. Ertault de la Bretonnière, du Bois-Mêlet, et Mme Brault, née Eugénie Landays de la Ruellière, de Bel-Air.

Au soir de cette belle journée, toutes deux mêlant leur voix sonore à celle de leur petite sœur, nos deux nouvelles cloches entonnaient leurs joyeux carillons d'action de grâces à Dieu. La plus grosse sert de timbre à l'horloge qu'on posa quelque temps après au premier étage du clocher. Cette horloge ne sonne que les heures et les demies, et n'eut d'abord qu'un cadran, celui de face ; mais dans la suite on ajoutera les deux autres.

Mgr Angebault, qui, malade, n'avait pu présider la cérémonie des cloches, vint bientôt à mourir, en son palais épiscopal d'Angers. Son frère, M. Jean-Baptiste, accompagné de Madame, arriva à temps pour recueillir le dernier soupir du vénéré prélat. C'était pour Sucé une perte irréparable que la disparition de ce vieil évêque que nous regardions comme *le nôtre* et à qui nous devions tant. Nous nous le rappelons encore avec sa longue chevelure, blanche comme neige, portant sa soutane violette, comme si Sucé avait été une enclave du diocèse d'Angers, se promenant dans nos campagnes et descendant chaque jour de la Hautière à l'église, soit le matin pour célébrer sa messe, soit le soir pour faire sa visite au Saint Sacrement. Simple et affable, il abordait volontiers les passants sur son chemin et caressait les petits enfants. Durant sa demi-heure d'adoration, il prenait la première chaise qui s'offrait à lui, comme le plus humble d'entre nous.

Bien des choses, chez nous, aideront à garder sa mémoire : les autels venus des ateliers d'Angers, les cloches fondues dans cette ville, la sainte table sur laquelle se trouve son blason épiscopal, les deux tableaux du chœur, plusieurs chasubles qui étaient à son usage, et cette vieille maison de la Hautière avec son beau parc, quoique défigurée aujourd'hui et passée en des mains étrangères.

Si la Fabrique travaillait avec zèle à embellir et à orner l'église paroissiale, la Municipalité méditait aussi, et cela depuis longtemps, un projet d'une grande utilité pour la commune : rejoindre par un pont jeté sur l'Erdre les deux grandes sections du territoire. Qui donc doutait de la nécessité d'un pont à Sucé ? Le service du bac, de quelque manière qu'il fût fait, était toujours chose difficile et dangereuse. Vers 1858, après les premières démarches de M. Dupont, un plan adopté n'avait eu aucune suite, faute d'adjudicataires ; en décembre 1867, une deuxième tentative n'avait pas été plus heureuse. Le nouveau projet qu'on présenta deux ans après eut mérité le même sort. Aujourd'hui qu'il est exécuté, on s'étonne comment il a pu être autorisé et réalisé, si surtout on se souvient des protestations nombreuses des habitants et que l'on constate tous les inconvénients qui en ont résulté. Enfin, envers et contre tout, on se mit à l'œuvre : une chaussée sans solidité et sans grâce, d'une longueur de 155 mètres, barra le lit de la rivière, puis on creusa un canal de dérivation dans l'éperon de Montretraict. L'exécution des travaux outrepassa de beaucoup les prévisions du devis, qui ne s'élevait qu'à 118.000 francs. Que de temps coûta cette informe chaussée ! Les pierres et les terres de remblai disparaissaient dans les vases d'une manière désespérante. Il y avait là plus de 11 mètres de fond. Le tassement, s'opérant avec une certaine lenteur, occasionnait des crevasses béantes qu'il fallait combler, puis les vases refoulées remontaient à la suface. Tout un champ, derrière la tenue du Ruisseau, avait fourni des milliers de mètres cubes de remblai et c'était insuffisant. Mais voilà la malheureuse guerre de 70 qui éclate entre la France et l'Allemagne : ainsi de force les travaux sont suspendus. Après quelques mois d'interruption on se met à les reprendre et on alla chercher des remblais dans un autre champ, auprès de la Havardière, sur l'autre rive. Enfin la nouvelle voie fut livrée à la circulation vers le milieu de 1871. Bientôt ce qui se produisit fatalement fit regretter l'exécution d'une telle entreprise : les vases montées à fleur d'eau se sont solidifiées et une végétation spontanée s'y est montrée : aunes, rouches et toutes espèces d'herbes aquatiques. Sans parler des exhalaisons malsaines qui sortent de là, on peut dire qu'on a détruit le port de Sucé et gâté le paysage. Il eut fallu au moins deux arches pour l'écoulement des eaux. Que n'ait-on écouté M. de la Leu, propriétaire et habitant de Montretraict, et ce projet n'eut pas été exécuté. L'année qui suivit l'ouverture du viaduc, on planta des rangées de peupliers qui, les pieds dans l'eau, devaient prendre un rapide accroissement.

Quelque disgracieux que soit cet ouvrage, il rend

d'éminents services. Nous ne sommes plus au temps
où voitures et bestiaux étaient passés sur un large
bateau à petits bords et à pont mobile, qu'on appelait une *charrière*. Aujourd'hui attelages, autos,
cycles, piétons se transportent sans risque et sans
retard, d'une rive à l'autre.

La République, sous le couvert de Gouvernement
provisoire, revenue en France, et la paix humi-
liante, faite avec nos vainqueurs, il fallut renouveler toutes les Administrations générales et locales
de l'Empire tombé. Au début des événements, le
préfet Guépin nomma une simple Commission
chargée de régir la commune en attendant les élections prochaines. Elle se composa ainsi : MM. J.
Foucaud, maire ; J. Parré, adjoint ; Angebault,
Burot, Auray, Cottineau, Colas et Deniaud. L'adjoint
refusant, M. Angebault, par dévouement et sur les
instances de ses collègues, voulut bien tenir sa
place.

Cette Commission avait pour tâche spéciale de
préparer les élections du 30 août 1871.

Effaçons d'avance ce que nous pourrions écrire
de cette journée. Rappelons seulement que les suffrages immolèrent M. Brault, ce magistrat intègre et
libéral, et M. Angebault, le conseiller et l'ami de
tous les honnêtes gens. Ainsi deux partis opposés
divisèrent la commune et ce fut là un malheur.

Le Conseil municipal étant formé, il lui appartenait d'élire le maire et l'adjoint. Le scrutin nomma
maire M. Michel Rivron, industriel à Nantes, mais
résidant peu à Sucé ; adjoint M. J. Foucaud, qui
fut maintenu dans ses anciennes fonctions.

Les troubles de nos campagnes n'étaient qu'un

faible écho de ceux qui agitaient la France entière. La guerre avait été courte mais meurtrière. Sucé fournit son tribut de sang à la cause patriotique : plusieurs de nos jeunes hommes, arrachés de leurs foyers, n'y sont pas rentrés. Les uns périrent dans les murs du Mont-Valérien, les autres, plus nombreux, sont tombés dans la mêlée des batailles, ou sont morts à la suite de leurs blessures et de leurs fatigues. Tous étaient dans les rangs de l'armée régulière ou dans les bataillons des mobiles, à l'exception de quatre qui avaient endossé le glorieux uniforme des volontaires de l'Ouest.

Une garde nationale s'était organisée dans notre commune, comme partout ailleurs, en vertu de la loi du 12 août 70. Huit membres avaient été désignés pour former le Conseil de recrutement. M. le vicomte de Lambilly est élu président et devient capitaine de la Garde. Ce vaillant gentilhomme montra un bel exemple de patriotisme, en quittant tout ce qu'il avait de plus cher au monde, sa jeune femme, aussi généreuse que lui, ses enfants encore en bas âge. Il partit pour la défense de son pays et s'enrôla dans un régiment de mobiles. La Providence le ramena sain et sauf de son expédition (1). Un autre brave Sucéen, M. Fernand Lelièvre de la Touche, tomba en héros à Patay, où les zouaves pontificaux et les volontaires de l'Ouest se sont ensevelis dans leur gloire et sous les plis du drapeau du Sacré-Cœur.

La malheureuse guerre avait étendu sur notre paroisse un voile de deuil. Pourtant le bon Dieu nous fit une grâce particulière : nous fûmes trou-

---

(1) Un de ses frères, moins heureux que lui, mourut à la suite de ses blessures.

vés dignes de donner l'hospitalité à de saintes victimes qui fuyaient devant les balles des Allemands.

Le 30 août, sur le soir, nous vîmes passer par nos rues une colonie de religieuses, venant de Neuilly, près Paris. La maison de la Hautière ouvrait ses portes à ces nobles étrangères, aux dames chanoinesses de Saint-Augustin, qui tenaient un pensionnat de jeunes filles de condition. Au nombre de vingt-cinq, elles étaient toutes de nationalité anglaise, excepté Mme Anne-Françoise en religion, et, dans le monde, Marie Angebault, fille de M. J.-B. Angebault. Celle-ci, s'étant souvenue de cette chère maison de la Hautière où s'étaient passées son enfance et sa jeunesse, avait pensé qu'elle pouvait facilement se transformer en couvent, et c'est ainsi qu'elle y amenait ses sœurs pour trouver là refuge et abri pendant les mauvais jours.

Voici en quoi consiste leur costume religieux : une longue robe de laine blanche, recouverte jusqu'aux genoux d'un rochet plissé de batiste ; le cou entouré d'une blanche collerette ; la tête voilée d'étamine noire et retombant par derrière jusqu'à la ceinture, le front caché sous un bandeau de linon.

La communauté, sous la conduite de la supérieure Marie-Louis de Gonzague et de l'aumônier, M. l'abbé Cédoz, avait heureusement accompli le voyage de Paris à Nantes, et le bateau à vapeur nous les amena jusqu'à Sucé. « L'accueil gracieux de leurs hôtes leur fait un peu oublier les douleurs de l'épreuve (1). Ces dames se cloîtrent autant que

---

(1) Extrait d'un rapport communiqué par la supérieure à l'auteur. Nous regrettons que notre cadre historique ne nous permette pas de reproduire en grande partie cet intéressant mémoire, que d'ailleurs nous avons déposé aux archives du presbytère.

faire se peut dans le parc de la Hautière. On avait
transformé en chapelle, d'abord, une classe de
l'Ecole de filles, puis une chambre dans la maison
Angebault, celle qui est située dans le pavillon nord,
du côté du parc. C'est là que pendant dix mois,
chaque jour, l'office canonial fut récité et la sainte
messe, célébrée.

Les relations des religieuses avec la paroisse ont
été excellentes. C'est à ces dames que nous devions
toute l'organisation de cette magnifique réception
faite à Mgr Fournier, lors de sa visite (29 mai 1871).
Leurs mains habiles et pieuses surent broder ou
dessiner ces oriflammes, ces écussons, marqués aux
armes et aux couleurs de l'évêque diocésain et aussi
de l'évêque défunt d'Angers, toujours présent à
leur pensée comme à la nôtre. C'est pourquoi Mgr
Fournier voulut aller, lui-même, les remercier : Sa
Grandeur se retira charmée de cette entrevue.

Cependant nos troupes avaient dispersé et désarmé les Communards, qui avaient envahi et dévasté
le couvent de Neuilly. Le départ pour les Religieuses fut donc fixé au 31 juillet. La veille de ce
jour, qui était un dimanche, toute la communauté
assista à la messe paroissiale, pour la satisfaction
de tout le monde à Sucé ; l'aumônier exprima en
chaire « la reconnaissance et l'affection que les
Augustines gardaient pour ce village de Bretagne
qui leur avait donné une si sympathique hospitalité ». Le lendemain donc, en quittant cette chère
solitude de la Hautière, qui les avait recueillies,
proscrites et exilées, plusieurs de ces dames ne
purent retenir leurs larmes. M. le curé ne vit pas
partir ces saintes femmes sans pleurer lui-même,
comme nous aussi qui les avions connues et appro-
chées. Elles ont laissé, dans cette maison désolée de

la Hautière, un parfum d'amabilité et de piété que nous respirons encore en parcourant ces allées où elles ont passé. Depuis ce temps la persécution les a forcées de se retirer de Neuilly et de regagner leur patrie où elles ont bâti un nouveau monastère, à la faveur d'une liberté que la France leur avait refusée (1).

La nouvelle Administration communale, sous l'influence de son chef, ne reste pas oisive. Quelques jours après son entrée en charge, elle avait sollicité l'établissement de deux foires qui ne devaient être accordées qu'en 1874. M. le maire exprime le désir de posséder une Direction de poste, ce qui fut obtenu ; mais le nouveau service ne commença à fonctionner que le 1er juin 1873, dans la maison Turpin-Panouilleau, rue du Port.

Les municipaux donnèrent aussi leurs soins a compléter le réseau de nos routes et de nos chemins. La route de Nort se termina et ouvertes furent celles de Treillères par Truzeau et de Grandchamp par un embranchement sur celle de Casson. Il en fut de même de celle de Saint-Mars-du-Désert.

Un établissement qui change un pays sous le rapport matériel et moral, se laissait désirer depuis longtemps. Le bateau à vapeur et les chalands des mariniers ne suffisaient plus aux habitants de Sucé : on voulait avoir une station sur le chemin de fer projeté de Nantes a Châteaubriant. Les travaux étaient commencés dès 1872. La voie ferrée entre chez nous en traversant le ruisseau d'Hocmard sur un beau viaduc à trois arches, comme nous aurions

---

(1) *Histoire des Augustines Anglaises de Neuilly*, par l'abbé Cédoz.

voulu avoir celui de Sucé. La station desservant notre localité fut établie au nord du bourg.

Rentrons maintenant au presbytère : l'homme de Dieu qui y habite doit désormais nous intéresser, parce que l'heure des épreuves a sonné pour lui et que les symptômes d'une mort prochaine se font voir. Nous sommes en 1874. Sentant la gravité de son état, sans pourtant s'en rendre bien compte, M. Cartron appela, pour lui prêter aide, un religieux Récollet, le P. Raymond de Nice ; ce prêtre arriva à Sucé le 18 octobre et y demeura jusqu'au 24 novembre suivant.

M. le curé, après ce court repos, voulut reprendre son ministère ; mais ses forces servirent mal son courage. La paralysie, dont il avait essuyé une première attaque, devenait de plus en plus menaçante et elle allait atteindre le cerveau. Dès lors c'en fut fait du pauvre pasteur. Un plus long séjour dans la paroisse ne pouvait qu'être funeste aussi bien à lui qu'à son troupeau. Malheureusement, lui se faisant encore illusion, on fut obligé d'arracher sa démission, 1er mai 1875. Sept jours après, nous le conduisions à la maison hospitalière du Bon-Pasteur à Nantes, où il devait mourir le 9 octobre suivant. Dès le lendemain de son décès, on inhume son corps au cimetière Saint-Donatien. Le successeur qui était alors en charge, manqua gravement à celui qui avait été son curé et à qui la paroisse devait tant : ses restes eussent dû avoir leur place aux côtés de ceux de MM. Bucaille et Mathelier. Le service solennel qu'on célébra à l'intention du défunt ne put faire oublier la faute commise.

La vie de cet homme fut celle d'un saint prêtre. Sans doute on pourra lui faire le reproche de n'avoir pas eu toutes les aptitudes d'un curé de campagne ; mais, qu'on le reconnaisse, il vécut de la vie de foi et de prière, régulier dans la disposition de son temps, sévère pour lui-même, généreux pour les autres, aimant ses livres et fuyant le monde.

Parmi ses œuvres, la plus chère fut, sans contredit,, l'éducation des jeunes clercs pour le sanctuaire. Toute son existence avait été dépensée pour les Séminaires ; devenu curé d'une paroisse qui avait la réputation d'être ingrate aux vocations ecclésiastiques, il s'appliqua à en découvrir quelques-unes. La Providence lui ménagea le bonheur de voir monter à l'autel un enfant de la paroisse, en la fête de Saint-Pierre 1874 (1). Un autre, M. Aristide Miché, né à Sucé en 1854, venait d'entrer au noviciat des Dominicains et allait être ordonné prêtre (1). Trois des élèves de M. Cartron achevaient en ce temps-là leurs humanités au Petit-Séminaire et deux arrivèrent au sacerdoce. Son presbytère était devenu une espèce d'école cléricale et l'on peut dire que c'est là qu'il épuisa le reste de ses forces. Mais le germe des vocations sacerdotales, que ce vrai prêtre de Dieu a déposé en la terre sucéenne, s'est développé et a porté des fruits.

M. Cartron eut, pendant son rectorat, comme vicaires, d'abord M. Hémery qui lui resta jusqu'au

---

(1) Nous n'oublierons jamais quelle fête il nous fit ce jour-là.

(1) Un fils de l'ancien médecin de Sucé, M. Léon Le Brun, né en 1849, comme nous l'avons déjà insinué précédemment, s'était fait missionnaire d'Afrique, après avoir servi dans les zouaves pontificaux ; il ne survécut qu'un an à son ordination et vint mourir à Nantes, dans sa famille, 1874.

25 octobre 1867 ; M. Louis Maugat, né à Couëron
en 1841, prêtre en 1865, qui ne fit que passer à Sucé;
M. Alexis Thomas, de Malville, du 9 février 1868 au
3 juillet 1872 ; enfin M. Athanase Bretagne, originaire de Bouin, ordonné en 1871, qui exerça à Sucé
jusqu'en 1877 et se trouva ainsi aux côtés de M. Cartron pendant la maladie et au départ de celui-ci. Il
devait être maintenu encore deux ans près du successeur. En quittant la paroisse il fut transféré à
Teillé, fit dans la suite plusieurs stages de vicaire
et devint curé de la Chapelle-Glain de 1891 à 1909 ;
il mourut retiré à Nantes dix ans après sa démission. Il avait laissé chez nous un excellent souvenir.

SIXIEME PARTIE

Annales Sucéennes
de 1875 jusqu'à nos jours

PRÉLUDE

Quoique notre première Edition fût publiée, sous le titre d'*Essais historiques*, au mois de septembre 1876, nous voulons reprendre notre récit à la date du mois de mai de l'année précédente, c'est-à-dire à la prise de possession de la cure de Sucé par M. Hémery, successeur de M. Cartron ; et, en même temps, nous prévenons le lecteur que nous changeons notre méthode d'écrire l'histoire, n'ayant plus assez de recul pour voir et apprécier les hommes et les choses de ce temps trop proche de nous.

En conséquence nous nous contenterons de mentionner simplement et brièvement tout ce qui nous reste à écrire : ce seront donc des *Annales* que nous nous proposons de rédiger, puisant aux regis-

tres de la paroisse et de la commune, aussi bien
que dans nos souvenirs personnels. Ces souvenirs,
qui nous ont déjà servi dans les pages précédentes,
nous les retrouvons, au fond de notre mémoire,
depuis 1852, c'est-à-dire depuis notre sixième
année.

1875

13 juin. — Avant même que M. Cartron eût donné
sa démission, le successeur semblait désigné. On
avait porté ses vues sur un prêtre, ancien vicaire
de la paroisse (1863-1867). Quelques jours après le
départ du pasteur malade, un nouveau nous était en
effet donné dans la personne de M. l'abbé Antoine-
Armand Hémery, vicaire à Saint-Nicolas de
Nantes : le 13 juin il prenait possession de la cure
de Sucé et était solennellement installé par
M. Rousteau, vicaire-général, en présence de Mgr
de Couëtus, prélat de la maison de Sa Sainteté, de
plusieurs prêtres de la ville et du voisinage.

— Le Conseil municipal, constatant le mauvais
état du port, encombré de matériaux et envahi par
les vases et les herbes, exprime ses doléances à
l'Administration des Ponts et Chaussées.

— Décembre. — Pendant les dernières semaines
de ce mois, en préparation à la fête de Noël et à
celle du Patron, une retraite paroissiale est donnée
par M. l'abbé Hervouët, aumônier de l'Hôtel-Dieu.

1876

— 8 septembre. — Pour perpétuer le souvenir de
cette petite mission, et aussi du Jubilé accordé par
Pie IX, fut bénit un beau calvaire, placé à la bifurcation des routes de la Chapelle et de Treillères.
M. Rousteau présida la cérémonie. On évalua la
foule à près de 600 personnes. La croix avait
15 pieds de haut au-dessus de sa base et portait un

Christ en fonte ; le bois venait des forêts d'Auvergne.

— C'est à cette époque que nos *Essais historiques* ont commencé à circuler dans la paroisse. Cette première Edition ne fut tirée qu'à 200 exemplaires et après une souscription faite parmi les principaux propriétaires et qui s'était élevée à 553 francs.

— En la solennité de la Toussaint, on se sert pour la première fois d'un magnifique ciboire en vermeil, don d'une pieuse femme du bourg, a-t-on dit.

— 12 novembre. — Elections municipales complémentaires. Entrent dans le Conseil : M. Berger, industriel à Nantes et devenu propriétaire, par son mariage, des maisons élevées au côté nord du chevet de l'église ; M. L. Chevreuil, originaire de Carquefou et agriculteur à la Bulottière. M. Michel Rivron, qui avait démissionné de la mairie, fut obligé de la reprendre sur le refus de M. J. Parré.

— On s'occupe d'un chemin à tracer tout le long du port.

— Des troubles sont occasionnés dans le bourg par les étrangers qui travaillaient à la construction de la voie ferrée ; quelques habitants s'y trouvent mêlés.

— La vieille maison de la Papinière, abandonnée par M. Charles Ertault de la Bretonnière, qui alla habiter la maison paternelle du Bois-Mêlet, venait d'être démolie en partie. Sur l'autre rive, M. Lahaye, licencié en droit, qui avait épousé Mlle Marie Dupont, petite-fille de l'ancien maire et héritière de la Turballière à la mort de sa tante. Mme Plinquiet, née Saulnier de la Pinelais, faisait d'importantes réparations et constructions à cet antique manoir des de Mazoyer ; il ouvrit également des sentiers sinueux à travers les fourrés du coteau de Varvent, ce magnifique belvédère d'où le bourg se présente si bien. La Perruche, où était venue passer les saisons d'été Mme veuve Dupont jusqu'à l'année de sa mort (1875), avait passé à son petit-fils, Philippe ; mais lui la vendit quelque temps après. M. Brault, indignement évincé des affaires communales, s'était retiré à Nantes, où il devait mourir en 1879 ; il avait vendu Bel-Air à M. Delahaye, qui ne le garda pas longtemps. La terre de Jaille venait de perdre son maître, M. J.-B. Lelièvre de la Touche, qui la laissa à ses trois fils. A Nay, M. le vicomte de Lambilly voyait s'accroître et grandir son intéressante famille Le précepteur de l'aîné des enfants célébrait chaque jour dans la chapelle du château. A Chavagne vivait seul M. Alphonse Luzeau de la Mulonnière. Le Port-Hubert était occupé pendant l'été par M. et Mme Dobrée. Mlle Aimée Rolland, en mourant, avait laissé les Rochettes à son neveu, qui habitait là avec sa jeune femme, le père et la mère de celle-ci, M. et Mme de Parnajon (1). La maison moderne de l'ancienne Cure recevait les familles Bataille-Herbelin. M. de la Leu habitait Montretraict toute l'année.

Quelques chemins vicinaux se construisaient : ceux de la Chauvellière, du Lavoir ; celui de la

---

(1) Mlle Aimée Rolland était morte aux Rochettes en 1866 ; Mme et M. de Parnajon, en 1869 et 1873 ; M. Rolland, propriétaire de la Daraudière, avait établi son fils aux Rochettes et marié ses deux filles, l'aînée en 1868, à M. Menu du Marchais, notaire à Saint-Etienne-de-Corcoué ; la cadette, en 1873, à M. Ol. de Boussineau qui s'établit à la Baraudière.

Filonnière était décidé. On travaillait à l'exhaussement de la chaussée pour y faire amorcer l'avenue
de la Gare.

1877

— Assassinat d'un nommé Busson, étranger au
pays : le crime avait été commis par un autre
étranger qui ne fut condamné qu'à 10 ans de détention.

— 30 avril. — Visite pastorale de Mgr Fournier :
réception splendide dans laquelle la population a
pris une large part ; la Direction des travaux du
chemin de fer éleva un bel arc de triomphe.

— M. le curé fait le projet d'établir la Confrérie
du Sacré-Cœur de Jésus.

— Vu l'étroitesse du cimetière, on décide de
l'agrandir : ce qui ne sera réalisé que plus tard.

— La voie ferrée est terminée.

— M. l'abbé Edouard Nail, venant de la Chapelle-
Basse-Mer, remplace, comme vicaire, M. Bretagne.

— 17 juillet. — M. J. Parré est nommé suppléant
du juge de paix.

— Le 10 septembre, M. le curé part pour Rome
avec deux de ses confrères ; à son retour il donne
à ses paroissiens la bénédiction pontificale.

— Les travaux du port, où l'on établissait des
quais, paraissent languir depuis quelques mois.

— Le Conseil municipal est mis en demeure de
construire une école communale de filles ; il se
récuse, faute de fonds, et subventionne l'école libre,
tenue par les religieuses de Saint-Gildas. M. Angebault a l'intention de céder à cette Communauté
une partie de la prée du Calvaire, pour construire

de nouvelles classes : ce qui n'eut pas d'effets, malheureusement.

— 24 décembre. — Inauguration de la voie ferrée. Les ingénieurs du P. O., accompagnés de Mgr Fournier, font halte à Sucé : une foule se presse à la gare.

1878

— 6 janvier. — Elections municipales. Deux listes de candidats sont soumises aux suffrages : l'une portant en tête M. J.-B. Rivron, neveu du maire précédent, président de la Chambre de Commerce à Nantes ; l'autre, MM. de Lambilly, de Carheil, Lelièvre de la Touche, Ertault de la Bretonnière. La première l'emporte. M. J.-B. Rivron succède à son oncle, comme maire de Sucé.

— M. de la Leu vend sa propriété de Montretrait à M. Desnoues, orfèvre à Nantes, retiré des affaires, et passe à Bel-Air que M. Delahaye venait de laisser.

— 22 juillet. — Un assassinat est commis au Haut-Rocher par un espagnol sur la personne d'un ouvrier de Nantes. La justice n'a pu saisir le meurtrier.

— 22 septembre. — A l'occasion de la visite du ministre Freycinet à Nantes, un ballon vient atterrir sur le domaine de Jaille ; à peine descendus, les aéronautes reprennent leur vol vers Châteaubriant.

— 3 novembre. — Arrive à Sucé le P. Vincent-Ferrier (Aristide Miché), religieux dominicain, venant d'être ordonné prêtre : il passe quelques jours dans sa famille.

— On place cette année plusieurs statues dans l'église, entre autres celles du Sacré-Cœur et de sainte Anne.

— Dans le Conseil municipal, on s'occupe à nouveau de l'agrandissement du cimetière, où les concessions se multiplient. — L'école de garçons, insuffisante telle qu'elle a été construite, doit s'augmenter d'une nouvelle classe.

— Décembre. — Demande d'un Bureau télégraphique. Protestation contre le chemin de halage sur la rive droite de l'Erdre, dont on étudie le projet ; il ne sera jamais établi.

1879

— 10 janvier. — La crue en rivière arrive à son maximum. Tous les quais sont submergés et même les maisons riveraines sont inondées ; l'eau atteint le bas de la rue du Port.

— M. de Bourneuil, allié à la famille de la Baraudière, a pris en location la maison Yvelin, occupée précédemment par la Direction des travaux du chemin de fer.

— M. le Dr Thoinet de la Turmélière, qui a acheté le Pélican, y fait élever un chalet et une maison de jardinier. M. Rivière fait construire au bourg un bel immeuble, en bordure de l'ancien cimetière, au nord de l'église. Bel-Air est acheté par M. Thébaud, négociant à Nantes.

— Le projet pour la construction d'une classe à l'école de garçons est approuvé. M. Mabilais en était le directeur depuis plusieurs années. Il quitta Sucé pour Saint-Nazaire, puis fut inspecteur primaire dans le département d'Ille-et-Vilaine. Son prédécesseur immédiat, M. Jouvance, ne fit que passer. Avant celui-ci, ce fut M. Poujade qui était resté parmi nous longtemps, à la satisfaction des familles. Celui

qui entra le premier dans la nouvelle école avait
été un sieur Touron, qui avait connu l'ancien local
et succédé à M. Letain.

— M. l'abbé Grégoire, ordonné en 1874, professeur à l'Externat des Enfants-Nantais et au Séminaire des Couëts, puis vicaire à Gorges, passe à
Saint-Félix de Nantes en la même qualité.

— La pêche du Parellier est miraculeuse : 7 barriques de poissons, dit-on, mais peu de carpes.

— Cette année a vu mourir à Nantes : M. Michel
Rivron et M. Brault, anciens maires de Sucé ;
M. Suser, propriétaire de la Gamotrie.

— Décembre. — Rigueurs de l'hiver et grande
misère. Sur l'initiative de M. Rivron, on organise
un Comité de secours. Avec le produit de cotisa-
tions volontaires, on procure aux plus nécessiteux
du chauffage et des vêtements. Mme de Lambilly
est chargée de la distribution des aumônes.

— Plusieurs croix de chemins ont été élevées
sur le territoire paroissial, particulièrement celles
de l'Ongle et de la Giboire.

— Visite pastorale de Mgr Le Coq.

1880

— 26 janvier. — Le télégraphe de la gare est
ouvert au public pour les dépêches privées.

— Au printemps de cette année, plusieurs maisons du bourg ont reçu un crépissage tyrolien et
quelques autres ont été relevées à neuf.

— 28 mai. — Pour la cérémonie de Première
Communion des enfants, on étrenne une bannière
en velours rouge à l'effigie du Bon-Ange et de

saint Etienne. On orne l'église de certaines statues, entre autres de sainte Germaine, offerte par Mme de Lambilly. Une personne de Nantes qui veut rester anonyme, ajoute chaque année quelques personnages pour la composition de la crèche de Noël.

— A la Fête-Dieu, on inaugure un nouvel harmonium. On agrandit la sacristie du midi de l'épaisseur d'un contrefort et l'on y pratique une cheminée.

— 29 juin. — Sous-diaconat de M. l'abbé Foucaud. En même temps, M. l'abbé Fourny entre au Séminaire de Saint-Sulpice, à Paris, pour compléter son cours de théologie. Le P. Vincent-Ferrier, maître des novices à Abbeville, expulsé par les décrets du 29 mars, séjourne à Sucé pendant deux semaines et s'exile en Espagne.

— 26 décembre. — La fête patronale fut célébrée ce jour même, mais le sermon, donné par le P. Norbert, capucin, n'eut lieu qu'à l'octave.

— Meurt à Nantes Mme Guérin, née de la Rue du Can ; elle est inhumée au cimetière. Son mari, décédé à la Claverie, y reposait depuis 1856. Cette famille avait habité précédemment la Claverie, avant l'acquisition qu'en fit M. Marion de Beaulieu, et elle y était revenue après la mort du fils de celui-ci.

1881

— 3 janvier. — Elections municipales. Peu de changements : M. J.-B. Rivron et M. J. Foucaud sont maintenus comme maire et adjoint.

— 28 avril. — M. Angebault propose au Conseil municipal de déclarer l'école des filles à la charge de la commune : c'est accepté en principe à l'unanimité. Au mois de novembre, un traité est passé entre la commune et les religieuses pour établir la gratuité scolaire ; la commune s'engage à fournir un traitement de 700 francs à la Supérieure, Sœur Saint-Rémi, et de 600 fr. aux adjointes. Le traité n'est passé que pour une année seulement.

— 28 août. — Le chemin longeant le port revient en question. On décide que la rue qui porte ce nom sera entretenue par les soins de la Municipalité, étant déclassée par le fait de l'ouverture de celle du Pont.

— M. l'abbé Nail, vicaire, est nommé à Nort, et le remplace M. Pouplard, né au Temple, et précédemment vicaire à la Limouzinière et à Saint-Gohard de Saint-Nazaire.

— 29 juin. — M. l'abbé F. Foucaud est ordonné prêtre ; au mois de septembre il est nommé professeur aux Couëts.

— M. J.-B. Foucaud s'établit comme expert-géomètre, concurremment avec M. J.-M. Launay, qui exerce sa profession depuis plusieurs années.

— Du 18 septembre au 2 octobre, mission paroissiale, donnée par les PP. Capucins Adolphe et Norbert. La *Semaine religieuse* en fit un compte-rendu.

1882

— On construit quelques nouvelles maisons dans le bourg, à l'entrée du chemin de Biguené et en face de la Pivardrie. On rend carrossable le chemin du Pin en lui donnant plus de largeur.

— L'inspecteur d'Académie fait une descente à Sucé pour choisir un emplacement propre à la construction d'une école de filles ; pas de suites encore cette fois.

— Jeudi de Pâques. — Visite pastorale de Mgr Le Coq. Le temps mauvais a fait manquer les décorations.

— Le tracé définitif du chemin longeant le port est approuvé par la Préfecture. — Elle autorise aussi la commune à acheter une parcelle de terrain pour 424 francs, afin d'agrandir le cimetière Saint-Michel. — Le Conseil demande que l'on fasse un dragage dans le port, qui manque de profondeur pour l'abordage des bateaux.

1883

— On propose l'établissement d'un Bureau télégraphique, joint à celui de la Poste : cela coûtera à la Commune 800 francs. — Pour l'exécution des travaux à faire sur le port, la Municipalité est en différend avec les propriétaires riverains. Autorisée à ester en justice, elle gagne son procès, donnant simplement droit de préemption aux riverains et annulant leurs droits de propriété.

— Mai. Mort de M. Bertho, ancien curé de Sucé, à Saint-André-des-Eaux, où il s'était retiré. Un service funèbre fut chanté à l'église pour le repos de son âme.

— M. l'abbé Fourny est ordonné prêtre ; il est envoyé à l'Université d'Angers pour conquérir sa licence ès-lettres.

1884

17 janvier. — Meurt à Nantes, rue Royale, M. J.-B. Angebault, âgé de 87 ans. Ses obsèques, présidées

par l'évêque, furent une imposante manifestation de la reconnaissance de la Ville pour cet homme de bien, président de la Société de la Providence et membre très actif de celle de l'Asile Saint-Joseph. A Sucé son souvenir ne doit plus périr : il fut l'ami et le conseiller de tous. Nous lui devons particulièrement l'école libre de filles et deux bourses pour les élèves ecclésiastiques.

— Juin. L'agrandissement du cimetière est terminé. On a déplacé la croix centrale pour la poser dans l'axe de l'allée du milieu et dans la nouvelle partie annexée.

— Novembre. Un cours d'adultes pour les garçons est établi à l'école communale ; la Municipalité vote la somme de 100 francs pour cet objet.

— M. Jean de Lambilly entre à l'Ecole militaire de Saint-Cyr avec le n° 66. M. Guillaume du Rostu, petit-fils de M. Angebault et héritier de la Hautière, est déjà entré à cette Ecole.

— M. J.-M. de Carheil meurt à sa maison de Launay, âgé de 62 ans.

— Le bureau de la Poste et du Télégraphe se loge au bas du bourg, maison Niel.

— M. l'abbé Giraudais, missionnaire apostolique, vient aider M. le curé, fatigué.

1885

— M. Henri Lelièvre de la Touche, ayant acheté la Claverie et l'habitant, ses deux frères, M. Gaston et M. Xavier, commencent à Jaille d'importants travaux de restaurations et de constructions. Après un arrangement avec M. du Rostu, ils tracent une nouvelle avenue conduisant de la route de Casson à leur maison ; le vieux chemin de Jaille est abandonné à la Hautière, l'étang est desséché, le petit bois est abattu. M. du Rostu, lui-même, aligne une avenue à travers la prée du Calvaire.

— M. l'abbé Fourny est nommé professeur de philosophie au Petit-Séminaire des Couëts.

— M. le Dr Thoinet de la Turmélière, après la mort de sa femme, habite son chalet du Pélican. Mme du Rostu, mère, réside à la Hautière.

1886

— Le Conseil municipal s'occupe du port de la Gamotrie.

— M. l'abbé Fourny entre à la Collégiale Saint-Donatien. M. l'abbé F. Foucaud est nommé vicaire à Saint-Herblon.

— 3 mai. — Confirmation et visite pastorale.

— L'île Saint-Denis est mise en vente par son propriétaire, M. Roussier.

— Juin. — Mariage de Mlle Marie Ertault de la Bretonnière, du Bois-Mêlet, avec M. Henri de Brem.

— Septembre. — Exercices du Jubilé, donnés par le P. Parent, ancien religieux Carme.

— M. Jean de Lambilly entre au 65e d'infanterie, caserné à Ancenis, avec le grade de sous-lieutenant.

— Novembre. — On rédige les statuts d'une Société musicale, sous le nom de *Lyre de Sucé.*

— La maison Yvelin, chargée d'un bail, ne peut être prise pour servir d'école communale de filles, car l'Inspecteur n'abandonne pas son projet.

— M. L. Chevreuil succède comme médecin à M. Marre, qui se retire à Ancenis et laisse sa maison à son successeur ; mais celui-ci acquiert bientôt la maison Bataille-Herbelin où il va résider, et abandonne l'autre au gendre de M. Marre, un officier en retraite.

1887

M. Alphonse Luzeau de la Mulonnière meurt à Chavagne le 24 juin, y laissant sa fortune à ses neveux. Célibataire et seul dans cette antique maison, il se tint éloigné des affaires et ne s'occupa que de la gestion de ses biens. Son frère, Charles, était mort à la Mulonnière où il habitait retiré et solitaire. Avant lui, en cette modeste demeure, avaient habité et fini leurs jours sa tante, survivante de la Révolution et sa sœur Mlle Caroline.

— 15 novembre. — M. Lelou, curé de la Chapelle-des-Marais, meurt subitement dans son presbytère, âgé de 71 ans. Il était né à Sucé en 1816 et curé depuis 27 ans.

1888

— Cette année, les bateaux à vapeur, qui avaient cessé leur service quotidien depuis l'ouverture de la voie ferrée, reparaissent sur la rivière, non pour les voyageurs, mais pour les promeneurs. Les premiers paquebots étaient à roues, ceux-ci sont à hélice et moins lourds : on les appelle des *abeilles*. C'est le jeudi et surtout le dimanche que, durant la belle saison, ces légers bateaux, aux différentes escales de la rivière et chez nous, déversent les gens de la ville, pêcheurs à la ligne, excursionnistes, ou simplement chercheurs de repos, ombre,

verdure, et, pour le plus grand nombre, distractions
et plaisirs. Si notre Sucé moderne ne ressemble plus
à l'ancien, si nos mœurs, costumes, langage, habitudes, mélange de races, déplacements, goûts aux
divertissements, aux modes et à la toilette, ont
subi, depuis quelques années, de si notables transformations, nous le devons à cette affluence d'étrangers. Sans contredit, ils apportent chez nous un
certain bien-être, mais ils ont emporté tout ce qui
restait de simplicité, de traditions, de ce qui, en un
mot, caractérisait le temps passé. Les uns appellent
cela le progrès, les autres, décadence.

— Sur les nouvelles instances de la Préfecture,
notre Municipalité est mise en demeure de construire une école communale de filles, ce dont pourtant nous n'avions pas besoin. Encore cette fois, le
Conseil se refuse à cette dépense, vu l'état de ses
finances.

— Mme Rolland, née de Rorthais des Rochettes,
finit sa longue carrière à sa maison de la Baraudière.

1889

— Des pêcheurs trouvent dans le lit de l'Erdre,
entre l'Onglette et Saint-Denis, une pirogue de
5 mètres de long, creusée dans un pied d'arbre.

— M. l'abbé Chesnet, prêtre de Sucé, doyen du
Chapitre d'Angers, meurt dans cette ville, à l'âge
de 83 ans, 6 avril.

— L'avenue de la Gare est plantée d'arbres.

— On relève la croix de la Marvillère, tombée de
vétusté.

— M. l'abbé Fourny est nommé professeur de

seconde à l'institution de Saint-Stanislas ; M. l'abbé Rouaud, récemment ordonné, est désigné pour le collège de Châteaubriant ; le P. Vincent-Ferrier (abbé Miché) est envoyé à Corbara, en Corse, comme maître des novices.

— La succession de MM. Luzeau de la Mullonnière étant partagée, M. Léon Ertault de la Bretonnière s'établit à Chavagne ; la Mulonnière et l'Ongle furent le partage de M. Gatien de la Bretonnière, habitant le Bois-Mêlet.

1890

— D'importantes réparations sont exécutées à l'église : parquet dans le sanctuaire, revision complète de la toiture. On y fait les embellissements suivants : deux confessionnaux en chêne remplacent les anciens ; des vitraux de couleurs avec personnages font disparaître les grisailles de la fenêtre des deux chapelles du fond ; on renouvelle la main-courante de la sainte Table.

— 23 mars, visite pastorale de Mgr Le Coq.

— M. Rolland père meurt à sa maison de la Baraudière ; son fils, M. Arthur, aux Rochettes ; ces deux décès se produisent à quelques jours d'intervalle.

— M. Jean de Lambilly se marie à Mlle Jeanne de Montagu, de Versailles.

M. l'abbé Pouplard, vicaire à Sucé, est nommé curé de Louisfert et remplacé par M. l'abbé H. Cartaud, né à Vieillevigne et prêtre de 1886.

— M. Georges Ganuchaud, qui tient à Nantes un magasin de tissus et confections, et qui devait devenir conseiller municipal de cette ville fait l'acquisition de la Claverie, qu'il projette déjà d'embellir et d'agrandir.

— L'ancien propriétaire de la Perruche, M. Philippe Dupont, petit-fils de J.-B. Dupont, le restaurateur de Sucé, décède à Nantes, le 23 mai.

1891

— Le Conseil municipal agite la question de créer une troisième classe à l'école de garçons qui compte 140 élèves ; pour cela on propose de surélever le bâtiment et de construire un escalier pour y donner accès : ainsi le préau restera intact, mais le cabinet des Archives disparaîtra.

— Mme veuve Georges du Rostu qui, depuis quelque temps, habite la Hautière, pendant les mois d'été, achète, pour y résider, la maison de Kerbihan, près le ponton de la Chapelle-sur-Erdre. — Le chalet Saint-Denis est occupé par un sieur de la Grenais, ancien consul de France et celui-ci se transporte bientôt à la maison de la Châtaignerais. — La famille de la Salmonière a loué le Pélican. — Quelques maisons du bourg, au chevet de l'église, sont relevées à neuf.

1892

— Les élections n'apportent aucun changement dans la composition de la municipalité : M. J.-B. Rivron est maintenu comme maire et J. Foucaud et P.-J. Parré, comme adjoints.

— On arrête la construction des chemins vicinaux, dits de Guillonnière et de la Noue.

— En ce temps-là le castel de l'Ongle, menaçant

ruine et qui servait d'habitation aux fermiers depuis
bien longtemps, est rasé et, avec les débris, on élève
une nouvelle construction.

— La villa de Bel-Air est achetée et habitée par
M. Georges de Carheil qui avait d'abord occupé la
Gaudonnière comme locataire. — M. Gaudin quitte
sa résidence de Petit-Mars et prend possession de
l'île Saint-Denis.

— Le P. Vincent-Ferrier est envoyé par ses supérieurs au Chili, pour y fonder une résidence domi-
nicaine.

1893

— M. Louis Lahaye, licencié en droit, propriétaire
de la Turballière et conseiller municipal depuis deux
ans seulement, meurt à Nantes dans la force de
l'âge. Ses collègues, en séance du 12 février, déplorent
sa disparition.

— Pendant la durée des travaux exécutés à l'école
des garçons, les classes se font dans la maison
Potier-Hauray, rue du Port.

— 29 mai. — M. Charles Ertault de la Bretonnière
meurt à sa maison du Bois-Mêlet qui pour lui avait
été le lieu natal. Il avait abandonné depuis quelques
années la Papinière. Cette maison qu'il habitait depuis
son mariage et où il avait perdu trop tôt sa jeune
femme, en 1857, était dans un tel état de vétusté qu'il
fallut en raser une partie absolument chancelante.

— On ajoute deux cadrans à l'horloge publique,
au sud et au nord.

— 13 août. — M. le Curé, qui avait obtenu de
l'autorité municipale la permission de transporter la
vieille croix de granit du cimetière au fond et dans

l'axe de l'avenue centrale, après l'agrandissement, décidé, en même temps, le déplacement des deux tombeaux de M. Bucaille et de M. Mathelier, anciens Curés de Sucé. L'opération ne fut faite qu'au mois d'octobre, à la suite d'une mission paroissiale donnée par les PP. Récollets, de Nantes.

— 24 septembre. — M. l'abbé Peigné, né au Grand-Auverné, succède, comme vicaire, à M. l'abbé Cartaud, nommé à Rougé.

— M. l'abbé Blot, nouvellement ordonné, devient professeur au Petit Séminaire des Couëts.

— La municipalité réserve, dans le cimetière, au pied de la croix déplacée et du côté opposé aux tombeaux des deux anciens curés, un emplacement égal pour la sépulture des prêtres, curés ou vicaires de la paroisse.

1894

— Au mois de février, M. Julien Foucaud, de la Marvillère, conseiller municipal depuis 1848 et adjoint depuis longtemps, finit sa longue et honorable carrière. En séance, ses collègues se plaisent à reconnaître les qualités qui le distinguaient. M. J. Rivière, du bourg, le remplace dans ses fonctions.

— M. Desnoues, propriétaire de Montretraict, achète la maison du Haut-Rocher et la fait restaurer. Entre ces deux propriétés avait été élevée une villa, appelée Beau-Site, par M. Tassin, pharmacien à Nantes.

— Les terres de la Turballière, de la Beaumondière, du Drouillay et de la Bâchellerie sont mises en vente. La Turballière est acquise par M. Dunan, ancien notaire.

— Pendant la belle saison le Pélican est habité par l'artiste Chabas : celui-ci bientôt s'installe à la Châtaigneraie qu'avait occupée M. Valette, homme de lettres.

— M. l'abbé F. Foucaud est transféré, comme vicaire, de Saint-Herblon à Héric.

1895

— On pose sur la place de la Cure une bascule publique, d'après l'autorisation de la municipalité.

— On supprime et vend à un particulier riverain l'ancien chemin du Paly.

— On exprime le vœu de posséder une chambre de sûreté et un poste de gendarmes.

— La maison Marre est louée à la famille Grant, de Nantes. La Perruche est vendue à M. Cheminaud, ancien pharmacien.

— 28 août, meurt à la Rochefordière Mme Henri de Carheil, du Blanc-Verger.

— Au mois de novembre, on apprend de Paris la mort de M. Bataille, l'artiste lyrique, dont la famille avait longtemps habité Sucé et qui y avait séjourné lui-même plusieurs fois.

— S'établit à Sucé un second médecin, M. Mouillé ; mais il y exerce peu de temps et va remplir sa profession à Saint-Père-en-Retz.

— M. l'abbé Rouaud est nommé vicaire aux Sorinières.

— On rétablit cette année la fête locale, avec jeux et régates.

— Visite pastorale de Mgr Laroche.

— M. L. Ertault de la Bretonnière fait exécuter d'importants travaux de restauration au vieux château cartésien de Chavagne.

1896

— On voit dans la composition du Conseil municipal plusieurs noms nouveaux : MM. Ertault de la Bretonnière, de Chavagne ; Ertault de la Bretonnière, du Bois-Mêlet ; Georges de Carheil, de Bel-Air ; Gaston Lelièvre de la Touche, de Jaille ; Rolland, des Rochettes.

— Le Port-Hubert, laissé par M. Dobrée, à sa mort, à M. de Kersabiec, son neveu, est vendu par celui-ci à M. et Mme Emile Bureau, de Nantes, dont les enfants, MM. Emile, Pître et Gustave, le possèdent indivisement depuis 1912. On y a supprimé la ferme avoisinante et fait déjà, aux abords, plusieurs modifications heureuses.

— MM. G. et X. Lelièvre de la Touche, bâtissent un manoir, près l'ancien moulin de la Guillonnière que M. Chabas doit habiter.

— M. l'abbé Grégoire, vicaire à Sainte-Croix de Nantes, est nommé curé de Sainte-Luce.

— Les exercices du Jubilé sont donnés par le P. Parent, ancien carme et résidant à Nantes.

1897

— Le Conseil municipal, constatant que notre joli pays est de plus en plus visité par les promeneurs nantais que nous amènent les bateaux à vapeur le dimanche et le jeudi, dans la belle saison, aurait le désir de rendre nos rues plus propres et mieux ali--

gnées. On peut enfin exproprier la maison Briand, près l'ancien hôtel des Régaires, laquelle faisait une saillie dangereuse sur la rue. Les chemins vicinaux sont aussi une grande préoccupation : on met en adjudication la construction de celui de la Haie.

— La Société musicale, dite la *Lyre des Enfants de Sucé*, se dissout à la suite de dissensions intestines ou de malentendus.

1898

— Dans la nuit du 16 au 17 mars, des voleurs s'introduisent en l'église par une fenêtre de la sacristie : ils se sont contentés de briser et vider les troncs.

— Le Bureau de Poste se transporte du Bas-du-Bourg dans la maison Yvelin.

— Il s'est construit plusieurs maisons dans le bourg ; la plus importante est celle élevée en face l'entrée de la Gare ; une buvette se présente aussi aux voyageurs qui descendent du train.

— M. l'abbé Fourny quitte le collège Sainte-Croix de Neuilly pour diriger le Séminaire d'Alger.

— Des dissensions se manifestent au sein du Conseil municipal. On accuse le maire d'augmenter la dette de la commune dans des proportions démesurées ; on dit même qu'elle monterait à 46.000 francs. Le maire s'en défend devant ses collègues assemblés en leur prouvant que la somme ne dépasse pas 11.310 francs.

— 3 juin. — Les Protestants de Nantes, fêtant, par un congrès, le centenaire de l'Edit par lequel Henri IV leur avait accordé certaines libertés, frêtent un bateau et font un pèlerinage à Sucé. Ils essaient de retrouver quelques vestiges de leur temple démoli en 1684 par un arrêté du Parlement de Bretagne ; ils n'auraient remarqué, disent-ils dans leur rapport, qu'une margelle de puits, et encore est-ce bien historique ?

1899

— La maison de Bel-Air est agrandie de deux pavillons qui lui donnent un plus bel aspect de la rivière.

— M. l'abbé Rouaud est nommé vicaire à Saint-Etienne-de-Montluc.

— Visite pastorale de Mgr Rouard : on fit beaucoup de préparatifs ; mais la pluie contraria la fête.

— 6 septembre. — M. le chanoine Blois, aumônier des Ursulines, étant de passage à Sucé, meurt subitement au presbytère ; le lendemain son corps est transporté à Sainte-Pazanne, son pays natal, où il doit être inhumé.

— 13 septembre. — M. P.-Julien Parré, adjoint, étant à Boulogne sur le point de s'embarquer pour Londres, est surpris par une mort soudaine, dans l'hôtel où il était descendu. On ramène sa dépouille à Sucé. Un de ses neveux, portant son nom, prend la suite des affaires et même remplace le défunt au conseil municipal. Mais cela doit peu durer.

— La Fabrique fait exécuter à l'église des réparations intérieures et extérieures qui auraient coûté la forte somme de 50.000 francs : l'équivalent de la construction !

1900

— Au mois de mai se renouvelle le Conseil municipal : M. Rivron est maintenu dans sa charge et on lui donne deux adjoints : M. J. Rivière et M. Narcisse Parré.

— On fait connaître que l'oncle de ce dernier a donné par testament aux pauvres de la commune une somme de 2.000 francs. Les deux nouveaux membres du Bureau de Bienfaisance, délégués du Conseil sont : M. le Curé et M. N. Parré.

— On dresse l'état des chemins vicinaux : dans les dix dernières années ont été construits ceux du Port, 291 mètres ; de la Chauvelière, 2.879 mètres ; de Logné, 694 mètres ; de la Demanchère, 1.316 mètres ; du Chêne-Creux, 1.456 mètres. Restent à finir : ceux de la Noue, de la Goulitière, de la Grande-Bodinière. On demande à exécuter ceux : de la Gannerie au Pas ; de la Goulitière au Champ-de-la-Haie ; de Grandonneau ; du Drouillay ; de Bézillé, etc...

1901

— On commence à bâtir de petits chalets sur la butte de l'Angleterre ; le moulin est déjà détruit.

— La terre et la maison de Jaille sont vendues à M. et Mlle Bertrand, de Nantes. La Hautière est inhabitée et bientôt elle sera morcelée.

— Meurt, après quelques jours de maladie, M. l'abbé Peigné, vicaire, laissant dans la population une mémoire bénie. Le remplace M. l'abbé Leduc, né à N.-D. du Fresne et ordonné en 1899.

— Les P.P. capucins Lazare et Calixte, de Nantes, donnent une mission paroissiale. A la clôture, est bénite une nouvelle croix à l'entrée du chemin de Jaille pour remplacer l'autre que la tempête avait abattue deux ans auparavant.

1902

— C'en est fait de la vieille maison de la Hautière et du beau parc que M. Angebault avait tracé et planté : tant de souvenirs vont s'effacer ! La propriété est mise entre les mains de M. Ecomard, ancien notaire de Carquefou, qui la met en vente par parcelles. La maison principale est achetée par M. Fr. Salmon ; les dépendances passent à d'autres acquéreurs ; des écuries et remises on fait une maison d'habitation, le parc, en grande partie, est adjoint à celui de la Claverie ; des jardins sont créés le long du chemin de l'Angleterre. — M. Rolland agrandit sa maison des Rochettes.

— M. l'abbé Joseph Foucaud, de la Trématière, est ordonné prêtre et nommé vicaire à Fresnay.

— L'Inspecteur d'Académie force la Municipalité à acheter un mobilier scolaire pour une école communale de filles. Où bâtir cette école ?...

1903

— Les sœurs de Saint-Gildas qui instruisaient à la satisfaction des parents les petites filles de la paroisse depuis un demi-siècle, sont obligées par des lois néfastes de retourner à leur Communauté. On trouve heureusement deux jeunes filles de Nantes, Mlles Vilaine, pour continuer leur enseignement. Une autre école, dite publique et communale, s'établit dans la maison même de la Hautière, et s'ouvre avec cinq ou six élèves. Mais l'on a choisi un emplacement pour construire le bâtiment scolaire, dans le verger du presbytère. L'argent faisant défaut dans la caisse municipale, les choses en restent là, et d'ailleurs le

Conseil s'oppose à cette coûteuse et inutile construction, autant qu'il le peut.

— On remplace les vieilles stalles du chœur de
l'église par des neuves.

— ,La Turballière est acquise par M. Luzierre,
ancien notaire, qui doit la vendre par parcelles : ainsi
cette antique maison va subir le sort de la Hautière ;
Jaille aura la même fin.

— M. Léon Ertault de la Bretonnière, propriétaire
de Chavagne, est élu deuxième adjoint pour remplacer M. N. Parré, qui se retire et quitte le pays ; celui-
ci vend la maison de famille à M. J. Frémond, revenu
de Paris à Sucé.

— Le Conseil demande l'établissement d'une cabine
téléphonique.

— M. l'abbé Fr. Foucaud, vicaire à Héric, obtient
la cure de Saint-Mars-de-Coutais. M. l'abbé Colas,
de la Maison-Blanche, qui vient d'être ordonné
prêtre, entre à la Collégiale Saint-Donatien.

— Au 3ᵉ dimanche de Carême on bénit la statue
de Notre-Dame de Lourdes, élevée sur un petit mon-
ticule rocailleux à la bifurcation des routes de Carquefou et de la Miletière, près le village de Logné.

— Le soir de la fête de Noël, on inaugure la belle
statue du Sacré-Cœur, posée sur le socle du calvaire
que la tempête avait abattu, au carrefour des routes
de la Chapelle et de Treillères ; cette statue vient
du Creusot et aurait coûté 9.000 francs.

1904

— Les exercices du Jubilé sont donnés à la
paroisse par M. Cussonneau, ancien aumônier de
l'asile Saint-Joseph à Nantes.

— On apprend la mort du P. Miché, dominicain, à Pernambuco, où il avait été envoyé pour faire une nouvelle fondation de son Ordre ; il était âgé de 50 ans.

— Meurt aux Rochettes, M. Henri Rolland, encore jeune ; il s'était marié à Mlle Douillard, de Nantes, et laissait une fille.

1905

— Novembre. — M. l'abbé Leduc, vicaire, est remplacé par M. l'abbé Marpeau, qui vient de Notre-Dame de Clisson ; M. Leduc est nommé à Trescalan en la même qualité.

— M. Juteau remplace M. Duret, comme directeur de l'école communale de garçons.

1906

— Meurt à Vichy, où il était en traitement, M. de Boussineau, de la Baraudière ; son corps est ramené à Sucé et inhumé au cimetière paroissial, dans le tombeau de famille.

— La loi de Séparation de l'Eglise et de l'Etat eut à Sucé, comme partout, ses regrettables effets. Une première tentative d'inventaire fut d'abord faite par M. le Percepteur des Contributions directes : celui-ci, devant les portes fermées, fut insulté et menacé par un groupe représentant la paroisse ; il se retira, tout honteux, sans faire aucune opération. Plus tard, le Directeur des Domaines, escorté d'une compagnie du régiment d'Ancenis et des gendarmes de Carquefou, se présenta de grand matin, dès avant le réveil de la population du bourg. Sans formalités, on cerna l'église, puis on fractura la porte latérale du sud. L'agent, exécuteur des hautes œuvres du Gouvernement, s'introduisit dans l'enceinte sacrée. M. le Curé arrive à l'instant. Une courte inspection, la sacristie restant close, suffit au Directeur des Domaines pour dresser un simulacre d'inventaire que deux hommes du bloc voulurent bien signer. Et ainsi finit la tragico-comédie.

1907

— Le Conseil municipal demande l'établissement d'une boîte aux lettres au centre du bourg, le Bureau de Poste venant malheureusement de se loger dans la maison Marre, dont l'accès est très incommode pour les habitants.

— M. l'abbé Grégoire donne sa démission de la cure de Sainte-Luce et se retire à Nantes pour s'adonner à la prédication et aux études historiques.

— Mme veuve de Boussineau appelle à Sucé et loge dans la rue du Port deux religieuses de Mormaison qui visiteront les malades et instruiront les garçons fréquentant les catéchismes : œuvre d'une grande utilité. Reconnaissance à la bienfaitrice.

— Par l'effet de la loi de Séparation de l'Eglise et de l'Etat, le maire consent la location du presbytère à M. le Curé pour une période de 18 ans. Dans le conseil on ne voulut exiger que le quart de la valeur locative de la maison et du pourpris, mais le Préfet éleva la somme de 100 francs.

1908

— La maison du Haut-Rocher est mise en vente par M. Desnoues.

— M. Ganuchaud agrandit sa maison de la Claverie en ajoutant une aile au corps principal, côté nord : ce qui lui donne plus belle apparence.

— Une nouvelle Directrice, venant de Treillères, succède à celle qui avait fondé l'école communale de filles.

— Un arrêté de la Municipalité interdit la chasse sur le territoire communal aux étrangers.

— Un concours de pêche à la ligne est organisé par la Société dite *La Gaule Nantaise* : hommes et femmes y prennent part ; à la suite bal, banquet et distribution des récompenses : voilà des innovations qui n'auraient jamais été suggérées au bon temps d'autrefois.

1909

— M. l'abbé Piraud, du Chêne-Planté, est ordonné prêtre ; il est nommé vicaire au Grand-Auverné. C'est le quatorzième prêtre de Sucé depuis le rétablissement du culte, et même nous pourrions y faire figurer le R. P. Bonhomme, religieux capucin, qui vint à Sucé tout enfant et y eut résidence durant sa jeunesse cléricale.

— M. l'abbé Colas est envoyé à Rome pour prendre ses grades théologiques.

— M. le Curé fait acheter un terrain pour construire une salle d'œuvres paroissiales, dans le chemin des Herces, et aussitôt les ouvriers se mettent en œuvre pour élever le bâtiment : le tout aurait coûté une dizaine de mille francs.

— M. Duchesne, attiré à Sucé par les charmes de la rivière, et venant de Nantes, commence à habiter un chalet qu'il a fait édifier sur la bordure du parc de la Hautière et donnant le long du chemin d'Angleterre.

1910

— Mme de Polignac habite la Guillonnière. M. Haislaut a acheté la Gamotrie et Saint-Denis. Logné est habité par la famille de Faymoreau-d'Arondel. Quelques parties de la vieille maison de la Haie sont occupées par un M. d'Arondel ; Bel-Air, par le docteur Lefloch.

— M. Autfray, mari de Mlle Mélanie Parré, mort à Nantes, paroisse Saint-Pierre, est transporté au cimetière de Sucé pour être inhumé dans le tombeau de famille.

— 5 août. — M. l'abbé Pouplard, ancien vicaire, démissionnaire de la cure de Louisfert, meurt à la Baule où il s'était retiré ; son corps est transporté au Temple, sa paroisse natale.

— 13 août. — M. l'abbé Marpeau, vicaire, est transféré à Savenay en la même qualité ; le remplace M. l'abbé Musset, né aux Moutiers, vicaire à Sainte-Marie depuis deux ans.

1911

— La villa de Montretraict, qu'a quittée et vendue M. Desnoues, passe à M. le marquis de Brévedent ; le Haut-Rocher, à M. Ducos, entrepreneur à Nantes, qui y fait d'importantes améliorations ; la maison de Jaille et les terres sont mises à la disposition d'un marchand de biens par les propriétaires, M. et Mlle Bertrand ; une partie est déjà vendue.

— M. l'abbé Rouaud, vicaire à Saint-Etienne-de-Montluc, est nommé curé-prieur de Bonnœuvre ;

M. l'abbé Colas, revenu de Rome, rentre à la Collégiale Saint-Donatien ; M. l'abbé Piraud passe, comme vicaire, du Grand-Auverné à Pont-Saint-Martin.

— D'après l'initiative de Mme de Boussineau, la Ligue des Femmes françaises fait donner des conférences dans la salle des œuvres paroissiales.

— A la clôture d'une grande mission, donnée par trois religieux Capucins, dont le P. Bonhomme, en religion Sigismond, on inaugure et bénit solennellement un magnifique calvaire breton, placé à la bifurcation des routes de Nort et Casson. Outre la croix portant le Christ, il y a sur la base, de chaque côté, les statues de la Vierge et de saint Jean. C'est une belle œuvre, mais qui a coûté fort cher, 12.000 francs, a-t-on avancé. Le terrain fut vendu 5 francs le mètre.

1912

— M. l'abbé Jos. Foucaud est nommé vicaire à Guenrouët ; M. l'abbé Colas, à Machecoul.

— La propriété de Bel-Air, vendue par le docteur Lefloch, a été achetée par M. de Chapdeleine. Celles de Jaille, de la Guillonnière et de la Turballière sont mises en vente.

— Aux élections municipales du 5 mai, M. J.-B. Rivron, qui se retire de la mairie, à cause de son grand âge, propose une liste de candidats qui passe toute entière, sauf un nom. M. Léon Ertault de la Bretonnière, de Chavagne, étant déjà adjoint, accepte les fonctions de maire : il est élu par 15 suffrages sur 16.

— M. Duchesne, conseiller municipal, demande l'acquisition d'un bateau-lavoir et l'éclairage du bourg.

1913

— Le Conseil municipal, après avoir fait l'essai de quatre quinquets pour l'éclairage du bourg, y renonce, cela étant trop coûteux.

— On reçoit avec plaisir les ouvertures de la Société électrique : ce n'est qu'un projet.

— 28 août. — Au château de Nay, M. et Mme de Lambilly célèbrent leur cinquantaine de mariage devant leurs enfants et petits enfants, et plusieurs membres des familles de Cornulier et de Lambilly. M. l'Archiprêtre de la Cathédrale donne le salut dans la chapelle et adresse une allocution aux vénérés époux. Quelques jeunes orphelines de la Petite-Providence de Nantes exécutent des chants très goûtés de l'assistance.

— M. l'abbé Cottineau est nommé vicaire à Saint-Clément de Nantes. M. l'abbé Colas est agrégé au clergé de Paris.

— Le *Guidon Sucéen*, Société de tir, organise un premier concours, pour le jour de la fête locale.

— L'aviateur Maneyrol atterrit sur la Turballière, venant d'Ancenis, et se dirigeant sur Nantes ; il ne put reprendre son vol.

— La Société Nautique de Nantes, qui a fait construire une estacade en bois, en face le chemin du Ruisseau, l'inaugure un dimanche de l'été, devant les Autorités locales.

— M. Ganuchaud, propriétaire de la Claverie, donne à ses nombreux employés une journée de repos et de plaisirs : cela est une coutume désormais établie et depuis quelques années.

— De passage à Nantes, M. le Curé se fait une fracture à la jambe : il est obligé de garder la chambre et un prêtre du Bon-Pasteur vient chaque dimanche aider le vicaire.

— Au mois d'octobre, Mme la comtesse de la Rochefoucault fait une conférence sur la *Famille* devant les Ligueuses de Sucé et une nombreuse assistance.

— Un ravalement défigure complètement la façade de l'ancien hôtel des Régaires : les sculptures des lucarnes sont effacées, les traces du cadran solaire disparaissent sous la couche de badigeon. C'était dans le bourg la seule maison qui portait son cachet d'antiquité. Pendant de longues années elle avait été, sous l'enseigne du *Lion-d'Or*, le seul hôtel pour les voyageurs avec celui du quai au bas de la rue du Port.

1914

— M. Ganuchaud achète au mois de février le coteau du Bois-Martin, dépendant de la terre de Jaille, et commence à édifier la tour Saint-Georges qui sera une des curiosités du pays. — M. Ducos, qui se défait du Haut-Rocher, après avoir restauré pourtant cette maison, fait acquisition de la villa de Bel-Air (1). — L'acquéreur du domaine de la Turballière vend cette belle propriété par parcelles ; la maison principale, avec une réserve, passe à M. Fouché, marchand de vins à Nantes. — M. Grélard, ancien pharmacien, qui s'est déjà construit un chalet au bas du chemin du Ruisseau, élève une seconde maison à l'entrée de celui du Pin.

____

(1) Le Haut-Rocher est acheté par M. Lepape, répétiteur au Lycée de Nantes.

— M. le Curé fait reprendre les voûtes de l'église au devant des deux portes latérales. La municipalité consent à réparer certaines parties des murs du jardin de la cure.

— La guerre avec l'Allemagne est déclarée et la mobilisation se fait à Sucé sans incident.

— Au combat de Souin, M. Guillaume du Rostu qui, après avoir quitté l'armée, avait repris du service pour la défense de la patrie, tombe glorieusement devant son bataillon. Le corps de ce vaillant officier est inhumé dans le cimetière de Suippes, 24 septembre.

— 12 octobre. — M. Hémery, dont la marche devient de plus en plus difficile et chargé d'années, donne sa démission de curé de Sucé. Avant de nous quitter il a pris soin de se préparer son tombeau. Dans les premiers jours de décembre, il cède la place à son successeur et se retire à la maison du Bon-Pasteur, à Nantes.

— M. l'abbé Musset, vicaire, en attendant sa mobilisation, reste à la garde de la paroisse. Sont également mobilisés certains prêtres de Sucé : MM. Cottineau, J. Foucaud, Bonhomme, Colas, Piraud.

— M. Alphonse Hautcœur, né à Avessac, 1869, ordonné en 1892, successivement professeur, vicaire à Bouvron, Guérande, Saint-Similien de Nantes, avait été nommé à la cure de Sucé dès le 16 novembre. Il est installé le 13 du mois suivant par M. le Curé de Saint-Similien, en présence de M. le Maire, des notables du pays, de plusieurs ecclésiastiques et d'une foule que l'église a peine à contenir : cérémonie que les paroissiens n'avaient pas vue depuis bien longtemps. Le nouveau pasteur nous arrivait, précédé de sa réputation d'orateur et d'organisateur ; à Saint-Similien, ses conférences aux hommes étaient un de ses plus beaux titres à notre considération. Quand il entra dans sa paroisse au soir de la fête de l'Immaculée-Conception, les enfants des écoles et une députation des habitants s'étaient portés au devant de lui ; un salut d'action de grâces fut donné en présence d'une grande partie de la population du bourg.

— M. l'abbé Musset, pour répondre à l'appel de la mobilisation, entrait comme infirmier à l'hôpital militaire de la rue de Bel-Air à Nantes. Un ami de M. le Curé, M. l'abbé Gary, prêtre retiré à Saint-Similien, prit le service paroissial à sa place (1).

— Depuis le début de la guerre, la voie ferrée cesse d'être desservie régulièrement, et les bateaux à vapeur ont repris leurs voyages journaliers entre Nantes et Nort.

1915

— Dès le commencement de son ministère, M. le Curé introduit la dévotion à l'Enfant-Jésus de Prague ; il institue la Confrérie du Sacré-Cœur, donne un nouvel accroissement à celle de la Bonne-Mort, fait former un jeune organiste pour remplacer le titulaire mobilisé, reconstitue le chœur des jeunes filles, exécute quelques réparations au presbytère.

— Meurt à Paris Mme Farez-d'Arondel, de Logné ; une cérémonie religieuse se fait à Sucé, mais l'inhumation a lieu à Nantes. Les familles de Faymoreau

---

(1) Réformé bientôt, M. Musset devient vicaire à Vallet ; mais sa santé l'oblige à prendre du repos à la Maison du Bon-Pasteur, où il devait mourir deux ans après, décembre 1916.

et de Gourcuff habitent Logné pendant quelques mois de la belle saison.

— 21 mars. — Après une retraite de quelques jours, les jeunes soldats de la classe 1916 ont une messe de départ. Dans la soirée, mêlés à ceux de 1917, ils font un chemin de croix solennel à l'église et, le salut du Saint-Sacrement étant donné, ils se rendent, avec une foule nombreuse, en procession au calvaire breton.

— Les tentures mortuaires sont renouvelées pour les cérémonies funèbres.

— 19 mai. — On apprend la mort de M. J.-B. Rivron, ancien maire de Sucé. Renversé par un tramway, il n'a survécu que deux jours à ses graves blessures. C'était une figure nantaise qui disparaissait. Il avait été nommé président de la Chambre de Commerce en 1887 ; en 1900, il avait refusé de se faire renouveler son mandat, croyant qu'après 30 années passées dans le dévouement aux intérêts de la Ville, il jugea que le moment était venu pour lui de prendre un repos bien mérité. Il fut maire de Sucé, quoique malheureusement n'y habitant point, de 1878 à 1912.

— 19 juin. — Visite pastorale et confirmation. La réception de Mgr Le Fer de la Motte fut splendide.

— 19 octobre. — A l'attaque de la butte de Tahure, M. Jean de Lambilly, qui venait d'être promu lieutenant-colonel, est blessé grièvement par un éclat d'obus ; on le transporte dans une cave pour le mettre à l'abri de la mitraille qui faisait rage et là, au milieu de la nuit, une terrible rafale s'abat sur la maison, la ruine complètement et ensevelit sous ses débris le vaillant soldat. Lui et l'aumônier de son régiment qui l'avait accompagné périrent sous les décombres, d'où on ne put les retirer que le lendemain et les inhumer dans le cimetière du village. Cette mort est glorieuse pour Sucé, mais elle est aussi un malheur irréparable pour cette localité où l'officier aurait pu rendre d'éminents services durant le temps de sa retraite.

— Depuis le début de la guerre, vingt-deux enfants de Sucé ont été déjà déclarés officiellement comme morts au champ d'honneur ou de maladie dans les hôpitaux. Le deuil s'étend sur bien des foyers et l'anxiété règne partout au sein des familles.

— Au mois de novembre, on constate que pour répondre à l'appel du Gouvernement, les habitants ont versé au Trésor près de 100.000 francs en or : bel exemple de patriotisme.

— A l'occasion de la fête patronale, une belle statue de saint Etienne est posée à l'église, ainsi qu'une autre de saint Michel. Le temple s'embellit d'ailleurs d'ornements et de décorations de toutes sortes.

Ainsi plusieurs autres statues s'ajoutent à celles déjà placées, N.-D. de Lourdes, sainte Marguerite, sainte Catherine, dons de certaines familles du bourg. Il faut ici rappelelr que le trésor de la sacristie s'est enrichi d'un très bel ostensoir, dû à la générosité et à la piété d'une autre famille de la paroisse.

— M. le Curé doit faire exécuter au presbytère plusieurs améliorations, entre autres un parloir à l'entrée de la cuisine, ce qui était une vraie nécessité (1). Un projet de bâtir cuisine et parloir à la place de la remise n'a pas été suivi de sa réalisation. Une vigne est plantée dans le bas du jardin.

---

(1) Ces travaux ne furent faits que l'année suivante.

1916

— Au cours de ces premières années de guerre, nos braves Sucéens ont mérité et obtenu décorations et citations à l'ordre du jour. Ainsi le fils de M. le Maire, Roger de la Bretonnière, sous-officier d'artillerie, reçoit cet éloge de son colonel : A maintenu le calme dans son personnel et n'a pas cessé d'assurer le tir de sa pièce, malgré le plus violent bombardement.

— 5 mars. — Le dimanche de la Quinquagésime, est inauguré le groupe de la *Piéta*, en mémoire des morts de la guerre dont les noms sont inscrits sur des panneaux aux côtés de la statue. A 2 heures l'église est comble comme aux grands jours. Dans le chœur ont pris place M. le Maire, le Conseil municipal en partie et des notables de la paroisse. Les vêpres sont présidées par M. l'abbé Cottineau en permission, infirmier dans un hôpital de blessés. M. l'abbé Grimaud, professeur à l'Externat, de la chaire, interprète en termes lumineux et simples la signification de cette fête triste et glorieuse à la fois. Après l'office, on se rend processionnellement au cimetière. Au retour, M. le Curé annonce aux fidèles que la cause de M. Henry-Auguste de la Mulonnière et de ses compagnons, tombés en 1792 sous le sabre des Septembriseurs, et martyrs de la foi, vient d'être introduite en cour de Rome. Il était opportun d'unir le nom de cet enfant de Sucé, victime de la Révolution, à ceux de nos jeunes combattants qui meurent pendant cette terrible lutte pour la défense de la patrie.

M. le Curé composa deux beaux cantiques pour la circonstance (1).

— L'année précédente, la Municipalité avait conçu le projet de construire au cimetière un monument pour garder la mémoire de nos jeunes gens tombés au champ d'honneur ; elle s'était transportée pour choisir un emplacement : la réalisation est remise à plus tard.

— M. Albert Rivron, habitant le Pin, se fait construire, sur le quai et tout près de sa résidence, un chalet de belle apparence : c'est la seconde construction établie en cet endroit, celle de M. Grélard, ancien pharmacien de Nantes, étant déjà faite. La Châtaigneraie est vendue à M. Pavis, négociant à Paris ; la Perruche, à M. Brunet, teinturier à Nantes. M. Paris, industriel en métallurgie à Nantes, devient propriétaire de l'antique manoir de Jaille qu'il rebâtira plus tard et de celui de la Guillonnière, qu'il met en location.

— 17 juin. — M. l'abbé Fourny, aumônier des Dames du Bon-Pasteur à Alger, meurt à l'âge de 56 ans. Un service funèbre est célébré à son intention dans l'église de Sucé, auquel étaient venus assister plusieurs prêtres, ses compatriotes. M. le chanoine Nail, ancien vicaire, a chanté la messe.

— On remet à neuf le marche-pied du maître-autel.

— Une Sœur de la communauté de Mormaison est chargée de la lingerie de la sacristie.

— M. le Curé commence à établir la Ligue eucha-

---

(1) Mlle Chevreuil orna le monument des morts de la guerre d'une toile qu'elle peignit, elle-même, avec art et piété.

ristique pour les hommes qui s'engagent à communier à Noël, Pâques et Toussaint.

— Le Conseil municipal se prononce sur l'agrandissement du cimetière et le détournement de la route numéro 69.

— En ce temps-là, un bienfaiteur de la paroisse achète, pour l'établissement d'une école libre, une parcelle de terrain, longeant le chemin de Jaille, dans la prée du Calvaire. En attendant la réalisation de ce louable projet, M. le Curé y plante une vigne.

1917

— 3 mars. — Le corps de Mme Autfray, née Mélanie Parré, morte à Nantes, paroisse Saint-Pierre, est transféré à Sucé dans le tombeau de famille.

— Dans la nuit du dimanche 22 avril, M. Hémery, ancien curé de Sucé, finit sa longue carrière, en la maison du Bon-Pasteur où il s'était retiré. Après une levée de corps faite par le clergé de Saint-Donatien, le mardi soir, nous accompagnons sa dépouille mortelle à Sucé et le lendemain se fait la cérémonie de sépulture ; le lieu choisi est celui-là même que M. Hémery avait préparé avant de nous quitter.

— Au mois de juin, la fête du Sacré-Cœur est célébrée très solennellement. L'église est remplie comme un jour de dimanche, les communions très nombreuses, la journée chômée par la plupart. Le dimanche suivant, octave de la Fête-Dieu, Mgr Robert, prélat de Sa Sainteté, officie matin et soir : « M. le chanoine Courgeon ensoleille les âmes et touche les cœurs en exaltant dans son discours l'honneur et le bonheur de l'amitié divine ». Devant un des reposoirs, à l'ombre du drapeau du Sacré-Cœur et de celui de la France, M. le Maire consacre sa commune au Sacré-Cœur. 180 familles l'ont proclamé roi de leurs foyers.

— Mort de la sœur Adélaïde Clouet, du Grand-Nay, religieuse Clarisse, à Glugiasco, près Turin, où la communauté de Nantes avait été forcée de s'expatrier par suite d'un décret barbare.

— La paroisse fait son premier pèlerinage à la chapelle de Sainte-Anne de Casson : une foule nombreuse s'y rend, en chantant et priant, dans la soirée du dimanche. M. le Curé avait composé deux cantiques pour la circonstance. Ce pèlerinage se renouvellera chaque année, dit-on.

1918

— Une troisième religieuse de Mormaison se joint aux deux premières : celle-là aura spécialement pour emploi le soin des malades. La petite communauté, qui avait habité d'abord rue du Port, s'est transportée dans une partie de l'ancien hôtel des Régaires (1).

— Le dimanche 4 août, une journée nationale de prières fut célébrée magnifiquement à Sucé. Notables de la paroisse, représentants de l'armée, plus de 200 hommes groupés autour de l'autel. quelques petits orphelins de la guerre assis sur le marche-pied, une foule remplissant les trois nefs, tel est le spectacle offert à M. le Curé, l'heureux organisateur de cette fête : il félicite son peuple de sa piété toute française et se félicite lui-même.

---

(1) Mme de Boussineau leur avait fourni le premier logement et, après, M. le Maire leur procure le second.

— Au soir de la fête d'Assomption, on va processionnellement jusqu'à la statue de N.-D. de Lourdes, à Logné ; on y retourne le dimanche 25 août.

— 11 octobre. — M. le vicomte de Lambilly, qui habitait le château de Nay depuis plus d'un demi-siècle, vient de s'éteindre pieusement en sa 84e année. Catholique ardent, royaliste de race, très versé dans les sciences, possédant plusieurs langues, d'un caractère loyal et d'une énergie peu commune : tel a été le gentilhomme breton qui disparait. Il est parti de ce monde pour un meilleur, dans des sentiments qui ont fait l'admiration de tous ceux l'ayant approché à ses derniers moments.

— Parait le premier numéro du bulletin mensuel de la paroisse sous le titre du Livre d'Or. M. le Curé, qui a pris cette heureuse initiative, l'annonce en ces termes : « Il sera l'écho fidèle de nos joies, de nos deuils, de nos espérances, de nos fêtes religieuses, de nos œuvres multiples et prospères... Il veut être l'ami de tous, jeunes et vieux ».

— Le Conseil municipal, dès le commencement de cette année, avait voté un crédit de 4.000 francs pour l'achat du terrain pris dans la tenue du Pin, nécessaire pour l'agrandissement du cimetière.

— On demande un trophée de guerre pour être déposé dans la chambre commune, comme un souvenir de la grande guerre.

— 11 novembre. — On célèbre à Sucé la fête de la victoire : les cloches annoncent à la paroisse la cessation des hostilités et le 17, le dimanche suivant, le bourg est pavoisé et, après les offices, M. le Maire et M. le Curé allument un feu de joie, sur le Port.

— M. l'abbé Niel, jeune séminariste, est envoyé par Monseigneur à Rome, pour suivre les cours de théologie et recevoir les Ordres.

— La propriété du Pin vendue est divisée par lots. On y trace deux avenues.

1919

— Le 24 janvier, l'on fête à l'église, en rendant grâces à Dieu, l'heureux retour de nos prisonniers de guerre : ils sont là, rangés au devant de l'autel, au nombre de 25.

— 29 janvier. — M. l'abbé Bretagne, ancien vicaire à Sucé (1872-77), dont le souvenir ne s'est pas perdu dans la paroisse, est mort à Nantes, où il s'était retiré en 1909, paroisse Notre-Dame.

— 10 février. — S'éteint dans une extrême vieillesse, âgé de plus de 94 ans, M. L. Ertault de la Bretonnière, père de M. le Maire de Sucé ; il était né au Bois-Mêlet et avait habité longtemps sa maison de Rezé, où Dieu lui donna de nombreux enfants. Le corps du vénéré défunt a été transporté de Saint-Clément au cimetière de Saint-Mars-du-Désert, dans un enfeu de famille.

— Le LIVRE D'OR, sous le titre de *Nos Gloires*, insère, dans ses pages, les noms des braves de la commune qui ont obtenu des décorations et des citations, au cours de la guerre. Ces noms méritent de figurer dans nos Annales sucéennes. :

Désiré Vié, du bourg, croix de guerre ;
Armand David, de la Mahère, croix de guerre ;
Pierre Ravilly, du Lavoir, médaille militaire, croix de guerre, mort au champ d'honneur ;

Auguste RAVILLY, de la Gamotrie, croix de guerre ;

Etienne COQUET, des Vaux, croix de guerre ;

Alexis HAURAY, du Pas, croix de guerre ;

P.-M. COLAS, du bourg, croix de guerre, mort au champ d'honneur ;

Aug. LUMINEAU, de la Rue-Etienne, croix de guerre ;

Constant HAURAY, du Pas, croix de guerre ;

Joseph BLOT, du bourg, médaille militaire, croix de guerre, mort au champ d'honneur ;

Roger BRUN, du bourg, croix de guerre ;

Roger E. DE LA BRETONNIÈRE, de Chavagne, croix de guerre ;

Emile GUILLET, du bourg, croix de guerre avec palmes, mort au champ d'honneur ;

Armand CHEVREUIL, du bourg, croix de guerre ;

Pierre AUBRY, de la Grande-Bodinière, croix de guerre ;

Léon RIVET, instituteur adjoint, médaille militaire, croix de guerre, mort au champ d'honneur ;

P.-Julien LELOU, du Pas, croix de guerre ;

Clair BRIAND, de Sauvegarde, croix de guerre, mort au champ d'honneur ;

Donatien DAVID, de la Mahère, croix de guerre ;

Jean-Marie DUPAS, de la Haie, croix de guerre ;

Joseph BODIN, de la Mahère, croix de guerre ;

Victor BODIN, de la Hautière, croix de guerre ;

Joseph BODIN, de la Hautière, croix de guerre ;

Jules DAVID, de la Mahère, croix de guerre avec palmes ;

Jehan E. DE LA BRETONNIÈRE, de Chavagne, croix de guerre avec deux étoiles ;

Jean NIEL, de la Chauvelière, croix de guerre, mort au champ d'honneur ;

Constant BOURGET, de la Guérinière, croix de guerre ;

Clair BONRAISIN, de la Cormerais, croix de guerre ;

Louis GUILLON, du bourg, croix de guerre, deux citations ;

Eugène PIRAUD, du Chêne-Planté, croix de guerre ;

Roger BUREAU, du Port-Hubert, croix de guerre avec étoiles, trois citations ;

Xavier BUREAU, du Port-Hubert, croix de guerre ;

Eugène DUCOS, de Bel-Air, croix de guerre ;

Jean DUCOS, de Bel-Air, citation ;

Alexandre LUCAS, de la Gautrais, citation ;

Jean BATEAN, du bourg, croix de guerre ;

Henri DAVID, de la Bulotière, croix de guerre ;

François CHAUVIN, de la Gannerie, croix de guerre ;

François RAMIER, du Lavoir, citation, mort au champ d'honneur ;

François GEFFRAY, du bourg, croix de guerre, mort au champ d'honneur ;

Pierre BOSSIS, du bourg, croix de guerre avec deux étoiles et deux citattons ;

Pierre BOISSEAU, du Pas, croix de guerre ;

J.-B. DRONEAU, du Moulin-Cassé, croix de guerre avec trois étoiles ;

Jean BATARD, du bourg, croix de guerre ;

Armand BRIAND, du Chêne-Creux, croix de guerre avec palmes ;

Edouard FOUCAUD, du Bois-Mêlet, croix de guerre ;

Louis LELOU, de Launay, croix de guerre avec palmes.

— **96** combattants, nés à Sucé ou y habitant, sont morts victimes de la guerre : leurs noms sont inscrits à l'église paroissiale. Plus de 50, ceux qui figurent dans la liste précédente, ont mérité des éloges de leurs chefs, mais tous y ont droit, morts ou vivants.

— Un service annuel a été fondé pour garder la mémoire et soulager les âmes des enfants de Sucé, morts au champ d'honneur.

— Un vicaire est enfin rendu à Sucé, après plus de quatre ans d'intérim : M. l'abbé Joseph Boissellier, né à Nantes en 1884, ordonné en 1908 à Rome, où il terminait ses études théologiques, vicaire à Basse-Goulaine, mobilisé et cité à l'ordre du jour. M. l'abbé Gary, qui a porté aide à M. le curé pendant la durée de la guerre, revient chaque dimanche à Sucé pour assurer une troisième messe durant les mois d'été.

— 3 juin. — Visite pastorale et Confirmation. Sa Grandeur, au soir de cette belle et bonne journée, écrivait : Nous gardons très heureux et très édifiant souvenir de notre visite pastorale à Sucé.

M. le curé, dans son rapport, résume ce que Dieu lui avait permis de faire en sa paroisse et particulièrement : la Ligue eucharistique, qui groupe 300 hommes, pour des communions générales aux grandes fêtes ; — l'Union Sainte-Anne, pour les femmes et jeunes filles, fidèles à la communion du premier vendredi du mois ; — la communion mensuelle des enfants du catéchisme ; — la Confrérie du Sacré-Cœur affiliée à Montmartre ; — la consécration des familles au Sacré-Cœur ; — les retraites de conscrits, etc. Il regrette amèrement toutefois de compter encore des cœurs endurcis qui ne savent plus s'émouvoir au souvenir de leur éducation chrétienne, de voir ces danses, ces divertissements mondains, où la jeunesse court les plus grands périls pour sa vertu. Il ajoute, en finissant, qu'il prépare la fondation d'une Amicale des Combattants de la grande guerre.

— 27 juin. — En la fête du Sacré-Cœur, on place et bénit la nouvelle statue. Du fond du sanctuaire elle se montre à tous, les bras ouverts.

— 15 août. — Fête de la Victoire : Communions nombreuses, offices très solennels, pavoisement et illumination du bourg. A la tombée de la nuit une procession aux flambeaux s'organise à travers les rues (1).

— 4 septembre. — Trois hommes du Fresne se noient en passant la rivière pour aller à la coupe des roseaux : la paroisse prend part à ce triple deuil.

— M. l'abbé Boissellier ne passe à Sucé que quelques mois ; Monseigneur l'appelle auprès de lui, à titre de secrétaire particulier de Sa Grandeur. Au mois d'octobre, il est remplacé à Sucé par M. l'abbé Eugène Guillet, né à Fégréac en 1893, prêtre de 1917.

— Dans la nuit du dimanche 5 octobre, une main criminelle met le feu au moulin des Prouveries ; l'incendiaire a été arrêté.

— M. le curé prépare l'établissement d'un cinématographe dans la salle des œuvres paroissiales.

— La Municipalité fait tracer, à travers la tenue

---

(1) La guerre finie, M. le Curé donna une vie nouvelle à la Confrérie du Rosaire et en fit restaurer la bannière.

du Pin, la portion de la route qui doit être rectifiée pour agrandir le cimetière. Dans ces terrains, à droite et à gauche, les particuliers achètent quelques parcelles et il se fait même quelques constructions. Deux avenues se dessinent, l'une perpendiculaire au chemin du Pin par laquelle on accèdera à la Turballière, et pour cela on a construit un pont en ciment armé sur le ruisseau de la Masure ; l'autre, allant de la route à la première. C'est un nouveau quartier qui se prépare : on pourra l'appeler le faubourg Saint-Michel.

— Il est décidé, dans le Conseil municipal, que désormais les concessions perpétuelles dans le cimetière seront de 100 francs et les trentenaires, de 65 francs.

1920

— 25 janvier. — Sur la proposition de M. Duchêne, conseiller municipal, les membres délibérants arrêtent de construire un lavoir au bord de la rivière pour l'usage du bourg, mais non d'acheter un bateau-à-laver, ce qui serait une trop grosse dépense, et encore à la condition que les intéressés se cotisent pour l'exécution du projet.

— On demande à l'Administration des Ponts et Chaussées le dragage du port, envasé et encombré d'une végétation marécageuse : ce que regrettent tous les visiteurs de notre localité.

— Les retraites des conscrits partants paraissent désormais chose établie pour durer. Cette année, on a fait des réunions préparatoires à la communion pascale, les unes pour les femmes, les autres pour les hommes ; les enfants eux-mêmes ont eu leurs exercices particuliers.

— 6 avril, mardi de Pâques, mariage de M. Jehan Ertault de la Bretonnière, fils de M. le Maire, avec Mlle Marie-Josèphe de Carheil, du Blanc-Verger.

— 16 mai. — Fête de sainte Jeanne d'Arc, célébrée avec un enthousiasme marqué : pavoisements, illuminations, panégyrique, chants de circonstance, séance de cinéma.

— Une bibliothèque paroissiale est établie rue du Port : elle est ouverte chaque dimanche immédiatement après les offices.

— 30 août. — A été déposé à la Préfecture, suivant la loi, un exemplaire des statuts de la Société, formée à Sucé sous le nom d'*Education populaire* et mise sous le patronage de sainte Jeanne d'Arc ; le siège est établi à la salle Saint-Etienne, chemin des Herces. Son but est d'éclairer, former l'esprit et le cœur, et ses moyens seront des conférences populaires, séances de cinéma, projections, causeries littéraires, pièces de théâtre et concerts.

— La décision qu'a prise le Conseil municipal d'abattre les peupliers qui ombragent la chaussée soulève des protestations dans la presse locale : toute une polémique s'ensuit dans les journaux de Nantes. Les opposants obtinrent gain de cause. Est-ce un bien ? est-ce un mal ?... La Municipalité, qui a besoin d'argent pour les travaux extraordinaires qu'elle doit faire exécuter, voyait là une occasion pour elle de réaliser une certaine somme qui l'eût aidée dans les dépenses à faire. Les amateurs de la belle nature regardaient, comme un des charmes de notre localité, ce rideau de feuillages agités par la brise et ombrageant la chaussée. Pourtant ce qui rendrait notre pays plus attrayant pour nos visiteurs, ce serait la disparition de ces vases

et de ces herbes qui font du port un marécage
d'une extrémité à l'autre, et aussi l'alignement et le
bon entretien de nos rues et places. Mais pour tout
cela il faut des ressources dont la commune ne dispose pas.

— M. l'abbé Cottineau, vicaire à Saint-Clément,
est nommé curé de Gétigné.

— L'avenue de Nay, plantée de châtaigners, est
détruite en partie ; ce qui en reste est condamné
au même sort. Déjà celle de la Turballière, ombra-
gée de chênes séculaires, n'existe plus depuis le
morcellement de cette belle propriété. Nous avons
encore à Sucé celle du Bois-Mêlet et surtout celle
de Chavagne. On le voit, le temps est un grand
maître qui emporte tout avec lui.

1921

— Du 9 au 30 janvier, mission paroissiale prêchée
par les P.P. Rédemptoristes, Nouais et Chauvin. Les
exercices se sont déroulés pendant trois semaines
à la grande édification des fidèles et pour la consolation de M. le Curé. On se souviendra longtemps de
la fête des enfants, des cérémonies du Perpétuel-
Secours, du Pardon, des Promesses du baptême. Plus
de 4.000 communions ont été faites au cours de la
mission ; au matin de la clôture, 600 hommes se sont
présentés à la sainte Table. Ce jour-là fut le plus
beau : on se rendit processionnellement à la statue
du Sacré-Cœur, réparée et rajeunie pour la circonstance. M. le Curé avait eu l'heureuse idée de préparer
un coffret en métal, contenant les noms de 1.400
chrétiens et chrétiennes de la paroisse, amis du Divin
Cœur : on l'introduisit dans le piédestal de la

statue et on le scella en présence de tous les assistants. Après l'adieu des missionnaires, la foule se dispersa, emportant ses résolutions et ses souvenirs. Le P. supérieur, rendu à Lyon, sa résidence, écrivait à M. le Curé : J'ai rapporté de cette mission l'impression que c'est une des plus fructueuses de ma vie.

— Recensement de la population, comparé avec le dernier en date :

En 1911, 2.152 habitants ; en 1921, 1.920.

Soit un déficit de 232. Nous le devons sans doute aux ravages de la guerre, mais aussi à la diminution de la natalité et à l'émigration des indigènes vers la grande ville : ce sont là les deux fléaux qui mettent la France en grand péril.

— 19 avril. — Inhumation des restes du lieutenant-colonel Jean de Lambilly, ramenés du cimetière de Tahure. Pour ce héros, tombé à la tête de son régiment, ce fut plus un triomphe qu'une cérémonie funèbre. Un nombreux clergé, M. le Maire et des personnalités du voisinage lui firent un honorable cortège, avec sa veuve éplorée, ses deux fils et tous les siens. Une notable partie de la population était là, et les deux groupes d'enfants des écoles. Le corps de M. de Lambilly était le premier qui nous revenait du champ de bataille ; d'autres le suivront pour reposer dans la terre natale, en attendant la bienheureuse résurrection.

— 25 mai. — La Société archéologique du Département fait en bateau une excursion aux ruines de l'Onglette. On dit qu'on va vendre et morceler cette ancienne terre.

— 27 mai. — Une jeune fille de Nantes, en villégiature à Sucé, se jette à l'eau et se noie, dans une crise de neurasthénie.

— On travaille à l'achèvement de la maison de Jaille. Le manoir de la Guillonnière, habité précédemment en location par M. Luzière, passe à un autre étranger. — La rivière est de plus en plus envahie par les mâcres, dont la cueillette ne se fait plus depuis quelques années et qui ainsi se reproduisent prodigieusement.

— Mgr l'Evêque a fait à M. Ganuchaud l'honneur de venir donner sa bénédiction au petit oratoire pratiqué à l'étage supérieur de la tour Saint-Georges, complètement achevée. Voilà une construction très originale, bien conçue, d'un pittoresque sans pareil et d'où la vue est magnifique : ce sera une des curiosités du pays.

— Une grille de fer avait été placée pour séparer la nef de l'église de l'entrée du clocher, pendant la mission paroissiale ; maintenant elle est scellée et peinte pour demeurer : heureuse mesure qui met fin à bien des désordres.

— On construit un hangar au presbytère, ouvrant sur le jardin et faisant suite aux ménageries anciennes.

— Pendant la belle saison, deux entreprises de bateaux amènent concurremment les promeneurs à Sucé, le dimanche et le jeudi.

— On bâtit un troisième chalet, sur le quai du Pin, entre ceux construits déjà par M. Grélard et M. Rivron.

— M. l'abbé Niel, au Séminaire français de Rome, est ordonné sous-diacre aux Quatre-Temps de la Trinité.

— Juillet. — M. Hautcœur, curé de Sucé, est nommé à Saint-Martin de Chantenay, importante paroisse de la banlieue de Nantes, laissant après lui toutes les œuvres qu'il a établies chez nous (1).

— 13 juillet. Avant de quitter sa paroisse, M. Hautcœur a pu lire sa dernière heure à Sucé sur le cadran de l'horloge placé à l'intérieur de l'église et dont il avait ordonné l'exécution quelques mois auparavant. C'était donc l'achèvement de son œuvre : aussi lui convenait-il de dire en se séparant de nous son *Opus perfeci.*

— 17 juillet. Est installé curé de Sucé M. l'abbé Joseph Davodeau, né à Varades en 1873, ordonné en 1897, successivement professeur, organiste à la Cathédrale, vicaire à Châteaubriant, à Saint-Félix, à Sainte-Croix et à Saint-Similien de Nantes.

— Dans les circonstances du changement de curés, se fit le 60ᵉ pèlerinage des Nantais à Lourdes ; la paroisse de Sucé y prit part, en députant 36 personnes sous la conduite de M. le vicaire.

— Au départ de M. Hautcœur, on constate que la Ligue eucharistique comprend 320 adhérents, l'Amicale des Combattants 170 et le groupement de N.-D. du Perpétuel Secours, en souvenir de la mission, 81 femmes et jeunes filles inscrites.

— Le Bulletin paroissial continue à paraître. Dans le numéro d'août le rédacteur disait de M. le curé parti : « Il a été parmi nous, dans son dévouement inlassable, le bon semeur dont parle l'Evangile, qui, à pleines mains, répand dans le sillon la semence et qui après s'en va laissant à d'autres la

------

(1) La cérémonie de son installation solennelle ne se fit que le dimanche 31, par Monseigneur lui-même ; elle fut très brillante.

joie de moissonner. Dieu lui réserve la récompense que les hommes ne peuvent lui donner ».

— 14 septembre. M. l'abbé Guillet, vicaire, quitte Sucé qui avait reçu les prémisses de son ministère sacerdotal, pour entrer au noviciat des PP. Dominicains. Il emporte l'estime de tous ceux qui l'ont approché. Nous faisons des vœux pour que sa délicate santé puisse résister à l'austérité de la règle qu'il va suivre et de l'état qu'il embrasse si généreusement. Il est remplacé par M. l'abbé Edmond Moyon, né à Saint-Joachim, ordonné en 1912, précédemment mobilisé et professeur à l'Externat des Enfants-Nantais.

Nous terminons ici notre livre : l'avenir le continuera.

Que notre nouveau Pasteur, à qui nous souhaitons longues années, succès dans ses œuvres et consolations dans son ministère, soit heureux sur cette terre sucéenne où la Providence l'a placé, qu'il puisse voir les bonnes traditions se conserver, la paix et la concorde régner à tous les foyers, notre sainte religion rester en honneur dans les familles, pour l'édification de tous et la plus grande gloire de Dieu !

FIN

TABLEAU

*des Curés et des Vicaires qui ont exercé le minis-
tère à Sucé depuis 1803 jusqu'à nos jours*

1° JEAN-CHARLES BUCAILLE
26 janvier 1803-† juillet 1823

.... R. P. GRÉGOIRE		1811
12 mai 1812.... COUÉ .... 21 janvier		1813
10 juin 1814.... G. MATHELIER... 20 juin		1816
1817.... P. LEMASSON... janvier		1822
5 janv. 1822.... P. FRICAUD..... 8 juin		1823

2° GUILLAUME MATHELIER
21 juillet 1823-† 3 mars 1832

22 nov. 1826.... Marc DELALANDE 18 juillet		1827
17 fév. 1828.... G. PARMENTIER. 30 juin		1829
22 juil. 1829... P. MÉNARD..... 16 août		1830
9 nov. 1830.... Ch.-M. CHESNEL. 4 sept.		1831

3° RENÉ-MARIE GERFAUD
16 mars 1832-mai 1852

22 juil. 1832.... P. MERLAUD.... 2 juillet		1837
23 juil. 1837.... F. GAUTIER.... 12 janvier		1841
12 juin 1841.... J.-B. ECOMARD.. juillet		1851

4° René BERTHO
9 mai 1852-août 1866

5 juil.	1851....	J. Rialland....	23 mai	1856
24 mai	1856....	P. Douglas....	17 février	1863
fév.	1863....	Ar. Hémery....	25 octobre	1867

5° Pierre CARTRON
26 août 1866-10 mai 1875

25 oct.	1867....	L. Maugat.....	5 fév.	1868
9 fév.	1868....	Al. Thomas....	3 juillet	1872
6 juil.	1872....	Ath. Bretagne.		1877

6° Armand-Antoine HÉMERY
13 juin 1875-6 décembre 1914

1877	Ed. Nail.......	1881
1881	P. Pouplard...	1890
1890	H. Cartaud	1893
1893	J. Peigné......	† 1901
1901	J. Leduc.......	1905
1905	J.-B. Marpaud..	1910
1910	A. Musset......	1914

7° Alphonse HAUTCŒUR
13 décembre 1914-13 juillet 1921

1914, déc.	J.-M. Gary (intérimaire)	1919
1919, juin	J. Boissellier... octobre	1919
1919, oct.	E. Guillet..... sept.	1921

8° Joseph DAVODEAU
17 juillet 1921

1921, juil.	Ed. Moyon.....

TABLEAU

des Maires et Adjoints qui ont administré
la commune. 1790-1921

1° 1790. — CHAMBERT, maire ...., 1791
    1790. — P. BERNARDEAU, procureur..... 1791

2° 1791. — 13 nov. LAURENT VACHER, fév. 1793
    1791. — J. PLOTEAU.
    1792. — 1ᵉʳ janvier. P. HAUGMARD...... 1793

3° 1793. — 11 fév. JEAN-FRANÇOIS YVELIN 1794
    1793. — GUILLAUME MARQUER 1794

4° 1794. — FRANÇOIS BONRAISIN, agent nat. 1796
    1794. — J. CHESNEAU et D. DAUFFOUY.. 1796

5° 1796. — MICHEL RIVRON 1798

6° 1798. — JEAN CHESNEAU 1800

7° 1800, juillet. — LEGROS, maire......... 1807
    1800. — J. JEANNIARD, adjoint 1808

8° 1807. — JEAN-MARIE DE CARHEIL 1816
    1807. — M. RIVRON et P. GARREAU...... 1808
    1808. — P. E. DE LA BRETONNIÈRE...... 1809
    1809. — RENÉ PARIS 1816

9° 1816. — PIERRE E. DE LA BRETONNIÈRE.. 1819
    1816. DENION 1819

10° 1819. — CL.-PRUD.-L. DE LA MULONNIÈRE 1830
    1819. — LOUIS SALMON 1830

11° 1830. — Donatien Guichard 1834
1830. — L. Salmon et G. Marquer...... 1834

12° 1834. — L. Salmon (par intérim)...... 1837
1835. — J. Durand 1858

13° 1837. — D. Guichard 1839
1837. — L. Salmon 1839
1839. — J.-B. Dupont 1839

14° 1839. — Jean-Baptiste Dupont 1861
1839. — H. Yvelin et J. Durand........ 1858
1858. — P. Bossis 1861

15° 1861. — Pierre Bossis (par intérim).. 1861
1861. — F. Dupas 1861

16° 1861. — Jean-Baptiste Brault 1870
1861. — P. Bossis 1863
1863. — Jul. Foucaud 1870

17° 1870. — Julien Foucaud 1871
J.-B. Angebault (prov.)........ 1871

18° 1871. — Michel Rivron 1878
1871. — J. Foucaud 1878

19° 1878. — Jean-Bapt. Rivron 1912
1878. — J. Foucaud et J. Parré........ 1912
J. Rivière 1912
1912. — E. de la Bretonnière.......... 1912

20° 1912. — Léon E. de la Bretonnière....
1912. — J. Foucaud 1914
1912. — J. Rivière ....

TABLE

ERRATA

Page 24, ligne 13ᵉ :
au lieu de *Santi*, lisez *Sancti*.

Page 54, ligne 12ᵉ :
au lieu de *seigneur*, lisez *seigneurs*.

Page 115, ligne 21ᵉ :
au lieu de *chapellerie*, lisez *chapellenie*.

Page 144, ligne 2ᵉ :
au lieu de *certains*, lisez *certain*.

Page 232, ligne 3ᵉ :
au lieu de *le*, lisez *les*.

Rétablissez, dans leur ordre, les renvois des notes au bas des pages 150, 151 et 204.

Nantes. — Imp. DUPAS & Cⁱᵉ, 57 et 79, rue Saint-Clément

9 782329 197647